\ 회사에서 바로 써먹는 /

이메일
영어패턴
500+플러스

회사에서 바로 써먹는
이메일 영어패턴 500 플러스

지은이 박지우
펴낸이 임상진
펴낸곳 (주)넥서스

초판 1쇄 발행 2013년 9월 10일
초판 11쇄 발행 2017년 7월 5일

2판 1쇄 발행 2018년 7월 20일
2판 7쇄 발행 2023년 7월 1일

출판신고 1992년 4월 3일 제311-2002-2호
주소 10880 경기도 파주시 지목로 5
전화 (02)330-5500 팩스 (02)330-5555

ISBN 979-11-6165-446-1 13740

www.nexusbook.com

회사에서 바로 써먹는

이메일 영어패턴 500+ 플러스

박지우 지음

넥서스

독자 여러분께

+ 왜 비즈니스 이메일인가?

전화나 메신저가 일반화된 현대 사회에서도 이메일은 여전히 비즈니스상에서 가장 많이 사용되는 의사소통 수단입니다. 시간적 여유를 충분히 가지고 작성할 수 있어 원하는 바를 더 효율적으로 전달할 수 있을 뿐만 아니라 오고가는 내용이 고스란히 자료로 남아 관련 논의를 정리하고 파악하는 데에도 도움이 되기 때문입니다.

+ 이메일은 일반 영작문과 뭔가 다르다!

비즈니스 이메일은 기본적으로 영어 작문입니다. 에세이와 같은 다른 영작문과 마찬가지로 문장이 명확하고 간결하며 정확하면서도 설득력이 있어야 합니다. 그래서 에세이 등에서 지켜지는 규칙이 비즈니스 이메일에서도 그대로 적용됩니다. 예를 들면 다음과 같은 규칙들이 있습니다.

- 수동태형의 문장은 가급적 피할 것
- 문두를 and나 but, because로 시작하지 말 것
- 동의어 및 반의어를 사용해 문장의 단조로움을 피할 것
- 관계대명사를 많이 쓰지 말 것

그러나 비즈니스 이메일은 '편지'의 형식을 벗어나지 않고 있다는 점에서 일반적인 영어 작문과는 다릅니다. I hope this finds you well(잘 지내고 계시지요).과 같은 패턴은 이메일을 포함한 편지 형식의 글에서만 보이는 독특한 인사말입니다. 이메일에서만 사용되는 글쓰기 방법이나 표현법을 따로 공부해야 보다 효율적인 이메일 작성이 가능해지는 이유입니다.

+ 비즈니스 이메일은 문자로 하는 예의 있는 대화다!

문자에만 의존하는 이메일은 얼굴과 목소리를 듣지 못한다는 점에서 일반 대화와도 다릅니다. 감정과 진심을 보여 줄 수 없는 이메일을 쓸 때는, 그래서 더욱 정중하고 신중한 어조로 일관되어야 합니다. Thanks.나 My bad.와 같은 표현은 일반 대화에서는 매우 자주 쓰이지만 비즈니스 이메일에서는 삼가야 할 가벼운 표현입니다. 비즈니스 이메일은 비즈니스 레터(Business Letter)보다 형식에 덜 치우치기는 하지만 여전히 비즈니스 파트너에게 존경을 담아 보내는 격식 있는 글이라는 것을 잊어서는 안 됩니다.

+ 비즈니스 이메일도 단어가 아니라 패턴이다!

비즈니스 이메일은 이와 같은 이유로 글을 쓰는 데 더 신중하고 까다로워질 수밖에 없습니다. 하지만 비즈니스 이메일 작성에 익숙하지 않다면, 혹은 더 좋은 문장과 형식으로 비즈니스 파트너에게 좋은 인상을 심어 주고 싶다면 우선 비즈니스 이메일에 자주 등장하는 패턴을 공부하길 바랍니다. 이후에 이 패턴들을 다양한 문장에 활용하는 방법을 추천하고 싶습니다.

이 책에 실린 200개의 패턴은 그런 점에서 비즈니스 이메일 작성법을 공부하는 많은 분들에게 큰 도움이 될 것입니다.

끝으로 이 책을 내기까지 많은 도움을 주셨던 분들께 감사의 말씀을 전하고 싶습니다. 책의 기획부터 방향 설정, 원고 작성에 이르는 전 과정에 걸쳐 큰 도움을 주신 넥서스 출판사 편집부 여러분께 감사를 드립니다. 끝으로 항상 저자를 위해 기도하시는 부모님께 이 책을 바칩니다.

저자 박지우

이 책
사용 설명서

패턴훈련편

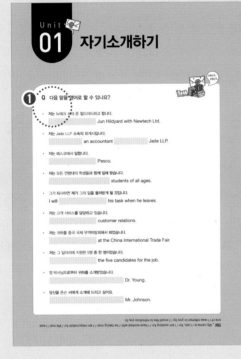

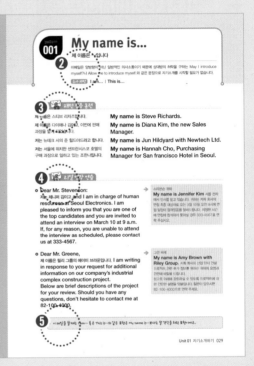

아는 패턴 확인하기

각 Unit의 첫 페이지에서는 해당 단원에서 다룰 패턴들을 영어로 써 보도록 하고 있습니다. 먼저 '아는 패턴'을 제대로 알고 있는지 빠르게 확인하고, 답할 수 없었던 '모르는 패턴'을 찬찬히 공부합니다.

패턴 활용법 확인하기

패턴을 제대로 사용하기 위해 먼저 어떤 상황에서 어떤 뉘앙스로 쓰이는지 확인하고, 이 패턴과 쓰임이 비슷한 유사패턴들도 묶어서 알아 둡니다.

Step 1 패턴 집중 훈련

문장을 통해 패턴의 쓰임을 익힙니다. 비즈니스 이메일에서 가장 많이 쓰는 패턴들을 이용한 문장들로, 외워 두면 바로 쓸 수 있는 표현들입니다.

Step 2 리얼 영작 연습

비즈니스에서 실제로 쓰이는 이메일 샘플을 통해 주어진 패턴이 어떤 상황에서 쓰이는지 확인하고, 우리말로 되어 있는 부분을 영어로 써 봅니다. 그 다음에는 반대로 영어를 보면서 우리말로 해석해 보는 연습을 합니다.

Tip

표현 중에 꼭 알아 두어야 할 부분에 설명을 덧붙였습니다. 이메일에서 자주 쓰는 유용한 표현들이니 같이 알아 둡시다.

복습문제편

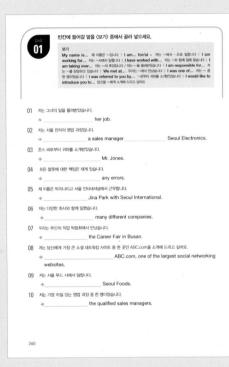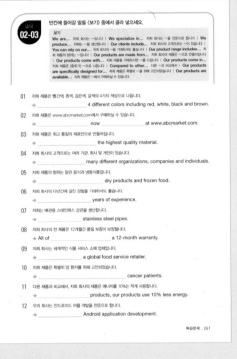

'패턴훈련편'을 공부한 다음 '복습문제편'의 연습문제를 풀면서 실력을 확인합니다. 24개 Unit에 대해 한 페이지씩 문제를 제시하고 있습니다. 빈칸에 들어갈 말을 〈보기〉 중에서 골라 넣어 봅시다. 주어진 동사의 형태를 바꿔야 하는 문제도 있으니 주의하세요. 복습문제들의 정답은 본책의 280쪽에 있습니다.

공부 순서

✎ ☑ 강의 듣기 → ☐ step 1 → ☐ step 2 → ☐ Tip → ☐ 단어 노트&단어 퀴즈 → ☐ 복습문제

무료 학습자료 100% 활용법

넥서스 홈페이지(www.nexusbook.com)에서 도서명으로 검색하시면
구매 인증을 통해 부가자료를 무료로 다운로드할 수 있습니다.

 저자 직강 녹음 강의
www.nexusbook.com에서 저자 선생님이 직접 녹음한
생생한 강의를 다운로드 받아 함께 들어 보세요. QR코드를
인식해도 강의를 들으실 수 있습니다.

 패턴훈련북
필수패턴+유사패턴, 총 500개 이상의 패턴을 20일 동안 복습할 수 있는 패턴
훈련북을 제공합니다. 본책에는 없었던 유사패턴의 예문까지 실어 한 달 만에
모든 패턴을 복습할 수 있습니다.

 단어 노트
사전을 찾는 번거로움을 덜어 드리기 위해 Unit별 단어를 정리하였습니다.

 단어 퀴즈
주요 단어와 표현들을 제대로 이해했는지 퀴즈를 풀면서 다시 한번 확인해
봅시다.

 이메일 샘플
직장에서 바로 써먹을 수 있는 상황별 이메일 샘플 40개 가량을 제공합니다.
본책의 패턴을 활용한 이메일 샘플이니, 잘 익혀 두었다가 각자의 상황에 맞게
활용해 보세요.

자가진단 학습 진도표 : 패턴훈련편

PART 4 요청 및 약속 잡기

PART 5 마무리하기

이메일 작성 시 유의점

1. 비즈니스 이메일 작성하기

@ 제목은 주제가 잘 드러나야 합니다

제목은 수신자가 가장 먼저 읽는 글입니다. 제목만으로 수신자가 메일의 내용을 파악할 수 있도록 해야 합니다. 너무 길면 한눈에 들어오지 않고 너무 짧으면 메일의 내용을 제대로 파악하기 어렵습니다. 수신자가 제목 하나만으로도 받은 메일을 클릭할지 휴지통으로 버릴지를 결정할 수 있기 때문에, 내용을 온전하게 담지 않은 성의 없는 제목의 메일은 지양합니다.

적절치 않은 제목의 예	적절한 제목의 예
BAD Hi.	**GOOD** Update on the CNG project
BAD This is Jessica.	**GOOD** Suggestions for the year-end party

@ 인사말은 적절하게 사용하세요

인사말은 아주 공손한 표현과 캐주얼한 표현으로 나누어서 사용할 수 있습니다. 이메일상으로 처음 연락을 하게 되는 사람에게는 Dear를 쓴 후 Mr.나 Ms. 뒤에 상대방의 성(last name)을 씁니다. 마무리는 콜론(:)으로 하는 것이 원칙이지만 요즈음 비즈니스 이메일에서는 콤마(,)가 훨씬 자주 사용됩니다. 또 안면이 있거나 이메일이 여러 번 오간 사이라면 다소 캐주얼하게 Hi나 Hello 뒤에 바로 이름을 붙이기도 합니다.

바이어에게 메일을 보낼 때는 해당 회사의 홈페이지를 뒤져서라도 담당자의 이름을 인사말에 적어 주는 것이 성의 있어 보입니다. 하지만 수신자의 이름을 알 방법이 없는 경우에는 Dear Sir/Madam 혹은 To Whom It May Concern과 같은 인사말을 사용합니다. Dear Purchasing Manager와 같이 이름 대신 직책을 붙여도 괜찮습니다. 개인이 아닌 단체에게 메일을 보낼 때는 Dear Team, Dear Staff, All: 과 같이 쓸 수도 있습니다.

정중한 인사말	캐주얼한 인사말
Dear Mr. Jones:	Hello Jessica,
Dear Mr. Jones,	Hello Mr. Jones,
Dear Sir / Madam:	
To Whom It May Concern:	

@ 사적인 인사말은 할 필요가 없습니다

비즈니스 이메일에서 수신자와 발신자는 어디까지나 업무상으로 만난 사이입니다. 개인적인 이야기를 서두에 길게 늘어놓는 것은 수많은 이메일을 받는 수신자의 소중한 시간을 빼앗는 배려 없는 행동으로까지 여겨질 수 있습니다. 그래서 비즈니스 이메일에서는 사적인 인사말은 생략하고 바로 본문으로 들어가는 경우가 대부분입니다. 친한 사이라면 How are you?나 Good morning.과 같은 인사말을 서두에 넣기도 합니다. 하지만 이 경우에도 How's it going?이나 What's up?은 너무 캐주얼하므로 삼가는 것이 좋습니다.

@ 본문은 역 피라미드 구조를 사용하세요

내용을 잘 요약한 제목을 쓰고 적절한 인사말(salutation)까지 정했다면, 이제 이메일의 본문을 작성할 차례입니다.

통상적으로 가장 좋은 이메일은 인사말과 마지막 마무리 말까지 포함하여 세 단락으로 구성된다고 볼 수 있습니다. 첫 문단은 제목에 대한 좀 더 자세한 설명으로, 이메일의 주제를 한두 문장으로 요약해서 서술합니다. 두 번째 문단은 첫 번째 문단에 대한 구체적인 설명이되, 2-3 문장을 넘지 않도록 간단하게 작성합니다. 마지막으로 세 번째 문장은 감사 인사, 혹은 본문에 언급된 중요한 내용을 한 번 더 언급하는 짧고 간결한 문장으로 마무리합니다.

전체적으로 이메일의 구조를 분석한다면 '제목 – 첫 번째 문단 – 두 번째 문단'으로 이어짐에 따라 가장 중요한 내용이 점점 자세하게 풀이되는 과정을 거친다고 볼 수 있습니다. 우리나라 사람들은 미괄식 구성에 익숙하지만 서양인들은 글을 두괄식으로 작성한다는 점을 꼭 유의하세요.

@ 맺음말은 긍정적으로 하세요

사업상의 파트너에게 좋은 인상을 남길 수 있도록 맺음말은 Thank you.나 I look forward to… 와 같은 패턴을 사용하는 것이 좋습니다.

BAD Please reply as quickly as possible.
GOOD Thank you in advance for your prompt response.

위의 두 문장은 모두 "최대한 빨리 답장해 주세요."라고 답변을 재촉한다는 점에서 같은 의미를 가지고 있지만, 뉘앙스는 확연히 다릅니다. 아직 답장은 받지 않은 상태이지만 먼저 고맙다(Thank you)는 인사를 건네면 감사를 받은 수신자도 빨리 답장을 해 주고 싶은 마음이 커집니다. '아' 다르고 '어' 다른 언어의 매력 때문입니다.

그리고 마지막에는 Best Regards나 Sincerely와 같은 결구를 적고 콤마(,)를 붙인 후 줄을 바꾼 상태에서 자신의 전체 이름을 적어 줍니다.

@ 비즈니스 서명(Business Email Signatures)을 작성하세요

비즈니스 서명은 메일의 마지막에 꼬리표처럼 따라붙는 발신자의 정보입니다. 성과 이름을 포함한 전체 이름, 직위, 회사 이름, 주소, 전화번호, 이메일 주소와 같은 정보들을 차례대로 적어 주는 것을 말합니다. 회사 이름의 옆에는 수신자가 참고할 수 있도록 회사의 홈페이지 주소까지 링크를 걸어 주면 더욱 좋습니다.

2. 비즈니스 이메일 작성 시 유의할 점

@ 이메일 작성의 순서를 정하세요

비즈니스 이메일을 작성하는 경우에는 순서를 정해 두고 그 순서에 따라 이메일을 적어 내려가야 실수를 줄일 수 있습니다. 첨부할 파일이 있다면 글을 쓰기 전에 파일부터 첨부해 두세요. 파일을 첨부하지 않고 발송해 버리는 실수를 막을 수 있습니다. 또 수신자의 이메일 주소를 가장 마지막에 기입하면 제대로 작성이 되지 않은 메일을 실수로 송부하는 것을 막을 수 있습니다.

@ 보다 효과적으로 전달할 수 있는 방법을 고민하세요

비즈니스 이메일은 내용이 수신자가 스크롤바를 내릴 만큼 길면 안 됩니다. 가장 좋은 이메일은 3-5줄 내에 전달 내용을 모두 담고 있습니다. 한눈에 메일 전체의 내용이 다 들어오도록, 그리고 제목과 첫 번째 문장에서 내용을 모두 파악할 수 있도록 작성해야 합니다.

부득이하게 전달하고자 하는 내용이 여러 가지가 될 수밖에 없다면 동그라미 기호(bullet point)를 활용하거나, first, second, last but not least와 같이 요점을 파악하기 쉽게 정리해서 보여 주는 것도 요령입니다.

BAD You are invited to the 2013 ODA seminar on January 20 at 9 a.m. at Kelly Campus.

GOOD The 2013 ODA seminar schedule is as follows:
· Date: January 30
· Time: 9 a.m.
· Venue: Kelly Campus

같은 내용이지만 후자처럼 동그라미 기호를 이용해서 정리한 것이 한눈에 들어옵니다.

@ 한 메일에는 한 가지 주제만 담으세요

한 메일에는 한 가지 주제만 담는 것이 원칙입니다. 불가피하게 전할 내용이 여러 가지라면 주제마다 메일을 따로 작성하는 편이 낫습니다. 이는 추후에 답장이나 전달을 할 때를 위해서입니다. 여러 번 이메일을 주고받아 관련 언급 사항이 꽤 많아졌을 경우 한 메일에 한 가지 주제만 담겨 있다면 해당 주제에 대한 논의만이 깔끔하게 정리될 수 있지만, 한 메일에 여러 가지 내용이 담겨 있고 각각의 주제에 대한 이메일이 여러 차례 오갈 경우 과거의 이메일을 추적해서 원하는 내용을 찾을 때 알아보기가 불편할 것입니다.

@ 적절한 표현을 사용하세요

비즈니스 이메일은 정중한 어투를 사용하는 것이 원칙입니다. 하지만 격식을 따지지 않는 미국인들의 성향상 현대의 비즈니스 이메일은 점점 회화적이고 캐주얼하게 변해 가고 있습니다. 특히 수신자와 안면이 있다면 회화 표현들을 이메일에 사용해도 괜찮습니다. 그러나 어조는 가급적 정중한 것이 좋죠. 내가 보낸 이메일은 언제든 모르는 사람에게 '전달'될 수 있기 때문입니다.

뿐만 아니라 비즈니스 이메일에서 자신의 의사를 명확하게 표현하는 것이 좋다고 해서 너무 직접적으로 글을 써서도 안 됩니다. 특히 명령조의 문장은 수신자의 기분을 상하게 할 수 있습니다.

BAD You have to do this.
GOOD Would it be possible for you to do this?

위의 두 문장은 같은 뜻을 내포하고 있지만 그 뉘앙스는 아주 다릅니다. 후자와 같이 공손하게 부탁을 하면 반쯤 돌아섰던 상대방의 마음까지 녹일 수 있습니다.

마찬가지로 please와 Thank you를 사용하는 것을 습관화하여야 합니다. 단 I am sorry를 너무 남발하면 자신의 잘못이나 실수를 인정하는 것이 되어 그에 대한 책임을 져야 할 수도 있으므로 주의해야 합니다.

@ 능동태와 수동태를 적절하게 사용하세요

능동태를 사용했을 때 좀 더 정확하고 확실하게 그 뜻을 전달할 수 있는 경우가 많습니다. 그래서 미국의 영작문 수업시간에서는 수동태를 가급적 쓰지 말라고 가르치기도 하지요. 하지만 아래의 예문을 보세요.

BAD I made mistakes.
GOOD Mistakes were made.

첫 번째 문장에서는 '내'가 실수를 저질렀다고 잘못을 인정하고 있습니다. 비즈니스 이메일에서는 자신의 잘못을 인정하는 것이 후에 아주 큰 위험을 초래할 수 있습니다. 하지만 수동태를 적절히 사용한 두 번째 문장에서는 사태가 원만하게 진행되지 않았다는 점은 인정하지만 그것이 '나'의 잘못이라고는 하지 않습니다. 주어를 생략함으로써 책임을 회피하고 있는 것이지요.

능동태와 수동태를 선택하는 문제는 초점이 가해지는 대상이 주어 자리에 와야 한다는 점만 유념하면 쉽게 해결될 수 있습니다.

@ 영작문 공부를 하세요

비즈니스 이메일은 편지의 형식을 띠고 있기는 하지만 큰 틀에서 본다면 '글'입니다. 영작문에 적용되는 규칙들이 비즈니스 이메일에서도 그대로 적용됩니다.

and, but, because와 같은 단어들이 문장의 앞에 오는 것은 세련되지 못합니다. 또 because는 주절에 따라오는 종속절을 이끄는 접속사이기 때문에 because가 나오는 문장은 단독으로 쓰일 수 없습니다.

I'd나 I can't와 같은 축약형은 캐주얼하고 친근한 뉘앙스를 풍기기 때문에 아주 정중한 이메일을 써야 할 때는 적절치 않습니다. 경우에 따라 다르지만 대부분은 수동태보다 능동태의 문장을 사용하는 것이 좋습니다.

@ 가급적 구체적으로 언급하세요

문장에서 제시하는 사람이나 대상을 he/she/this/these 등의 대명사로 간단하게 처리하여 가리키는 대상이 누구인지 헷갈리는 일이 없도록 합니다. 비즈니스 이메일은 정확해야 합니다.

BAD My boss is in charge of this.
GOOD My boss, Jason Kim, is in charge of the CNG project.

@ 파일은 가급적 첨부하지 마세요

외국의 인터넷 환경은 아주 열악한 경우가 많습니다. 대용량 메일을 보내면 다운로드에만 몇 시간이 걸릴 수 있습니다. 주요 사항을 본문에서 요약해서 보여 주되, 파일 첨부는 가급적 하지 않는 것이 좋습니다. 굳이 파일을 첨부해야 한다면 word 파일을 선택합니다. PDF 파일은 편집 및 수정이 쉽지 않아 직장인들이 가장 선호하지 않는 파일 유형입니다.

@ 답장을 할 때는 제목을 바꾸지 마세요

상대방의 메일에 답장을 할 경우 처음 제목을 바꿀 필요가 없습니다. 나중에 관련 내용을 찾아볼 때 처음 발송된 메일의 제목을 임의로 바꾸면 이전 메일을 다시 확인하기가 어렵습니다. 마찬가지로 답장을 할 경우 뒤에 따라오는 지난 메일의 내용을 지울 필요도 없습니다. 이전 내용을 찾아 메일을 직접 찾아보는 수고를 덜기 위해서입니다.

또한 답장을 하는 경우에는 새로운 메일을 쓰지 않도록 주의해야 합니다. 논의 내용을 기억 못하는 수신자가 이전의 메일을 찾아보는 수고를 하지 않아도 되도록, 혹은 나중에 논의 내용을 한꺼번에 정리할 수 있도록 반드시 새로운 메일이 아닌 답장으로 답하도록 합니다.

@ 프로답게 행동하세요

btw, thx, b/c, plz와 같은 약어들이나 :-)와 같은 이모티콘의 사용은 프로답지 못한 행동입니다. 글자 색깔을 화려하게 하거나 볼드체, 밑줄 등을 사용하는 것 역시 삼가는 것이 좋습니다. 감탄이나 놀라움과 같이 감정을 드러내는 느낌표 역시 프로답지 못한 느낌을 줍니다.

뿐만 아니라 이메일 주소는 자신의 이름을 이용해서 만드는 것이 좋습니다. 이름의 이니셜이나 풀 네임을 이용한 이메일 주소가 가장 프로다워 보입니다. 유치한 이메일 주소로 상대방의 웃음거리가 되지 않도록 조심해야 합니다.

@ 수신자가 누구인지를 생각해 보세요

To, Cc, BCc는 엄연히 다릅니다. To는 발신자가 이메일을 쓰는 목적이 되는 수신자입니다. 수신자는 발신자에게 답장을 해야 하는 상대입니다.

Cc는 참조입니다. Cc로 메일을 받은 사람은 발신자의 메시지에 답장을 할 필요가 없습니다. 이들은 대화의 진행 과정을 관망하는 사람이기 때문입니다.

BCc는 숨은 참조입니다. 프라이버시를 중요하게 생각하는 서양인들은 자신이 잘 알지 못하는 사람이 Cc에 올라와 있을 경우 불쾌해 할 수 있습니다. 발신자가 자신의 이메일 주소를 여러 사람에게 퍼뜨렸다고 생각할 수 있기 때문입니다. 따라서 수신자가 모르는 사람에게도 같은 내용의 이메일을 보내고 싶은 경우에는 BCc를 활용합니다.

패턴훈련편

5개의 PART와 24개의 Unit으로 분류하였다.
총 200개의 필수패턴을 공부하도록 되어 있으며,
각 패턴 아래에 쓰임이 비슷한 '유사패턴' 약 300개
를 묶어서 정리하였다.

PART
1

서두 작성하기

pattern 500+

Unit 01 자기소개하기

Q 다음 말을 영어로 할 수 있나요?

- 저는 뉴테크 사의 준 힐드야드라고 합니다.

  [　　　　　　　　　] Jun Hildyard with Newtech Ltd.

- 저는 Jade LLP 소속의 회계사입니다.

  [　　　　　　] an accountant [　　　　　] Jade LLP.

- 저는 페스코에서 일합니다.

  [　　　　　　　] Pesco.

- 저는 모든 연령대의 학생들과 함께 일해 왔습니다.

  [　　　　　　　　　] students of all ages.

- 그가 퇴사하면 제가 그의 일을 물려받게 될 것입니다.

  I will [　　　　　　　] his task when he leaves.

- 저는 고객 서비스를 담당하고 있습니다.

  [　　　　　　　] customer relations.

- 저는 귀하를 중국 국제 무역박람회에서 뵈었습니다.

  [　　　　　　　] at the China International Trade Fair.

- 저는 그 일자리에 지원한 5명 중 한 명이었습니다.

  [　　　　　　] the five candidates for the job.

- 영 박사님으로부터 귀하를 소개받았습니다.

  [　　　　　　　　] Dr. Young.

- 당신을 존슨 씨에게 소개해 드리고 싶어요.

  [　　　　　　　　] Mr. Johnson.

My name is...

제 이름은 ~입니다

이메일은 양방향이 아닌 일방적인 의사소통이기 때문에 상대방의 허락을 구하는 May I introduce myself?나 Allow me to introduce myself.와 같은 문장으로 자기소개를 시작할 필요가 없습니다.

(유사 패턴) I am... | This is...

 step 1 패턴 집중 훈련

제 이름은 스티브 리차즈입니다.	**My name is** Steve Richards.
제 이름은 다이애나 김이고, 이번에 판매 과장을 맡게 되었습니다.	**My name is** Diana Kim, the new Sales Manager.
저는 뉴테크 사의 준 힐드야드라고 합니다.	**My name is** Jun Hildyard with Newtech Ltd.
저는 서울에 위치한 샌프란시스코 호텔의 구매 과장으로 일하고 있는 조한나입니다.	**My name is** Hannah Cho, Purchasing Manager for San francisco Hotel in Seoul.

 step 2 리얼 영작 연습

○ Dear Mr. Stevenson:
저는 제니퍼 김이고 and I am in charge of human resources at Seoul Electronics. I am pleased to inform you that you are one of the top candidates and you are invited to attend an interview on March 10 at 9 a.m. If, for any reason, you are unable to attend the interview as scheduled, please contact us at 333-4567.

→ 스티븐슨 귀하
My name is Jennifer Kim 서울 전자에서 인사를 맡고 있습니다. 귀하는 저희 회사의 면접 최종 대상자로 오는 3월 10일 오전 9시에 면접 일정이 잡혀있음을 알려드립니다. 지정된 시간에 면접에 참석하지 못하실 경우 333-4567로 연락 주십시오.

○ Dear Mr. Greene,
제 이름은 릴리 그룹의 에이미 브라운입니다. I am writing in response to your request for additional information on our company's industrial complex construction project.
Below are brief descriptions of the project for your review. Should you have any questions, don't hesitate to contact me at 82-100-4000.

→ 그린 씨께
My name is Amy Brown with Riley Group. 저희 회사의 산업 단지 건설 프로젝트 관련 추가 정보를 원하신 귀하의 요청과 관련해 메일을 드립니다.
참고로 아래에 검토하실 수 있도록 프로젝트에 대한 간단한 설명을 덧붙입니다. 질문이 있으시면 82-100-4000으로 연락 주세요.

Tips 이메일을 쓸 때는 I am··· 혹은 This is···와 같은 표현은 My name is···보다는 덜 격식을 차린 표현이에요.

I am... for/at ~

저는 ~에서 …으로 일합니다

I am 뒤에 이름을 붙이면 '제 이름은 ~입니다.'라는 뜻이지만 직업을 붙이면 '저는 ~으로 일하고 있습니다.'라는 뜻이 돼요. 어디에서 일하고 있는지 소속까지 밝히려면 뒤에 for나 at을 붙이면 됩니다.

유사 패턴 **I work as...**

step 1 패턴 집중 훈련

저는 뉴욕 타임즈에서 일하는 기자입니다.	I am a reporter for The New York Times.
저는 Jade LLP 소속의 회계사입니다.	I am an accountant for Jade LLP.
저는 서울 고등학교의 영어 선생님입니다.	I am an English teacher at Seoul High School.
저는 릴리 앤 그린 사의 변호사입니다.	I am a lawyer for Riley & Green.

step 2 리얼 영작 연습

○ Dear Mr. Wilson:
My name is Jason Choi, and 조이카 사의 스티븐슨 씨 비서입니다. Regarding your proposal for a new partnership, Mr. Stevenson would like you to provide some details. I am looking forward to hearing from you soon.

→ 윌슨 귀하
제 이름은 제이슨 최이고 I am Mr. Stevenson's secretary at Joika Ltd. 새로운 파트너십 형성을 위한 귀하의 제안과 관련해 스티븐슨 씨는 더 자세한 내용을 듣기를 원하십니다. 답장 기다리겠습니다.

○ Dear Mr. Peters,
저는 잭 브래들리이고 하퍼 사에서 토목기사로 일하고 있습니다. We are actively looking for a local partner for the CNG gas station project, owned by the Chinese government.
If you are interested in jointly bidding on the project, please let us know. You can reach us at 200-3500.

→ 피터 귀하
I am Jack Bradley, a civil engineer for Harper Corporation. 저희 회사는 중국 정부가 발주한 CNG 가스충전소 프로젝트를 위해 현지 파트너를 적극적으로 물색 중입니다. 혹시 동 프로젝트에 공동 입찰할 의향이 있으시면 알려 주십시오. 저희 회사의 연락처는 200-3500입니다.

local partner 현지 파트너 **bid on the project** 프로젝트에 입찰하다

I am working for...

저는 ~사에서 일합니다

비즈니스 이메일에서는 이름과 더불어 소속까지 밝히는 것이 반드시 필요합니다. I am working for 뒤에 재직 중인 회사의 이름을 붙이면 돼요.

유사 패턴 I am working at...

저는 리버사이드 테크 사에서 일합니다.
I am working for Riverside Tech Co.

저는 페스코에서 일합니다.
I am working for Pesco.

저는 지방 신문사에서 일합니다.
I am working for a local newspaper.

저는 KAKO라고 하는 공기업에서 일합니다.
I am working for KAKO, a government -owned corporation.

step 2 리얼 영작 연습

○ Dear Ms. Lee:
My name is Jun Hahn and 서울 인터내셔널에서 일하고 있습니다. For your convenience, I have enclosed a brochure outlining our services. If you would like to discuss doing more business together, please let me know.

→ 이 선생님께
제 이름은 준 한이고, I am working for Seoul International. 귀하의 편의를 위해 저희 회사 서비스 내역을 담은 소책자를 동봉합니다. 저희와 함께 사업을 더 하실 의향이 있으시면 연락 주십시오.

○ Dear Ms. Wilson,
My name is Janet Davis, and 피트만 사에 재직 중입니다. I would like to introduce our company's product lines. Described below are the features and benefits of our products and services.
I will follow up with you in a few days to see if you are interested. In the mean time, please feel free to call me at 82-2-800-1000.

→ 윌슨 씨께
제 이름은 자넷 데이비스이고 I am working for Pittman Corporation. 저희 회사의 제품군을 소개드리고 싶습니다. 아래 명시된 내용은 저희 회사 제품 및 서비스의 특징과 혜택입니다. 귀하의 관심 여부를 확인하기 위해 제가 며칠 뒤에 다시 연락드리겠습니다. 그동안 82-2-800-1000으로 언제든 연락 주세요.

government-owned corporation 공기업   product line 제품군

pattern 004

I have worked with...

저는 ~와 함께 일해 왔습니다

work at/for가 '~에서 일하다'라는 뜻이라면 work with는 '~와 함께 일하다'라는 뜻이에요. 같은 팀에서 일하는 동료, 파트너로 함께 일하는 협력사 등을 뒤에 넣을 수 있습니다.

유사 패턴 ... and I have worked together.

step 1 패턴 집중 훈련

저는 제이슨 씨와 함께 일해 왔습니다.	**I have worked with** Jason.
저는 10년 동안 다양한 고객과 함께 일했습니다.	**I have worked with** a wide range of clients for 10 years.
저는 모든 연령대의 학생들과 함께 일해 왔습니다.	**I have worked with** students of all ages.
저는 5년간 케빈 김 씨와 같은 팀에서 함께 일해 왔습니다.	**I have worked with** Kevin Kim in the same team for five years.

step 2 리얼 영작 연습

○ Dear Ms. Brown,
I am writing to highly recommend John Doe as a candidate for employment. 저는 도 씨와 같은 부서에서 일해 왔습니다, since he was employed by Seoul Corporation as a Marketing Manager in 2000. Mr. Doe is enthusiastic, energetic, self-reliant and always willing to go the extra mile.
Although I hope he stays here, I give him my highest recommendation.

→ 브라운 귀하
취업 지원자인 존 도 씨를 강력하게 추천드리고 싶어 메일을 씁니다. 도씨가 2000년에 마케팅 과장으로 서울 사에 입사했을 때부터 I have worked in the same department with Mr. Doe. 도 씨는 정열적이고, 에너지가 넘치며 독립적이고, 항상 전력을 다할 준비가 되어 있는 사람입니다.
저로서는 그와 계속 함께 하고 싶지만, 귀사에 맞는 인재로 강력 추천 드립니다.

○ Hello to all,
My name is Cathy Lee and I am from Seoul, Korea. Today is my first day at work and I am very pleased to get to know and work with each one of you.
저는 이 회사에 입사하기 전에 신생 기업들과 함께 일하며 이들을 도왔습니다. Thank you for helping me start a new life.

→ 모두 안녕하십니까.
제 이름은 캐시 리이고 한국의 서울에서 왔습니다. 오늘은 저의 첫 근무일이며, 여러분 모두를 알게 되고 함께 일할 수 있어서 아주 기쁘게 생각합니다. I had worked with start-ups and helped them before joining this company. 제가 새로운 시작을 하는 데 많은 도움 부탁드립니다.

Tips • go the extra mile은 직역하면 '추가로 마일을 더 가다'라는 뜻인데, 이미 도착 지점에 도달했지만 추가로 몇 마일을 더 가는 것이니 '전력을 다해 열심히 노력하다'라는 의미로 쓰입니다.

pattern 005

I am taking over...

저는 ~의 후임입니다 / 저는 ~을 물려받았습니다

substitute는 임시로 자리 비운 사람의 일을 대신 하는 경우에 쓰는데, take over나 replace는 앞으로도 계속 그 일을 대신 맡게 된 경우에 씁니다. 단, 「take over+one's job/position/task」, 「replace someone」의 형식으로 쓰인다는 점을 유념하세요.

유사 패턴 I am substituting... I am replacing...

---

 step 1 패턴 집중 훈련

그가 퇴사하면 제가 그의 일을 물려받게 될 것입니다.	I will be taking over his task when he leaves.
톰이 ABC 사의 회장 자리를 그만두었기 때문에 제가 그의 자리를 물려받았습니다.	Since Tom stepped down as the head of ABC, I am taking over his position.
1월 1일 자로 저는 AOO 연구소의 통솔권을 물려받았습니다.	I am taking over the reins at AOO research institution effective Jan. 1.
저는 세계적으로 유명한 식음료품 회사 사장의 후임입니다.	I am taking over as president of the world-famous food and beverage company.

 step 2 리얼 영작 연습

○ Dear Young,
My name is Diana Stanley, the new Sales Director of Bigpost. 전 판매 부장이었던 마이크 존슨 씨가 곧 퇴사를 하게 되어 2012년 4월 1일 자로 제가 그의 자리를 물려받게 되었다는 것을 알려드리고자 메일을 보냅니다. I can assure you that I will address your questions and concerns with the same promptness and honesty that you have received in the past.

 영 씨에게
저는 빅포스트 사의 새로운 판매 부장 다이애나 스탠리입니다. I am writing to inform you that Mr. Mike Johnson, the former Sales Director of our company is leaving soon and I am taking over his position effective April 1, 2012. 이전과 동일한 신속함과 정직함으로 귀하의 질문과 관심 사항을 처리해 드릴 것을 약속드립니다.

○ Dear Ms. Brown,
With regard to your email of April 10 to Daisy Kim, I would like to inform you that she is no longer with our company and 지금부터 제가 그녀의 후임이 되었습니다. Your request has been forwarded to me and I will follow up with you on this in a few days.

 브라운 씨께
4월 10일 귀하가 데이지 김 씨께 보내신 이메일과 관련하여, 그녀는 저희 회사에서 퇴직했으며 I am taking over her task from now on. 귀하의 요청 사항은 저에게 전달이 되었으며 관련된 사항은 며칠 내로 다시 연락드리겠습니다.

Tips · step down은 '단을 내려가다,' 즉 '자리에서 물러나다'라는 뜻이에요. 높은 사람이 자발적으로 물러나는 경우에 쓰죠.

pattern 006

I am responsible for...

저는 ~를 담당하고 있습니다

담당 업무를 언급할 때 사용할 수 있는 패턴이에요. I am responsible for 뒤에는 명사나 동명사를 쓰면 됩니다.

유사 패턴 I take responsibility for... | I am in charge of...

step 1 패턴 집중 훈련

저는 고객 서비스를 담당하고 있습니다.
I am responsible for customer relations.

저는 행정 업무를 맡고 있습니다.
I am responsible for administrative duties.

제가 거래 오류에 책임이 있습니다.
I am responsible for the transaction error.

저는 관리자로서 총무부의 전반적인 업무에 책임을 집니다.
As a manager, I am responsible for various aspects of the work in the General Affairs.

step 2 리얼 영작 연습

○ Dear Sales Manager:
My name is Ji-min Choi with Seoul Electronic. 저는 보급품 및 장비 구입을 담당하고 있습니다. As we discussed on the phone today, we are pleased to place an order for some office furniture and equipment on the following terms and conditions:

→ 영업 과장님께
저는 서울 전자의 최지민입니다. **I am responsible for purchasing some supplies and equipment.** 오늘 유선상으로 말씀드린 바와 같이 다음과 같은 조건으로 사무용 가구와 용품을 주문하고 싶습니다.

○ Dear Mr. Brown,
I believe you sent an email to the wrong address. 저는 스마트폰 어플 개발을 담당하고 있습니다. The content in your email appears to have no relevance to me.
If it was not sent in error, please clarify your message.

→ 브라운 씨께
죄송하지만 제게 이메일을 잘못 보내신 것 같습니다. **I am responsible for developing applications for smartphones.** 보내 주신 이메일의 내용은 제 업무와 관련이 없는 것 같습니다.
만일 잘못 보내신 것이 아니라면 하고 싶은 말씀을 더 구체적으로 적어 주세요.

Tips
• furniture와 equipment는 셀 수 없는 명사(noncountable noun)라고 해서 복수의 형태라도 끝에 's'를 붙이지 않아요.
• 스마트폰의 어플을 영어로는 application, 혹은 줄여서 app(앱)이라고 합니다.

pattern 007
We met at...

우리는 ~에서 만났습니다

안면이 있는 사람에게는 메일 초반에 상대방과 어디서 만났었는지를 언급해 주는 것이 좋습니다. 아는 사람에게서 받은 메일은 아무래도 주의 깊게 읽을 테니까요.

유사 패턴 We were introduced to each other at...

---

step 1 패턴 집중 훈련

우리는 지난여름 귀하가 준비하셨던 세미나에서 만났습니다.
We met at a seminar you organized in Seoul last summer.

우리는 국제 무역에 관한 상하이 세미나에서 만났습니다.
We met at the Shanghai seminar on International Trade.

저는 귀하를 중국 국제 무역박람회에서 뵈었습니다.
We met at the China International Trade Fair.

우리는 메트로폴리탄 미술관에서 만났고 데이빗 존슨 박사에게 소개받았습니다.
We met at the Metropolitan Museum of Art, introduced by Dr. David Johnson.

step 2 리얼 영작 연습

○ Dear Mr. Jackson:
My name is David Oh with Jackie Fraser International. 우리는 지난주 서울에서 열린 IEG 컨퍼런스에서 만난 바 있습니다.
I would like to introduce you to Kevin Kim, Sales Director of our department. He is able to answer any questions and address any concerns you may have. Please feel free to contact him at kevin.kim@jfinter.com.

> 잭슨 귀하
> 저는 재키 프레이저 인터네셔널의 데이비드 오라고 합니다. We met at the IEG Conference in Seoul last week. 저는 귀하에게 저희 부서의 케빈 김 영업 부장을 소개해 드리고 싶습니다. 부장님은 귀하의 궁금증이나 관심사를 해결해 주실 것입니다. kevin.kim@jfinter.com로 연락하시면 됩니다.

○ Dear Hiring Manager,
My name is Steve Young and 우리는 지난달 취업 박람회에서 만난 바 있습니다.
I recently applied for an opening in your department and just wanted to follow up to confirm that you have received my resume. Thank you for the opportunity to present my resume and your kind consideration.

> 인사 담당 과장님께
> 제 이름은 스티브 영이고 we met at the job fair last month. 최근에 귀하의 부서의 채용 공고에 지원을 한 바 있는데 제 이력서가 무사히 접수되었는지 확인해 보고 싶습니다. 제게 이력서를 보낼 기회를 주신 것과 친절한 배려를 보여 주신 점에 감사드립니다.

Tips '(처음 혹은 몇 번 만난 사람을) 만나다'라고 할때는 meet을 쓰고, '(여러 번 만난 사람을) 만나다'라고 할때는 see를 써요.

pattern 008

I was one of...

저는 ~ 중 한 명이었습니다

one of 뒤에는 복수형의 명사가 와서 어떠한 사람들 중 한 명이었다고 자신을 소개하는 패턴이 됩니다.

유사 패턴 People including myself were...

---

step 1 패턴 집중 훈련

저는 그들 중 한 명이었습니다.	**I was one of** them.
저는 그 일자리에 지원한 5명 중 한 명이었습니다.	**I was one of** the five candidates for the job.
저는 가장 생산적인 근로자 중 한 명이었습니다.	**I was one of** the most productive employees.
저는 당신과 함께 일하고 싶어 했던 사람 중 한 명이었습니다.	**I was one of** those who wanted to work with you.

step 2 리얼 영작 연습

○ Dear Stevenson:
My name is John Doe and I am working for AB Corporation. We met at last year's conference in Seoul and 당신의 프레젠테이션을 들었던 청중 중 한 명이었습니다.
Since I was impressed with your presentation and your ability to fully engage the participants there, I would like to have you at our seminar which is scheduled for May 1, 2013 as a speaker. Please find attached details of our seminar.

→ 스티븐슨 귀하
저는 존 도이고 AB 사에서 일하고 있습니다. 저는 귀하를 작년 서울에서 열린 컨퍼런스에서 뵈었고 **I was one of your presentation audience.**
귀하의 프레젠테이션과 관객 흡입력이 아주 인상적이었기에 2013년 5월 1일에 예정된 저희 세미나에 연사로 초대하고 싶습니다. 저희 세미나에 대한 상세 정보는 첨부 파일을 확인해 주십시오.

○ Dear Ms. Parker,
My name is Adrian Banks with Lynch Ltd. We met at the 2012 Yeosu Expo. 저는 당신의 상품에 관심을 보인 이들 중 한 명이었죠.
I would like to have a meeting with you to discuss a possible purchasing agreement. Please let me know if you would be interested.

→ 파커 씨께
제 이름은 에이드리언 뱅크스이고 린치 사에 재직 중입니다. 우리는 2012년 여수 엑스포에서 만났습니다. **I was one of those who showed interest in your products.**
구매 계약 체결의 가능 여부에 대해 직접 만나서 논의를 해보고 싶습니다. 관심 있으시면 제게 알려 주십시오.

pattern 009

I was referred to you by...

~로부터 귀하를 소개받았습니다

refer는 '어떤 사람의 좋은 면을 다른 이에게 말해 준다'는 의미를 가지고 있습니다. 흔히 일자리가 났을 때 적임자를 추천해 주는 경우에 쓰이죠.

유사 패턴 I was given your name by... | ... gave me your email address.

step 1 패턴 집중 훈련

영 박사님으로부터 귀하를 소개받았습니다.	**I was referred to you by** Dr. Young.
서울전자의 도 씨로부터 귀하를 소개받았습니다.	**I was referred to you by** Mr. Doe from Seoul Electronics.
이안 스미스 교수님으로부터 귀하를 소개받았습니다.	**I was referred to you by** Professor Ian Smith.
김 선생님께서 귀사의 영업직 공고를 알려 주시고 귀하를 소개해 주셨습니다.	**I was referred to you by** Ms. Kim, who informed me of a sales position that is available at your company.

step 2 리얼 영작 연습

○ Dear Ms. Stevenson:
저는 귀사의 워싱턴 지점 판매 과장인 스미스 씨로부터 귀하를 소개받았습니다. Mr. Smith informed me that the Tokyo office of Goodluck Electronics is actively seeking to hire quality individuals for your department. Please find attached my resume. I look forward to hearing from you.

→ 스티븐슨 귀하
I was referred to you by Mr. Smith, Sales Manager with your Washington office. 스미스 씨는 굿럭 일렉트로닉스의 도쿄 지점에서 재능 있는 인재를 채용하고자 한다는 소식을 들려 주었습니다. 아래에 제 이력서를 첨부합니다. 소식 기다리겠습니다.

○ Dear Ms. Armstrong,
My name is Kate Kelley and I am an engineer for Fields Corporation.
제이드대학의 데이비드 하트 교수님이 귀하를 소개해 주셨습니다. Mr. David Hart highly recommended you for more detailed advice on doing business in Indonesia.
Could you tell me if you are interested in being our company's advisor? We are looking forward to your positive response.

→ 암스트롱 씨께
저는 케이트 켈리이고 필즈 사에서 엔지니어로 일합니다. I was referred to you by Mr. David Hart, a professor at Jade University. 데이비드 하트 교수님은 인도네시아 사업에 대한 더 자세한 정보를 얻는 것에 귀하를 강력하게 추천하셨습니다. 실례가 되지 않는다면 저희 회사의 자문역을 맡아 주실 수 있으신지요? 긍정적인 답변을 기대하겠습니다.

pattern 010
I would like to introduce you to...

당신을 ~에게 소개해 드리고 싶어요

refer가 잘 아는 사람에 대해 소개하는 것이라고 한다면 introduce는 잘 모르는 사람이라도 상관없이 소개를 시켜 주는 것을 말해요.

유사 패턴 I want you to meet...

---

step 1 패턴 집중 훈련

당신을 존슨 씨에게 소개해 드리고 싶어요.

I would like to introduce you to Mr. Johnson.

당신을 우리 회사 동료 중 한 명에게 소개해 드리고 싶어요.

I would like to introduce you to one of my colleagues.

당신을 새로운 매니저 최 씨에게 소개해 드리고 싶어요.

I would like to introduce you to the new manager Ms. Choi.

당신에게 훌륭한 서비스를 제공하는 소매 업체 몇 곳을 소개해 드리고 싶어요.

I would like to introduce you to a few retail sellers which provide excellent services.

---

step 2 리얼 영작 연습

○ **Hello Ian,**
당신에게 저희 회사 영업 및 사업 개발부의 스티브 스미스 상무님을 소개해 드리고 싶어요. **Since he has authority over the highway renovation project, you may want to contact him directly at ian@abc.com. I can refer you to him if you like.**

→ 이안 씨
I would like to introduce you to Steve Smith, Executive Vice President of Sales and Business Development for our company. 고속도로 보수 프로젝트에 상무님이 권한을 가지고 계시기 때문에 ian@abc.com으로 직접 연락하는 것이 나을 거예요. 원하신다면 제가 상무님께 당신에 대해 말씀드려 놓을게요.

○ **Dear Ms. Fuller,**
제가 5월 1일 자로 다른 부서로 발령나면 제 후임이 될 브라이언 밀즈 씨를 소개해 드릴게요. **He has been my assistant for 5 years and knows what he is doing.**
He will shortly contact you regarding this job position change. You can contact him at 800-9000 ext.123 as well. Thank you for your understanding.

→ 풀러 씨께
I would like to introduce you to Mr. Brian Miles who will be assuming my duties after I transfer to another department on May 1. 그는 지난 5년 동안 저를 보조해 왔고 자신이 하는 일을 잘 파악하고 있어요. 보직 변경 건에 대해 밀즈 씨가 곧 당신에게 연락을 할 거예요. 당신이 800-9000 내선 123으로 직접 연락하셔도 돼요. 이해해 주셔서 감사합니다.

Unit 02

회사 소개하기

Q 다음 말을 영어로 할 수 있나요?

- 저희는 세계적인 경영 컨설팅 회사입니다.

  _____ a global management consulting firm.

- 저희는 농산물의 생산·유통을 전문으로 합니다.

  _____ the production and distribution of agricultural products.

- 저희는 태양 에너지를 이용해 전기를 생산합니다.

  _____ electricity from solar energy.

- 저희 회사의 고객으로는 글로벌 반도체 기업이 있습니다.

  _____ global semiconductor companies.

- 저희 회사의 통찰력을 기대하셔도 좋습니다.

  _____ our insight.

pattern 011

We are...

저희 회사는 ~입니다

회사를 소개할 때는 We나 Our company와 같은 말을 이용해서 글을 시작하면 됩니다.

유사 패턴 Our company is...

---

step 1 패턴 집중 훈련

저희는 세계적인 경영 컨설팅 회사입니다.
We are a global management consulting firm.

저희는 철강 제품의 선두 공급 업체입니다.
We are a leading supplier of steel products.

저희는 서울에 기반을 둔 모바일 개발 업체입니다.
We are a Seoul-based mobile development company.

저희는 금속 및 철강 산업의 선두 기업입니다.
We are a leading company in the metal and steel industry.

---

step 2 리얼 영작 연습

○ Dear Ms. Jones:
I would like to take this opportunity to introduce you to ABC International Metals, Inc. 저희는 산업 및 가정용 티타늄 제분 제품의 주요 생산 및 공급 업체입니다. We operate in over 50 countries and employ 100,000 people worldwide.
If you are interested in creating a strategic partnership with us, please let us know.

→ 존스 귀하
이번 기회에 ABC 인터내셔널 메탈즈를 소개할 수 있어 기쁩니다. We are a major producer and supplier of titanium mill products for industrial and consumer markets. 저희는 50여 개국 이상에 지점을 운영하고 있으며 세계적으로 100,000명의 종업원을 고용하고 있습니다.
저희와 전략적 파트너십을 체결하는 것에 관심이 있으시다면 연락 부탁드립니다.

○ Dear Ms. Holt,
I am Gary May with Lucas Ltd. 저희 회사는 금속 및 플라스틱 밸브를 생산하고 있으며 30개국 이상에 지사를 갖고 있습니다.
We are interested in a joint venture with your company doing e-commerce and would like to set up a meeting with you sometime in the near future. I look forward to hearing from you soon.

→ 홀트 씨께
저는 루카스 사의 개리 메이라고 합니다. We are a manufacturer of metal and plastic valves with operations in more than 30 countries.
저희 회사는 인터넷 상거래를 위해 귀사와 합작 투자 사업을 희망하고 있으며 가까운 시일 내 귀사와 회의를 가졌으면 합니다. 연락 기다리겠습니다.

pattern 012
We specialize in...
저희 회사는 ~을 전문으로 합니다

We are...를 통해 우리 회사에 대해 개괄적으로 설명했다면, We specialize in... 패턴을 통해 우리 회사가 특화로 하고 있는 전문 분야를 더 자세하게 소개할 수 있습니다.

유사 패턴 Our specialty lies in... | ... is our specialty.

---

step 1 패턴 집중 훈련

저희는 전자상거래 프로젝트를 전문으로 합니다. | **We specialize in** E-commerce projects.

저희는 최신식 시스템 프로그래밍을 전문으로 합니다. | **We specialize in** the state of the art system programming.

저희는 병원 및 기타 건강 시설들을 설계·시공하는 것을 전문으로 합니다. | **We specialize in** planning and building of hospitals and other health facilities.

저희는 농산물의 생산·유통을 전문으로 합니다. | **We specialize in** the production and distribution of agricultural products.

---

step 2 리얼 영작 연습

○ Dear Sir/Madam:
Seoul Software Solutions, Inc. is headquartered in Seoul. 저희는 귀사의 비즈니스를 위한 혁신적인 소프트웨어 솔루션을 개발하고 설치하는 것을 전문으로 하고 있습니다.
For your convenience, I have attached a brochure outlining our services. I would welcome an opportunity to discuss how our services could benefit your business.

→ 관계자분께
저희는 서울에 본사를 둔 서울 소프트웨어 솔루션 사입니다. **We specialize in developing and deploying innovative software solutions for your business.** 귀하의 편의를 위해 저희 회사의 서비스를 망라한 소책자를 첨부합니다. 저희 서비스를 이용하실 경우 받으실 수 있는 혜택에 대해 귀사에 설명해 드릴 기회를 주셨으면 합니다.

○ Dear Public Relations Manager,
I am writing with regard to your advertisement concerning distributors on May 1 in The ABC Times.
UO Corporation is Korea's leading distributor of cell phone and tablet PC accessaries with 30% of the market share. 저희 회사는 공급망 관리의 모든 부문을 전문으로 하고 있습니다. Please find attached our brochure and let me know if you need more information.

→ 홍보팀 과장님께
더 ABC 타임즈 5월 1일 자에 실린 배급 업체를 구하는 광고를 보고 연락드립니다.
UO 사는 한국에서 선도적인 휴대 전화 및 태블릿 PC 액세서리 배급 업체로, 30%에 달하는 시장 점유율을 가지고 있습니다. **We specialize in all aspects of supply chain management.** 저희 회사의 브로슈어를 첨부하오니 정보가 더 필요하시면 연락 주십시오.

pattern 013

We produce...

저희는 ~을 생산합니다

회사가 생산하는 제품을 언급할 때 사용하는 패턴입니다.

(유사 패턴) We manufacture...

step 1 패턴 집중 훈련

저희는 LPG와 가솔린을 연료로 해서 달리는 자동차를 생산합니다.
We produce vehicles that run on LPG and gasoline.

저희는 전 연령대의 어린이를 위한 고품질 장난감을 생산합니다.
We produce high-quality toys for kids of all ages.

저희는 태양 에너지를 이용해 전기를 생산합니다.
We produce electricity from solar energy.

저희는 유기농 채소를 생산·판매합니다.
We produce and sell organic vegetables.

step 2 리얼 영작 연습

○ Dear Ms. Jones,
It brings us great pleasure to introduce our company, Seoul Metals Inc. 저희는 실리콘 메탈과 실리콘 합금을 생산하고 있습니다.
We look forward to doing business with you. If you have any questions, comments or suggestions, please contact us.

➡ 존스 귀하
서울 메탈 사를 귀하에 소개할 수 있어 기쁩니다.
We produce silicon metal and silicon-based alloys.
귀사와 함께 비즈니스를 할 기회가 있었으면 합니다. 질문이나 하시고 싶은 말씀, 혹은 제안이 있으시다면 저희에게 연락 부탁드립니다.

○ Dear Sir/Madam,
베어드 사는 스포츠를 주제로 한 판촉 용품을 제작 및 판매하고 있습니다, and would like to send you some samples that we think you might be interested in.
We will follow up with you within 3 days to see if you have any questions or want more details of our products and services.

➡ 관계자분께
Beard Corporation produces and sells sports themed promotional products, 그리고 귀사가 흥미 있어 할 만한 샘플 몇 가지를 보내 드리고 싶습니다.
질문이 있거나 저희 회사의 상품 및 서비스에 대해 더 자세하게 알고 싶어 하시는지를 파악하기 위해 제가 3일 이내에 다시 연락드리겠습니다.

promotional product 판촉 용품

Our clients include...

pattern 014

저희 회사의 고객으로는 ~이 있습니다

이 패턴은 상대방에게 우리 회사의 주요 고객을 소개할 때 쓰는 패턴이에요.

유사 패턴 Our clients are...

---

step 1 패턴 집중 훈련

저희 회사의 고객으로는 글로벌 반도체 기업이 있습니다.
Our clients include global semiconductor companies.

저희 회사의 고객으로는 포춘 500위 기업들이 있습니다.
Our clients include Fortune 500 companies.

저희 회사의 고객으로는 정부, 기업, 교육 기관이 있습니다.
Our clients include governments, corporations and educational institutions.

저희 회사의 고객으로는 200여 개국 이상 국가의 헤지 펀드, 기관 투자가, 재력가가 있습니다.
Our clients include hedge funds, institutional investors and affluent individuals in more than 200 countries.

---

step 2 리얼 영작 연습

○ Dear Sir/Madam,
ABC Corporation is a leading financial services firm with operations in more than 100 countries. Since established in 2000, we have helped our clients to work smarter and grow faster. 저희 회사의 주요 고객으로는 J&C, AE 캐피탈, INC, BD 뱅킹 그룹이 있습니다.
Please sign up for our monthly newsletter and we will keep you updated with our news and knowledge.

→ 담당자분께
ABC 사는 100여 개국 이상에 사무소를 두고 있는 선두 금융 서비스 회사입니다. 2000년 설립된 이후로 저희는 고객들이 더 효율적으로 일하고 더 빨리 성장할 수 있도록 지원을 해 왔습니다. **Our major clients include: J&C, AE Capital, INC and BD Banking Group.** 저희 회사가 매달 발행하는 뉴스레터에 등록해 주시면 저희 회사의 뉴스와 노하우를 신속히 보내 드리겠습니다.

○ Dear Mr. Booth,
We at Brown Ltd. regret to inform you that we cannot accept your offer to do business together. 저희 회사의 고객은 대부분 중소 규모의 제조 업체입니다, and in this regard, you don't meet our company's category requirements. However, we hope to maintain contact for a possible future relationship.

→ 부스 씨께
저희 브라운 사는 사업을 함께 하자는 귀사의 제안을 거절하게 되어 유감으로 생각합니다. **Our clients mostly include small and medium sized manufacturers,** 그런 면에서 귀사는 저희 회사의 주력군에 해당되지 않습니다. 그러나 저희는 혹시 모를 미래의 관계 형성을 위해 귀사와 계속 연락했으면 합니다.

You can rely on our...

저희 회사의 ~을 기대하셔도 좋습니다

rely on...은 '의지하다', '의존하다'라는 뜻으로, You can rely on our...는 거래처나 상대 회사에 우리 회사에 대한 기대를 심어 줄 때 쓸 수 있습니다.

유사패턴 You can trust our...

step 1 패턴 집중 훈련

저희 회사의 통찰력을 기대하셔도 좋습니다.   **You can rely on our insight.**

저희 회사의 경험을 기대하셔도 좋습니다.   **You can rely on our experience.**

저희 회사의 능력을 기대하셔도 좋습니다.   **You can rely on our ability.**

저희 회사의 기술을 기대하셔도 좋습니다.   **You can rely on our technology.**

step 2 리얼 영작 연습

○ Dear Sir/Madam,
Seoul Web Design is a full-service web development company based in Seoul. We provide a wide range of services from web design, webpage development through website content maintenance and management.
꼭 맞는 조언과 지원을 제공하는 저희 회사의 능력을 기대하셔도 좋습니다. For further information, please contact us.

→ 관계자분께
서울 웹디자인은 서울에 본사를 둔 풀서비스 웹 개발 회사입니다. 저희 회사는 웹디자인, 웹페이지 개발부터 웹사이트 콘텐츠 유지·관리 서비스까지 다양한 범위의 서비스를 제공하고 있습니다.
You can rely on our expertise to give the right advice and support. 더 많은 정보가 필요하시면 연락 주십시오.

○ Dear Mr. Keith,
I appreciate your consideration in choosing Hike Corporation and am greatly excited by the prospect of working with you as a distributor.
한국에서 성공을 거두었던 저희 회사의 지난 10년 경력에 기대를 하셔도 좋습니다. With your quality products and our wide range of distribution networks, we can together create synergy for success.

→ 키스 씨께
하이크 사를 선택해 주신 것에 대해 감사드립니다. 저는 배급 업체로서 귀사와 함께 일할 수 있게 되어 정말 기쁘게 생각하고 있습니다.
You can rely on our ten-years of successful experience in Korea. 귀사의 훌륭한 제품과 저희 회사의 넓은 배급망이 함께하면 양사는 성공으로 향하는 시너지를 창출할 수 있을 것입니다.

Tips homepage는 website의 메인 화면을 가리키는 말이에요. 그러니 인터넷 사이트를 말하려면 website라고 해야 맞습니다.

Unit 03

제품 소개하기

Q 다음 말을 영어로 할 수 있나요?

- 저희 제품의 범위는 취사도구와 식기류입니다.

  [   ] cookware and tableware.

- 저희 회사 제품은 천연 약초로 만들어집니다.

  [   ] natural herb.

- 저희 제품을 구매하시면 무료 배송을 해 드립니다.

  [   ] free shipping.

- 저희 제품은 다양한 색상으로 나옵니다.

  [   ] a variety of colors.

- 경쟁사들의 다른 제품과 비교해서, 저희 회사의 제품은 두 가지 주요한 강점을 지니고 있습니다.

  [   ] competitors', our products have two key advantages.

- 저희 제품은 특별히 여성을 위해 고안되었습니다.

  [   ] women.

- 저희 제품은 중국에서 구매하실 수 있습니다.

  [   ] in China.

정답 _ Our product range includes / Our products are made from / Our products come with / Our products come in /
Compared to other / Our products are specifically designed for / Our products are available

pattern 016

Our product range includes...

저희 제품의 범위는 ~입니다

회사가 커버하는 제품의 범위가 어디까지인지를 알려줄 때 쓸 수 있어요.

유사패턴 Our products range from... to~

step 1 패턴 집중 훈련

저희 제품의 범위는 금융 서비스와 건강 보험입니다.
Our product range includes financial services and health insurance.

저희 제품의 범위는 취사도구와 식기류입니다.
Our product range includes cookware and tableware.

저희 제품의 범위는 책상, 의자와 캐비닛 같은 사무용 가구입니다.
Our product range includes office furniture such as desks, chairs and cabinets.

저희 냉동 제품의 범위는 냉동 야채, 냉동 피자, 아이스크림 등등입니다.
Our frozen product range includes frozen vegetables, frozen pizza, ice cream and more.

step 2 리얼 영작 연습

○ Dear Mr. Swan,
Thank you for your interest in our products.
저희 제품의 범위는 하이킹 스포츠웨어, 수영복, 여행복에서부터 유기농 면의류까지입니다, and our products are specifically designed for men and women of all ages and types.
Please advise us of your preferred method of payment and receiving invoices.

→ 스완 귀하
저희 회사 제품에 보여 주신 관심에 감사드립니다. Our product range includes hiking sportswear, swimsuits, travel clothing and organic cotton clothing, 그리고 모든 연령대와 유형의 남녀에게 적합하도록 특별 제작되었습니다. 선호하시는 지급 결제 방법과 송장 청구 방식을 알려 주세요.

○ Dear Ms. Brown,
I am pleased to introduce our company, Jake Corporation. Established in 2000, we have become a leading global fabric manufacturer.
저희 회사의 제품군은 야외 스포츠웨어, 수영복, 트레이닝복입니다. I would like to suggest that you carry our products at your retail store.

→ 브라운 씨께
저희 회사인 제이크 사를 소개해 드리고 싶습니다. 2000년 설립된 이후 저희 회사는 글로벌 선두 섬유 업체가 되었습니다. Our product range includes outdoor clothing sportswear, swimsuits and exercise sweat suits. 귀하의 소매점에 저희 제품의 판매를 고려해 보시라는 제안을 드리고 싶습니다.

pattern 017

Our products are made from...

저희 회사의 제품은 ~으로 만들어집니다

이 표현은 제품의 구성 성분을 표현할 때 쓰는 패턴으로, 「(완성품) is/are made from (재료)」의 형태로 사용합니다.

유사 패턴 Our products contain...

step 1 패턴 집중 훈련

저희 회사의 제품은 플라스틱 병으로 만들어집니다.
Our products are made from plastic bottles.

저희 회사 제품은 천연 약초로 만들어집니다.
Our products are made from natural herb.

저희 회사 제품은 재활용 소재로 만들어집니다.
Our products are made from recycled materials.

저희 회사 제품은 자연에서 찾은 성분의 혼합물로 만들어집니다.
Our products are made from a mixture of elements found in natural materials.

step 2 리얼 영작 연습

○ **Dear Consumer:**
Thank you for your order on April 20.
저희 회사의 냉동 제품은 냉동 식사와 냉동 간식으로 구성되어 있으며 모든 제품은 가장 신선한 재료만으로 만들어집니다.
If you have any questions about your order or our product, please contact us directly.

→ 고객님께
4월 20일의 제품 구매에 대해 감사드립니다.
Our frozen food line includes frozen meals and frozen treats that are made from only the freshest ingredients. 주문이나 저희 회사 제품 관련 질문이 있으시면 저희에게 직접 연락 주시기 바랍니다.

○ **Dear Sir,**
Thank you for your request for more information regarding differences between our battery products and others in the market.
저희 회사의 모든 제품은 설탕으로 만들어지며 주석이 겉을 감싸고 있습니다, **while others in general are made from lithium. I hope this helps.**

→ 관계자분께
저희 회사의 배터리 제품과 시장에 출시된 타사 제품 간의 차이점에 대한 문의 잘 받아 보았습니다.
All our products are made from sugar coated with tin, 반면 타사의 제품은 일반적으로 리튬으로 만들어집니다. 도움이 되셨길 바랍니다.

Tips 재료의 성질이 완성품에 그대로 남아있는 경우, 예를 들어 나무로 의자를 만드는 경우는 be made of를 쓰지만 재료의 성질 이거의 남아있지 않는 경우, 예를 들어 나무에서 종이를 만드는 경우라면 be made from을 씁니다.

pattern 018

Our products come with...

저희 제품을 구매하시면 ~를 드립니다

물건을 사면 증정품이나 보증서 등의 각종 서비스가 따라오는 경우 사용할 수 있는 패턴이에요.

유사 패턴 Your purchase includes...

---

step 1 패턴 집중 훈련

저희 제품을 구매하시면 무료 배송을 해 드립니다.	**Our products come with** free shipping.
저희 제품을 구매하시면 30일간 품질 보증을 해 드립니다.	**Our products come with** a 30-day warranty.
저희 전제품을 구매하시면 7일 내 환불 서비스를 해 드립니다.	**All of our products come with** a 7-day money back guarantee.
저희의 전제품을 구매하시면 일 년간의 품질 보증 및 액세서리 일체를 사은품으로 드립니다.	**All of our products come with** complete accessories as well as a one-year warranty.

---

step 2 리얼 영작 연습

○ Dear Consumer:
Congratulations on your purchase of a
Michelle Vacuum FX700. Our product has
been designed with extra features such as
Stair tool to help you clean the most difficult
places, and 평생 품질 보증이 가능합니다. Thank you
for your purchase.

→ 고객님께
미셸 진공청소기 FX700을 구매하신 것을 축하드립니다. 저희 회사의 제품에는 청소하기 가장 어려운 곳까지 청소가 가능하게 해 주는 계단툴과 같은 추가 기능이 탑재되어 있습니다. 그리고 it comes with a lifetime warranty. 구매해 주셔서 감사합니다.

○ Dear Ms. Duran,
Thank you for getting in touch with us.
Please find attached a price breakdown
of our products and services. This is a
preliminary figure and subject to change.
Please note that we can offer you bulk
discounts and 1년간의 한정 보증을 해 드릴 수 있습니다. We look forward to having you as our
customer.

→ 듀란 씨께
저희에게 연락해 주셔서 감사드립니다. 저희 회사 제품 및 서비스의 가격 내역을 첨부해 드립니다. 이는 잠정치이며 변동될 수 있습니다. 대량구매 시 할인을 해 드릴 수 있고 our products come with a one-year limited warranty. 귀사를 고객으로 맞게 되기를 희망합니다.

Tips
warranty는 제품에 하자가 생겼을 경우 일정 기간 내에 수리를 해 주는 것이고, guarantee는 제품이 마음에 들지 않을 경우 환불이나 교환을 해 주겠다는 걸 말해요.

Our products come in...

저희 제품은 (종류가) ~으로 나옵니다

pattern 019

회사에서 생산하는 제품의 색상, 사이즈 등이 다양한 형태로 출시된다는 것을 나타낼 때 사용하는 패턴이에요.

유사패턴 Our products' available range includes...

step 1 패턴 집중 훈련

저희 제품은 아주 다양한 맛으로 나옵니다.	**Our products come in a wide variety of flavors.**
저희 제품은 다양한 색상으로 나옵니다.	**Our products come in a variety of colors.**
저희 제품은 5가지 다른 사이즈로 나옵니다.	**Our products come in 5 different sizes.**
저희 제품은 모든 다른 사이즈와 형태로 나옵니다.	**Our products come in all different sizes and shapes.**

step 2 리얼 영작 연습

○ Dear Mr. Kim,
Thank you for your request dated March 1 for more information concerning our products.
저희 제품은 12가지 모델 5가지 색상으로 나옵니다, **and they also come with a 1 year warranty. For a free quote or estimate, feel free to contact us at 123-4567.**

→ 김 선생님 귀하
3월 1일 저희 회사 제품에 대한 더 많은 정보를 요청하신 메일 잘 받아 보았습니다.
Our products come in 12 models and 5 different colors, 또한 1년간의 품질 보증을 제공해 드립니다. 무료 가격표나 견적서를 원하시면 123-4567로 연락 부탁드립니다.

○ Dear Ms. Johns,
Thank you for your request on Monday January 10 for an estimate of our steel pipe products.
저희 상품은 12가지 다른 모델로 출시되었으며 가격은 유형에 따라 달라진다는 것을 유의해 주십시오. **If you could be more specific about what type of steel pipes you need, we'll provide pricing information to you right away.**

→ 존스 씨
1월 10일 월요일 저희 회사의 철강 파이프 상품의 견적을 문의해 주신 것에 대해 감사드립니다.
Please note that our products come in 12 different types and the price differs depending on the type. 어떤 철강 파이프를 필요로 하시는지 좀 더 구체적으로 말씀해 주시면 곧 가격 정보를 보내 드리겠습니다.

Tips
미국 영어에서는 요일, 월, 일, 연도의 순서로, 영국 영어에서는 요일, 일, 월, 연도의 순서로 날짜를 표기해요.

Compared to other...

다른 ~과 비교해서

경쟁사의 제품을 언급하며 자사 제품이 낫다고 어필할 때 사용하는 패턴입니다.

유사 패턴 In comparison to our competitors' products... | Our product is
...than any other competitors.

step 1 패턴 집중 훈련

경쟁사들의 다른 제품과 비교해서, 저희 회사의 제품은 두 가지 주요한 강점을 지니고 있습니다.

Compared to other competitors', our products have two key advantages.

다른 에너지바와 비교해서 저희 제품은 설탕 함유량이 훨씬 적습니다.

Compared to other energy bars, our products contain a significantly lower level of sugar.

시장의 다른 제품과 비교해서 저희 회사의 제품이 에너지를 더 효율적으로 사용합니다.

Compared to other products in the market, our products use energy more efficiently.

다른 모바일 어플리케이션 분석 프로그램과 비교해서 저희 제품은 사용하기 편리하고 플랫폼 호환성이 뛰어납니다.

Compared to other mobile application analytics products, our product is easier to use and more platform compatible.

step 2 리얼 영작 연습

○ Dear Sir/Madam,
If you are considering purchasing or using office software packages, K-Business Software, a perfect PHP development tool for small and medium-sized companies, might be the answer. 경쟁사들의 제품에 비해 저희는 더 낮은 가격에 호환성이 더 좋은 솔루션을 고객들에게 제공해 드립니다.

→ 관계자분께
사무용 소프트웨어 패키지를 구매하거나 사용하려고 계획 중이신 분들께 중소기업에 최적화된 완벽한 PHP 개발 툴인 K-비즈니스 솔루션을 추천해 드립니다. Compared to other competitors', we provide lower cost and more compatible solution to our customers.

○ Dear Mr. Smith,
Thank you for informing us of your decision to choose another company over us in the auto parts supply agreement. 시장의 다른 경쟁 업체들과 비교 시 저희 회사의 자동차 배터리가 더 친환경적이고 오래간다는 점을 말씀드리고 싶습니다. I hope you reconsider your decision.

→ 스미스 씨께
자동차 부품 공급 협약 관련, 타사를 공급 업체로 선정했다는 것을 알려 주신 점에 대해 감사드립니다. I just wanted to tell you that compared to other competitors in the market, our automotive battery is more eco-friendly and long-lasting. 저는 귀하께서 재고해 주실 것을 건의드립니다.

pattern
021

Our products are specifically designed for...

저희 제품은 특별히 ~을 위해 고안되었습니다

이 표현은 제품의 주요 타깃층을 언급하며 쓰는 패턴이에요.

유사 패턴 Our products are made especially for...

step 1 패턴 집중 훈련

저희 제품은 특별히 여성을 위해 고안되었습니다.
Our products are specifically designed for women.

저희 제품은 특별히 학생과 교육자들을 위해 고안되었습니다.
Our products are specifically designed for students and educators.

저희 제품은 특별히 태블릿과 스마트폰을 위해 고안되었습니다.
Our products are specifically designed for tablets and smart phones.

저희 제품은 특별히 학교, 호텔, 병원에서의 고충을 해결하기 위해 고안되었습니다.
Our products are specifically designed for the rigors of daily use in schools, hotels and hospitals.

step 2 리얼 영작 연습

○ To Whom It May Concern,
We are very pleased to introduce you to our beauty products. 저희 제품은 특별히 여드름 및 지성 피부를 위해 고안되었습니다. If you want to try free product samples, call us toll free at 999-123-4567.

→ 관계자분께
저희 회사의 화장품 제품을 소개해 드리게 되어 기쁘게 생각합니다. Our products are specifically designed for acne-prone and oily skin. 무료 제품 샘플을 사용해 보고 싶으시면 무료전화 999-123-4567 로 전화 주세요.

○ Dear Ms. Brown,
We at A10 Corporation are a high quality chair manufacturer and 저희 회사의 제품은 만성 요통을 가진 분들을 위해 특별히 제작되었습니다.
We would like to apply for a UK patent. Please review the attached documents carefully.

→ 브라운 씨께
저희 A10 사는 고품격 의자 제조 업체입니다. our products are specifically designed for those with chronic back pain. 저희는 영국에서 특허를 신청하고 싶습니다. 첨부된 파일을 주의 깊게 검토해 주십시오.

Tips chronic은 문제점이나 병명 앞에 쓰여 '만성적인'이라는 뜻을 나타내요.

Our products are available...

저희 제품은 ~에서 구매하실 수 있습니다

제품의 판매망을 설명할 때 사용하는 패턴이에요.

유사 패턴 You can purchase our products at...

step 1 패턴 집중 훈련

저희 제품은 중국에서 구매하실 수 있습니다.

Our products are available in China.

저희 제품은 한국 전역의 여러 소매점을 통해 구매하실 수 있습니다.

Our products are available at a wide range of retail stores across Korea.

저희 제품은 현재 인터넷에서 구매하실 수 있습니다.

Our products are currently available online.

저희 제품은 회사 홈페이지를 통해 직접 구매하실 수 있습니다.

Our products are available directly on our website.

step 2 리얼 영작 연습

○ **Dear Customer,**
저희 회사 모발 관리 전 라인이 온라인에서 구매 가능하다는 소식을 전해 드리게 되어 기쁩니다. **You can of course purchase our products through our international network of authorized retailers. If you have any questions regarding the purchase, please contact our Sales Department at 02-900-1000. If calling from abroad, the number is 82-2-900-1000.**

**To Whom It May Concern,
John Doe Corporation is Korea's leading cosmetic company, established in 1990.** 저희 회사의 제품은 아시아 국가들의 소매점에서 구입 가능합니다, **but we would like to launch online shopping systems for our customers around the world. I recently came across your company's online store software and would like you to provide more information. I can be reached anytime at jason@abcd.com or on my cell phone at 82-10-200-3000.**

→ 고객님께
We are pleased to inform you that our full line of hair care products are now available online. 물론 저희 회사의 공인을 받은 전세계의 소매점에서도 제품 구입이 가능합니다. 제품 구매와 관련해 질문이 있으시면 영업부 02-900-1000로 연락 주세요. 해외에서는 82-2-900-1000로 전화 걸어 주세요.

→ 관계자분께
존 도 사는 1990년 설립된 한국의 선두 화장품 업체입니다. Our products are available in Asian countries' retail stores, 그렇지만 저희는 전세계의 소비자를 위해 온라인 구매 시스템을 설치하고자 합니다. 저는 최근 귀사의 온라인 상점 소프트웨어를 알게 되었는데 더 자세한 정보를 얻었으면 합니다. jason@abcd.com 혹은 휴대전화 82-10-200-3000으로 언제든 연락 주십시오.

Unit 04

목적과 주제 밝히기

Q 다음 말을 영어로 할 수 있나요?

- 귀하의 조언을 구하기 위해 이메일을 드립니다.

  [   ] ask for your advice.

- 우려 사항을 몇 가지 말씀드리려고 합니다.

  [   ] address some concerns.

- 새로운 프로젝트와 관련해서 몇 가지 질문이 있습니다.

  [   ] the new project, I have a couple of questions.

- 최 선생님을 대신하여 제가 이메일을 드립니다.

  I am writing [   ] Mr. Choi.

- 이것은 오로지 교육용입니다.

  [   ] educational [   ] .

- 1월 30일 자 귀하의 편지에 대한 답장을 드립니다.

  I am writing to you [   ] your letter of January 30.

- 귀하의 요청에 따라 소책자를 동봉합니다.

  [   ] , I am enclosing a brochure.

- 감사의 마음을 전하고 싶습니다.

  [   ] gratitude.

- 잘 지내고 계신지요.

  [   ] well.

pattern 023

I am writing to...

~하기 위해 이메일을 드립니다

이메일의 본문을 시작할 때는 이메일을 쓰는 목적을 분명히 밝혀야 해요. 그럴 때 쓰는 패턴이 바로 I am writing to...인데, 이때 현재진행형이 아닌 현재형 I write to...를 쓰면 다소 어색한 문장이 됩니다. 현재형은 자주 하는 습관적인 행동에 쓰이기 때문이죠.

유사 패턴 Just a quick note to... | This email is written in regard to...

step 1 패턴 집중 훈련

귀하의 조언을 구하기 위해 이메일을 드립니다.	**I am writing to** ask for your advice.
귀하의 도움에 감사드리기 위해 이메일을 드립니다.	**I am writing to** thank you for your assistance.
RE1023번 모델에 대한 귀하의 주문을 확인하기 위해 이메일을 드립니다.	**I am writing to** confirm your order for Model #RE1023.
안전 작업 절차에 서약하기 위해 이메일을 드립니다.	**I am writing to** pledge our commitment to safe work practices.

step 2 리얼 영작 연습

○ **Dear Mr. Mishikin:**
영업 직원직을 그만두겠다는 저의 결심을 알려 드리고자 이 메일을 드립니다. **My last day of employment will be March 31. I would like to thank you very much for the opportunity to be a part of your team.**

→ 미시킨 씨께
I am writing to inform you of my intention to resign from my position as Sales Assistant. 저의 마지막 근무일은 3월 31일입니다. 귀하의 팀 일원으로 일할 기회를 주신 것에 대해 깊은 감사의 말씀을 드립니다.

○ **Dear Ms. Greene,**
귀사의 러시아행 배송 서비스의 견적과 예상 배송 일자를 문의드립니다. **Attached are the specifics for the shipping. Thank you in advance for your prompt reply.**

→ 그린 씨께
I am writing to request a quote and the estimated date of delivery for your delivery service to Russia. 요청 사항의 세부 내역을 첨부했습니다. 빠른 시일 내 답장 부탁드립니다.

pledge 서약하다 **resign** 그만두다 **estimated date of delivery** 예상 배송 일자

pattern 024

I just wanted to...

~하려고 합니다

이메일을 보내고자 하는 목적과 의도를 설명할 때 유용하게 쓰이는 패턴이에요. I want to...라고 해도 되지만 I wanted to...라고 과거형을 쓰면 더 공손하고 덜 공격적인 느낌을 전달할 수 있어요.

유사 패턴 I would like to...

---

step 1 패턴 집중 훈련

우려 사항을 몇 가지 말씀드리려고 합니다.	**I just wanted to** address some concerns.
향후 가능한 파트너십에 대해 논의하려고 합니다.	**I just wanted to** discuss a potential partnership with you.
귀하와 일할 수 있어서 즐거웠다고 말씀드리려고 합니다.	**I just wanted** you **to** know that it was a pleasure working with you.
저는 ABC 회사에서 퇴사했음을 알려 드리려고 합니다.	**I just wanted to** let you know that I am no longer with ABC company.

---

step 2 리얼 영작 연습

○ **Dear Sir or Madam:**
귀하의 최근 구매에 감사하기 위해 잠시 시간을 내고자 합니다. We truly appreciate your choice for our products and the opportunity to assist you. Please contact me if you have any questions or if you would like to make any comments on your purchase. Also, if there is anything else we can do to be of assistance, please let us know. We hope to be working with you again soon.

→ 관계자분께
I just wanted to take a moment to thank you for your recent purchase. 저희 상품을 선택해 주시고 저희가 고객님을 모실 기회를 주신 것에 진심으로 감사드립니다. 질문이 있으시거나 상품 구매와 관련해 하실 말씀이 있으시면 저희에게 연락 주십시오. 또한 저희가 도움을 드릴 일이 있으면 알려 주십시오. 고객님과 다시 거래할 수 있기를 바랍니다.

○ **Dear all,**
저는 최근 이메일 주소를 이전의 jj@abc.com에서 jack.kim@abc.com으로 바꿨다는 것을 알려 드리고자 합니다. Please note that I will no longer be getting my email at my old address effective immediately so please add my new address to your account.
Have a good day.

→ 모두 안녕하세요.
I just wanted to inform you that I have recently changed my email address from jj@abc.com to jack.kim@abc.com. 지금부터는 이전 주소로 이메일을 받지 않는다는 것을 유념해 주세요. 그리고 제 새로운 주소를 계정에 추가해 주십시오.
좋은 하루 보내세요.

pattern 025

with regard to...

~과 관련해서

메일의 목적을 밝힐 때 쓰이는 패턴입니다. with regards to...가 아닌 with regard to...라는 것을 기억해 두세요.

유사 패턴 This is in regard to... | with reference to...

---

step 1 패턴 집중 훈련

새로운 프로젝트와 관련해서 몇 가지 질문이 있습니다.

With regard to the new project, I have a couple of questions.

7월 10일에 치러진 면접과 관련해서 이메일을 보냅니다.

This is with regard to your job interview dated July 10.

귀사의 광고와 관련해서 이메일을 보냅니다.

I am writing with regard to your advertisement.

주문과 관련해서 질문이 있으시면 order@redro.com으로 연락 주십시오.

If you have any questions with regard to your order, please email me at order@redro.com.

---

step 2 리얼 영작 연습

○ **Dear Sir/Madam,**
구디스 잡지의 토요일 판에 실린 귀사의 광고와 관련해서 이메일을 드립니다. **I would like to ask for more information about your services. Could you possibly tell me the average cost and payment terms? Thank you so much.**

→ 관계자분께
I am writing with regard to your advertisement in the Saturday's edition of Goodies. 귀사의 서비스에 대해 더 자세한 정보를 얻고 싶은데, 평균 비용과 지불 조건에 대해서 알려 주실 수 있으신가요? 감사합니다.

○ **Dear Ms. Wilson,**
5월 1일 이메일로 견적을 보내 주셔서 정말 감사했습니다. **However, I am afraid the price information for model # AB-123 is missing on the list. Could you send me again a complete price list of your products? Thank you for your prompt reply.**

→ 윌슨 씨께
With regard to your email of May 1, I really appreciate the quote you have forwarded. 그러나 죄송하지만 모델번호 AB-123의 가격 정보가 리스트에 없습니다. 귀사 제품의 가격 정보를 모두 담은 리스트를 다시 보내 주시겠어요? 빨리 답장 주시면 감사하겠습니다.

---

job interview 취업 면접 **average cost** 평균 비용 **payment term** 지불 조건 **quote** 견적

on behalf of...

~을 대리/대표하여

"젠을 대신해서 이메일을 보냅니다."라는 말을 영작할 때 "I am writing to you instead of Jen."이라고 하면 네이티브들은 젠에게 메일을 보내려다 마음을 바꿔 자기한테 보냈다는 의미로 해석할 겁니다. instead of...는 이것 대신 저것을 선택한다는 의미거든요. '~를 대리/대표하여'의 의미를 담는 표현은 on behalf of...예요.

유사 패턴 in behalf of... | as a representative of...

step 1 패턴 집중 훈련

최 선생님을 대신하여 제가 이메일을 드립니다.	I am writing on behalf of Mr. Choi.
도 씨의 요청으로 그녀를 대신하여 제가 이메일을 드립니다.	I am writing to you on behalf of Ms. Doe at her request.
영업부서를 대표해서 모든 분에게 환영의 메시지를 전합니다.	On behalf of our Sales department, I would like to welcome everyone.
여기 계신 모든 분들을 대표하여 귀하가 행복한 퇴직을 맞이하시길 바랍니다.	On behalf of everyone here, I wish you a very happy retirement.

step 2 리얼 영작 연습

○ **Dear Staff,**
영업부서의 모든 분을 대표해, I would like to wish each and every one of you a happy and blissful New Year filled with success, love, health, wealth and joy.

→ 직원 여러분
On behalf of everyone in the Sales department, 여러분 모두가 성공, 사랑, 건강, 부, 그리고 기쁨이 가득한 행복하고 축복이 넘치는 새해를 맞이하시길 빕니다.

○ **Dear Ms. Lohan,**
제가 상사인 잭 브라운 씨를 대리하여 귀사와의 판매 계약서에 서명을 할 수 있는 권한을 부여 받았음을 알려 드립니다. The contract has Mr. Brown's name but I wrote my own signature instead. If this could be a problem, please let me know.

→ 로한 씨께
I would like to inform you that I am authorized to sign a sales contract with your company on behalf of my boss, Mr. Jack Brown. 계약서에는 브라운 씨의 이름이 기재되어 있지만 제가 대신 저의 서명을 해 놓았습니다. 만일 이것이 문제가 될 수 있다면 알려 주십시오.

Tips
- 계약서에 John Doe라는 사람을 대리하여 서명을 하는 경우에는 자기 이름으로 된 서명의 밑줄에 <p.p. John Doe>라고 타이핑을 하면 됩니다. 이때 p.p.는 라틴어 per pro의 약자로 '~의 대리로'라는 뜻이에요.
- I am emailing on behalf of John.을 더 캐주얼하게 표현하려면 I am emailing for John.이라고 할 수도 있어요.

This is for... purposes only.

이것은 오로지 ~용입니다.

이메일의 용도를 나타낼 때 쓰이는 패턴 중 하나예요.

유사 패턴 The purpose of this email is...

---

step 1 패턴 집중 훈련

이것은 오로지 정보 공유용입니다.	This is for informational purposes only.
이것은 개인적인 용도입니다.	This is for personal purposes only.
이것은 오로지 교육용입니다.	This is for educational purposes only.
이것은 오로지 재미로 보는 것입니다.	This is for entertainment purposes only.

---

step 2 리얼 영작 연습

○ Dear Sirs and Madam,
이 메일은 단지 참고용입니다; the submission deadline for the Marketing Workshop 2013 is January 31, 2013. Late proposals will not be considered. If you have questions about workshop submissions, please contact Jun-hee Kim at jhkim@workshop.com.

→ 관계자분께
This email is for reference purposes only; 마케팅 워크숍 2013의 제출 마감일은 2013년 1월 31일입니다. 제출일이 지난 후 송부된 제안서는 인정되지 않습니다. 워크숍 제출과 관련된 질문이 있으시면 김준희 씨 (jhkim@workshop.com)에게로 문의 바랍니다.

○ Dear Ms. Johnson,
Please find attached the document you requested. 이 문서는 정보 제공용으로만 사용될 수 있습니다, and may not be incorporated into a contract or agreement.
The information contained in the document may not be disclosed or distributed to anyone without my prior written consent.
Thank you for your cooperation.

→ 존슨 씨께
요청하신 문서를 첨부해 드립니다. This document is for informational purposes only, 그리고 계약서나 협정서에 사용되어서는 안 됩니다.
문서에 담긴 정보는 서면으로 된 저희 사전 동의 없이 공유되거나 배포되어서는 안 됩니다. 협조에 감사드립니다.

---

disclose 밝히다, 드러내다　**distribute** 배포하다　**prior consent** 사전 동의

pattern 028

in response to...

~에 대한 답으로

'~에 응하여', '~에 답하여'라는 뜻의 패턴 in response to... 뒤에는 명사가 따라옵니다. 단 이 경우 상대방의 질문이나 요청에 응대를 한다는 뜻일 뿐, 그 요청을 들어 준다는 의미는 아니에요.

유사 패턴 in reply to...

step 1 패턴 집중 훈련

1월 30일 자 귀하의 편지에 대한 답장을 드립니다.

I am writing to you **in response to** your letter of January 30.

귀하의 제안에 대한 답으로 저희는 컨퍼런스를 개최하기로 결정했습니다.

In response to your suggestion, we have decided to organize a conference.

지난번 보내 주신 메일에 대한 답으로 추가 정보를 드립니다.

In response to your previous email, here is some additional information.

시니어 컨설턴트 채용 공고에 대한 답으로 제 이력서를 첨부하니 검토 부탁드립니다.

In response to your job posting for a Senior Consultant, I have attached my resume for your review.

step 2 리얼 영작 연습

○ **Dear Consumer:**
12월 30일 고객님이 올리신 요청에 대한 답으로, attached is a consumer complaint form. Please complete and return the form to the Consumer Protection Division so that we may assist you more efficiently. If you have any questions, please call the Consumer Protection Division Monday through Friday from 9 a.m. to 6 p.m. at (888) 123-1234.

→ 고객님께
In response to your request of December 30, 소비자 불만 이의 제기 양식을 첨부해 드립니다. 이 양식을 작성하셔서 소비자 보호센터에 제출하시면 저희가 고객님을 더 효율적으로 응대해 드리겠습니다. 질문은 월요일부터 금요일, 오전 9시부터 오후 6시까지 소비자 보호센터 (888) 123-1234로 연락 주시기 바랍니다.

○ **Dear Ms. Wilson,**
2월 1일 자 귀하의 이메일에 답장을 드립니다.
I am afraid that Mr. Brown is out of office and cannot address your concerns now. He will follow up on this as soon as he returns. Once again, our sincere apologies for the delay and thank you for your understanding.

→ 윌슨 씨께
I am writing in response to your email of February 1. 죄송하지만 브라운 씨가 부재 중이어서 지금 귀하의 문제를 해결해 드릴 수가 없습니다. 브라운 씨는 돌아오는 즉시 당신에게 연락드릴 것입니다. 다시 한번 지연이 되는 것에 대해 사과드리며 양해를 부탁드립니다.

pattern 029

in accordance with your request...

귀하의 요청에 따라 ~

앞서 배운 in response to...가 단순히 상대방의 요청에 대응할 뿐 그 요청을 수용할지의 여부에 대해서는 밝히지 않는 반면, in accordance with...는 요청을 따르겠다는 뜻으로 사용됩니다.

유사 패턴 as you requested... | in compliance with your request... | to accommodate your request...

step 1 패턴 집중 훈련

귀하의 요청에 따라 소책자를 동봉합니다.

In accordance with your request, I am enclosing a brochure.

귀하의 요청에 따라 저희의 보고서를 수정했습니다.

In accordance with your request, we have revised our paper.

귀하의 요청에 따라 수정된 입찰서를 송부합니다.

In accordance with your request, we are submitting a revised bid.

귀하의 최근 요청에 따라 귀하의 계좌에 돈을 송금했습니다.

In accordance with your recent request, we have deposited money into your account.

step 2 리얼 영작 연습

○ Dear Mr. Doe,
Thank you for your email. 저희 측에서는 귀하의 말씀을 검토해 보고 귀하의 요청에 따라 수정된 제안서를 제출하기로 결정했습니다.
Please respond to this email within 5 business days by advising us whether your suggestions apply to our proposal. You may contact John Smith at 123-4567 with any other questions.

→ 도 씨께
이메일 잘 받았습니다. We have reviewed your comments and decided to submit a revised proposal in accordance with your request. 귀하의 제안이 저희의 제안서에 적용되었는지 여부를 영업일 5일 이내에 답변해 주시기 바랍니다. 다른 질문이 있으시면 존 스미스 씨에게 123-4567로 연락하시면 됩니다.

○ Hello Jen,
6월 5일 자 당신의 요청과 관련해, we have decided to visit your office and have a meeting with your sales team. Please let us know what material we need to prepare and bring to the meeting.

→ 젠 씨, 안녕하세요.
In accordance with your request of June 5, 저희는 귀사의 사무실을 방문하고 영업팀과 회의를 가지기로 결정했습니다. 저희가 회의에 어떤 자료를 준비하고 가져가야 하는지 알려 주세요.

pattern 030

I would like to express my...

~의 마음을 전하고 싶습니다

감사, 사과, 우려 등 여러 가지 감정을 전하고 싶을 때 쓸 수 있는 패턴이에요.

유사 패턴 I wish to offer you my...

step 1 패턴 집중 훈련

감사의 마음을 전하고 싶습니다.	**I would like to express my** gratitude.
이 문제와 관련해 제 깊은 우려의 마음을 전하고 싶습니다.	**I would like to express my** deep concern regarding this matter.
저의 진실된 사과의 마음을 전하고 싶습니다.	**I would like to express my** deepest apologies.
당신에게 감사의 마음을 전하고 싶습니다.	**I would like to express my** gratitude and appreciation to you.

step 2 리얼 영작 연습

○ **Dear Ms. Lee,**
책의 비보를 들었어요. 삼가 고의를 표합니다. **We have lost our dear friend, valued colleague and tremendous asset to our office. Our company won't be the same without him. If there is anything I can do to help you through this difficult time, please do not hesitate to contact me.**

→ 이 선생님께
I am so sorry to hear the sad news about Jack and would like to express my sincere condolences. 우리는 친애하는 친구이자 훌륭한 동료, 회사의 소중한 자산을 잃었습니다. 그가 없는 회사는 예전 같지 않을 거예요. 이 힘든 시기를 버텨 나가는데 제가 도움을 드릴 수 있다면 얼마든지 제게 연락 주세요.

○ **Hello Ms. Greene,**
브라운 사는 귀사의 제품을 대량 구매하려는 의사가 있습니다 **and request samples if possible. Our company's address to ship them to is as follows:**

→ 그린 씨, 안녕하세요.
We at Brown Ltd. would like to express our interest in placing a sizable order of your products 그리고 가능하다면 샘플을 받아 보았으면 합니다. 샘플을 배송하실 저희 회사의 주소는 다음과 같습니다.

---

sad news 비보 **tremendous asset** 소중한 자산 **sizable order** 대량 구매

pattern 031

I hope this email finds you...

~하게 지내고 계신지요

비즈니스 이메일에서는 안부를 묻는 인사말을 생략해도 무방하지만, 한 문장 정도 서두에 적기도 해요. 이 패턴은 주로 오랫동안 연락하지 못한 친분 있는 사람에게 인사말로 건네는 패턴으로 I hope you're doing well.이나 I hope all is well with you.와 같은 뜻입니다.

유사 패턴 I hope all is well with you...

step 1 패턴 집중 훈련

잘 지내고 계신지요. **I hope this email finds you well.**

건강하게 지내고 계신지요. **I hope this email finds you in good health.**

건강하고 원기 있게 지내고 계신지요. **I hope this email finds you in good health and spirit.**

건강하고 번영한 삶을 살며 지내고 계신지요. **I hope this email finds you in good health and prosperity.**

step 2 리얼 영작 연습

○ **To Whom It May Concern:**
건강하게 잘 지내고 계신지요.
As of July 15, 2013, Seoul Bank will move to a new office location. Our new office address will be:
123 Seoul Street, Seoul Center, Gangnam-gu, Seoul
We believe our office relocation will help us serve you more efficiently and look forward to welcoming you soon at our new location.

→ 관계자분께
I hope this email finds you in the best of health. 2013년 7월 15일 서울 은행은 새로운 지점으로 이전하게 되었습니다. 새 지점의 주소는 서울 강남구 서울 센터, 서울로 123입니다.
우리 사무실 이전이 고객을 더 효율적으로 모실 수 있게 되길 고대합니다. 곧 새 장소에서 뵙겠습니다.

○ **Hello Sharon,**
잘 지내고 계시지요. **I just wanted to touch base with you and see how you are.**
If you plan on visiting Seoul, please let me know. I would love to show you around the city. Looking forward to your reply.

→ 샤론 씨, 안녕하세요.
I hope this email finds you well. 그냥 연락드리고 안부를 여쭙고 싶었습니다.
서울을 방문할 계획이 있으시면 제게 알려 주세요. 제가 시내를 관광시켜 드리겠습니다. 답장 기다릴게요.

062

PART 2

의사소통하기

Unit 05 제안하기

Q 다음 말을 영어로 할 수 있나요?

- 저희는 대량 구매 시 할인을 제공해 드립니다.

  [   ] discounts for large orders.

- 저희는 가정용 의료 서비스를 제공해 드립니다.

  [   ] home healthcare services.

- 제가 그분과 약속을 잡아 볼까요?

  [   ] make an appointment with him?

- 자사 제품의 품질을 향상시키기 위한 저희 회사의 지속적인 노력의 일환으로 새로운 제품을 출시하게 되었습니다.

  [   ] enhance the quality of our products, we

  launch a new product.

- 당신에게 그 서비스를 적극 추천합니다.

  [   ] its service to you.

- 당신에게 드리는 저의 조언은 지금까지 해 왔던 것처럼 계속 잘하라는 것입니다.

  [   ] keep up the good work.

- 우리는 그의 제안에 합의점을 찾을 수 있을 것입니다.

  [   ] his proposal.

- 제 생각에 우리는 아직 갈 길이 먼 것 같습니다.

  [   ] we still have a long way to go.

- 다른 선택 사항으로는 발표 내용을 녹음하는 것이 있습니다.

  [   ] record a presentation.

pattern 032

We can offer...

저희는 (가격 할인 서비스를) 제공해 드립니다

offer와 provide는 '제공하다'라는 뜻을 가진 동사예요. 둘 다 구분 없이 쓰이기는 하지만 주로 offer는 '(가격 할인 서비스를) 제공하다', provide는 '(상품 및 서비스를) 제공하다'라는 의미로 사용됩니다.

유사 패턴 You can get...

step 1 패턴 집중 훈련

저희는 대량 구매 시 할인을 제공해 드립니다.	We can offer discounts for large orders.
저희는 최저의 단가로 제공해 드립니다.	We can offer the lowest price per unit.
저희는 '두 개를 한 개 가격에'와 같은 판매 촉진 방안을 제공해 드립니다.	We can offer sales promotions such as 'two for the price of one.'
저희는 모든 제품에 50%의 가격 할인을 제공해 드립니다.	We can offer 50% off the price of all products.

step 2 리얼 영작 연습

○ Dear Consumer,
Geo Furniture is pleased to announce an exclusive 3-day sale, starting on March 25, 2013. Everything in our showroom will be marked down by 20-60%. 또한 대량 구매에 따른 할인 이벤트와 구매 수량에 따라 무료 배송 서비스도 제공될 예정입니다. Call us at (222) 333-4444 or send us an email at order@order.com.

→ 고객님께
지오가구는 2013년 3월 25일부터 3일간의 독점 세일을 실시합니다. 전시실에 진열된 모든 가구는 20-60%까지 할인됩니다. We can offer quantity discounts as well and may be able to offer free shipping depending on the quantity. (222) 333-4444로 전화를 주시거나 order@order.com 으로 이메일을 보내 주십시오.

○ To Whom It May Concern,
We at Jade Ltd. are a leading manufacturer and supplier of plastic pipe and interested in expanding networks of retail stores across China. 저희 회사는 첫 구매 고객에게 특별 할인을 해 드릴 수 있을 뿐만 아니라 고품질의 제품과 서비스를 공급해 드릴 수 있습니다. We would appreciate it if you could help us in this matter.

→ 관계자분께
제이드 사는 플라스틱 파이프의 선두 제조 업체이자 공급 업체이며 중국 전역의 소매 공급망을 확장하는 데 관심이 있습니다. We can offer high quality products and services as well as special discounts for first-time customers. 이 문제와 관련해 귀하께서 저희를 도와주시면 감사하겠습니다.

---

large order 대량 구매 **lowest price** 최저 단가 **sales promotion** 판매 촉진 방안 **exclusive sale** 독점 세일 **mark down** 가격을 할인하다 **manufacturer** 제조 업체 **retail store** 소매 공급망

pattern 033

We can provide you with...

저희는 (제품이나 상품을) 제공해 드립니다

provide somebody with something은 '(사람)에게 (사물)을 제공해 준다'는 의미예요.

유사 패턴 Customers will be given...

step 1 패턴 집중 훈련

저희는 가정용 의료 서비스를 제공해 드립니다.
We can provide you with home healthcare services.

저희는 IT 기반의 고객 서비스를 제공해 드립니다.
We can provide you with IT-based client services.

저희는 자세한 시장 리서치 보고서를 제공해 드립니다.
We can provide you with a detailed market research report.

저희는 최고 품질의 식품을 저렴한 가격에 제공해 드립니다.
We can provide you with the best quality foods at a low cost.

step 2 리얼 영작 연습

o Dear Purchasing Manager,
My name is Jim Kim and I am writing to tell you a little bit about my company, Seoul Foods.
We are Asia's leading frozen food business both in terms of sales and revenue growth.
저희 회사는 소비자에게 안전하고 건강에 좋은 고품질 식제품을 제공해 드립니다.
For further information, please visit our website at: www.seoulfoods.com.

→ 구매 과장님께
저는 짐 김입니다. 그리고 저희 회사인 서울 푸드에 대해 간략하게 알려 드리고 싶어 이메일을 씁니다. 저희는 판매량이나 자산 증가율 기준으로 아시아의 선두 냉동식품 업체입니다. We can provide you with safe, wholesome and high quality food products.
더 많은 정보를 위해서는 저희 회사 홈페이지 www.seoulfoods.com를 방문해 주십시오.

o Dear Editor,
We are pleased to inform you that effective today, we will be launching a new swimsuit brand, ATT, made with the latest swimwear technology.
Would it be possible to arrange national media coverage for our new products in your newspaper? 이와 관련해 저희는 더 많은 정보를 제공해 드릴 수 있으니 100-2000으로 연락 주세요.

→ 편집자님께
오늘 저희 회사가 첨단 수영복 기술로 만들어진 새로운 수영복 브랜드인 ATT를 출시하게 되었다는 사실을 알려 드리게 되어 기쁘게 생각합니다. 혹시 저희 회사의 신상품이 당신의 신문에 전국 기사로 보도가 될 수 있을지 문의드립니다. We can provide you with more information regarding this, so please feel free to call us at 100-2000.

Would you like me to...?

제가 ~를 해 볼까요?

상대방에게 친절을 베풀거나 허락을 구할 때 쓸 수 있는 아주 공손한 표현이에요.

유사 패턴 Shall I...?

step 1 패턴 집중 훈련

제가 그 주제를 논의해 볼까요?
Would you like me to discuss the topic?

제가 그 분과 약속을 잡아 볼까요?
Would you like me to make an appointment with him?

제가 공항에 마중을 나가 볼까요?
Would you like me to pick you up at the airport?

제가 그 세미나에서 환영 연설을 해 볼까요?
Would you like me to give a welcome speech for the seminar?

step 2 리얼 영작 연습

○ Dear Mr. Mishkin,
Regarding your business trip to Seoul next week, 제가 호텔 예약을 대신 해 드려도 괜찮으시겠습니까? If so, share with me the type of accommodation you would prefer. Let me know what you decide at your convenience.

→ 미시킨 귀하
다음 주 귀하의 서울 출장과 관련해,
would you like me to make a reservation for the hotel you'll stay at? 그러시다면, 원하시는 숙박 시설의 타입을 알려 주십시오. 편하실 때에 결정하신 바를 제게 말해 주세요.

○ Dear Mr. Wang,
I am writing to double-check your flight itinerary to Seoul. As per your last email of June 1, you will fly Korean Air and arrive at Incheon International Airport at 9 p.m. on July 2. Please tell me if I am wrong.
서울에 머무르시는 동안 제가 관광지 몇 곳을 보여 드려도 괜찮으실지요? If you're interested, please let me know.

→ 왕 씨께
당신의 서울행 항공 일정을 재확인하기 위해 연락드립니다. 당신이 6월 1일에 보내신 지난 이메일에 보면 대한항공을 탑승하고 인천공항에 7월 2일 저녁 9시에 도착할 예정이라고 되어 있습니다. 틀린 점이 있으면 말씀해 주세요. Would you like me to show you some attractions in Seoul during your stay? 괜찮으시다면 알려 주세요.

Tips
• double-check는 '다시 한번 확인하다'라는 뜻이에요.
• fly에는 '비행기를 타다'라는 뜻이 있는데, 특정 항공사 비행기를 타고 간다고 할 때도 'fly+항공사명'을 쓸 수 있어요.

pattern 035

As part of our continuing efforts to...

저희 회사의 ~하기 위한 지속적인 노력의 일환으로

계속해서 제품과 서비스의 품질을 높이기 위해 많은 노력을 기울이고 있다는 뜻을 강조하기 위해 사용할 수 있는 패턴으로, 뒤에는 동사원형이 따라와요.

유사 패턴 To continue to offer you...

step 1 패턴 집중 훈련

귀하에게 진척 사항을 알려 주기 위한 저희 회사의 지속적인 노력의 일환으로 매달 뉴스레터를 발간하게 되었습니다.

As part of our continuing efforts to keep you up-to-date, we have decided to send out a monthly newsletter.

비즈니스 프로세스를 간소화하기 위한 저희의 지속적인 노력의 일환으로 저희 회사는 ERP 시스템을 도입하였습니다.

As part of our continuing efforts to streamline business process, we adopted ERP systems.

자사 제품의 품질을 향상시키기 위한 저희 회사의 지속적인 노력의 일환으로 새로운 제품을 출시하게 되었습니다.

As part of our continuing efforts to enhance the quality of our products, we launch a new product.

고객만족도를 향상시키기 위한 저희 회사의 지속적인 노력의 일환으로 저희는 익일 배달 서비스를 제공해 드리고 있습니다.

As part of our continuing efforts to satisfy our customers, we offer an overnight delivery service.

step 2 리얼 영작 연습

○ **Dear Customer:**
This is regarding a change in our policy. 귀하에게 보다 나은 서비스를 제공하기 위한 지속적인 노력의 일환으로, **we have decided to offer a 100-day full money-back guarantee effective February 7, 2013.**

→ 고객 여러분께
당사의 방침에 변화가 있음을 알려 드립니다. **As part of our continuing efforts to provide you with improved services,** 저희는 2013년 2월 7일부터 100일 안에 전액 환불을 보장하는 서비스를 제공해 드리기로 결정하였습니다.

○ **Dear Sir/Madam,**
공급 업체들을 더 잘 모시고자 하는 저희 회사의 지속적인 노력의 일환으로, **we would like you to answer questions regarding the management of our supply chain.**
Please note that all answers will be kept anonymous. We look forward to your participation.

→ 관계자분께
As part of our continuing efforts to better serve our business suppliers, 저희 회사의 공급망 관리에 관한 질문에 답변을 해 주시기를 부탁드립니다.
모든 답변은 익명 처리됨을 유념해 주십시오. 참여를 부탁드립니다.

pattern 036

I highly recommend...

~을 적극 추천합니다

recommend는 '추천하다', '권하다'라는 의미예요. 뒤에는 명사나 that절이 나올 수 있는데 이 경우 that절에는 앞에 should가 생략되었기 때문에 동사는 원형을 써야 한다는 것을 유념하세요.

유사 패턴 **I think you should...**

step 1 패턴 집중 훈련

이 사람을 적극 추천합니다.	**I highly recommend this person.**
당신에게 그 서비스를 적극 추천합니다.	**I highly recommend its service to you.**
당신이 한 번 시도해 볼 것을 적극 추천합니다.	**I highly recommend that you give it a shot.**
당신이 그 제안을 받아들이기를 적극 추천합니다.	**I highly recommend that you accept the offer.**

step 2 리얼 영작 연습

○ Hello Jim,
This is in response to your email dated Feb. 10 requesting recommendations for delivery service.
저는 ABC 택배사를 이용할 것을 적극 추천합니다. It has provided excellent customer service for 5 consecutive years during which we have never had any problems. I hope it helps.

→ 짐 씨, 안녕하세요.
2월 10일 배송 업체를 추천해 달라는 당신의 이메일에 답장을 보내 드립니다.
I highly recommend you use the services of ABC courier company. 동사는 5년 연속으로 저희 회사에게 아주 훌륭한 서비스를 제공해 왔고 저희는 이 회사를 이용하면서 문제가 전혀 없었어요. 도움이 되길 바랍니다.

○ Dear Director,
This letter will serve as my strongest recommendation for Jack Richardson. Jack has been my assistant analyst for 3 years and has demonstrated flexibility and a strong work ethic. 이런 이유로 저는 잭 리차드슨 씨를 MBA 프로그램에 적합한 인재로 강력하게 추천합니다.
If you have any questions regarding Jack's ability or this recommendation, please do not hesitate to contact me and I will gladly try to help.

→ 부장님께
잭 리차드슨 씨를 강력 추천합니다. 잭은 3년간 저의 어시스트 애널리스트로 일해 왔으며 융통성과 탁월한 직업의식을 보여 주었습니다. **For these reasons, I highly recommend Jack Richardson as an excellent candidate for your MBA program.** 잭의 능력이나 이 추천서에 질문이 있으면 언제든 제게 연락 주세요. 기꺼이 답변드리겠습니다.

Tips
• give it a shot은 '한번 해 보다', '시도하다'라는 뜻이에요.

pattern 037

My advice to you is to...

당신에게 드리는 저의 조언은 ~입니다

이 표현은 조언을 할 때 쓸 수 있는 패턴이에요. 뒤에는 동사원형이 따라와요.

유사 패턴 I will give you some advice on...

step 1 패턴 집중 훈련

당신에게 드리는 저의 조언은 지금까지 해 왔던 것처럼 계속 잘하라는 것입니다.	**My advice to you is to** keep up the good work.
당신에게 드리는 저의 조언은 자기다워지라는 것입니다.	**My advice to you is to** be yourself.
당신에게 드리는 저의 조언은 고통을 감내하는 법을 배워야 한다는 것입니다.	**My advice to you is to** learn to live with the pain.
당신에게 드리는 저의 조언은 그 일자리 제안을 받아들이라는 것입니다.	**My advice to you is to** accept the job offer.

step 2 리얼 영작 연습

○ Hello Jack,
Thank you for asking my opinion on the construction projects.
저는 EK 엔지니어링 사의 산업 단지 건설안을 어서 채택하라는 조언을 당신에게 드리고 싶어요. As for the harbor construction project, I would like you to go with our previous plan. If you have any further questions regarding my comments, feel free to call me anytime.

→ 잭 씨, 안녕하세요.
건설 프로젝트에 대해 내 의견을 물어봐 줘서 고마워요.
My advice to you is to go ahead and accept EK Engineering's proposal to build an industrial complex. 항구 건설 프로젝트 건에 대해서는 우리의 예전 계획을 따랐으면 좋겠어요. 저의 제안에 질문이 있으시면 언제든 연락 주세요.

○ Dear Mr. Thompson,
I've heard you are considering leaving Korea.
당신에게 제가 조언을 드릴 수 있다면 북한의 핵 위협을 심각하게 받아들이지 말라는 말씀을 드리고 싶어요, because their ultimate goal is not a war. I hope you reconsider your decision.

→ 톰슨 씨께
당신이 한국에서 철수하려고 한다는 소식을 들었습니다.
My advice to you is not to take North Korean nuclear threats seriously, 그들의 최종 목적은 전쟁이 아닙니다. 당신이 계획을 재고하시기를 바랍니다.

Tips
go ahead는 '먼저 하다', '추진하다'의 뜻이에요.

pattern 038

We can reach an agreement on...

우리는 ~에 대해 합의점을 찾을 수 있을 것입니다

reach는 '도착하다'는 기본적인 뜻 이외에도 '(합의에) 이르다'라는 의미를 가지고 있어요. 그래서 reach an agreement는 '합의에 도달하다'라는 뜻이 돼요.

유사 패턴 Both of us can agree on...

---

step 1 패턴 집중 훈련

우리는 그의 제안에 합의점을 찾을 수 있을 것입니다.
We can reach an agreement on his proposal.

우리는 다음의 계약 조건에 합의점을 찾을 수 있을 것입니다.
We can reach an agreement on the following terms and conditions.

우리는 그 계약에 합의점을 찾을 수 있을 것이고 그렇게 될 것입니다.
We can and will reach an agreement on the contract.

우리는 사옥을 이전하는 건에 합의점을 찾을 수 있을 것입니다.
We can reach an agreement to relocate our office.

---

step 2 리얼 영작 연습

○ **Dear Purchasing Manager,**
Thank you very much for your interest in our new line of sportswear.
Enclosed you will find our most recent catalogue and price list. 귀사가 저희의 지불 조건에 동의하실 수 있길 바랍니다.

→ 구매 과장님께
당사의 새로운 스포츠웨어 라인에 관심을 가져주셔서 감사드립니다.
가장 최근 카탈로그와 가격 목록을 동봉해 드립니다. We hope we can reach an agreement on our payment terms.

○ **Dear Mr. Samuelson,**
We warmly welcome you to visit our company and discuss renewal of our OEM Supply Agreement.
우리의 환상적인 사업 관계를 앞으로 5년간 더 지속하는 것에 대해 합의점에 이를 수 있기를 바랍니다.

→ 사무엘슨 씨께
저희는 귀하의 당사 방문 및 OEM 공급 계약 연장 논의에 따뜻한 환대를 보내 드립니다.
I hope we can reach an agreement on the continuation of our excellent relationship for another 5 years.

---

terms and conditions 계약 조건   **enclose** 동봉하다   **payment term** 지불 조건

It appears to me that...

제 생각에는 ~인 것 같습니다

자신의 생각을 조심스럽게 드러낼 때 사용하는 패턴입니다.

유사 패턴 I think that...

---

step 1 패턴 집중 훈련

제 생각에 우리는 아직 갈 길이 먼 것 같습니다.	**It appears to me that** we still have a long way to go.
제 생각에는 제가 잘못한 것으로 판명이 난 것 같습니다.	**It appears to me that** I have been proved wrong.
제 생각에는 시스템이 잘 작동하고 있는 것 같습니다.	**It appears to me that** the system works well.
제 생각에 우리는 기술적인 문제점이 전혀 없는 것 같습니다.	**It appears to me that** we don't have any technical problems.

---

step 2 리얼 영작 연습

○ **Dear Team:**
This email concerns our sales contract with KJ Ltd. 제 생각에 만일 계약이 성사되면 우리 회사는 이를 이용해서 더 많은 이윤을 창출해 낼 수 있을 것 같습니다. **Our company's sales growth rate forecast is in the attached MS Word file for your review.**

→ 팀원 여러분께
KJ 사와의 판매 계약 건 때문에 연락드립니다. **It appears to me if the contract is finalized, our company would take advantage of it to generate more profits.** 우리 회사의 판매 증가율 예상치가 MS 워드 파일로 첨부되어 있으니 참고하세요.

○ **Dear Ms. Smith,**
우리의 사용자 매뉴얼에 번역 오류가 있는 것 같습니다. **I have made a few corrections so please read them carefully. Please tell me if I am wrong. Thank you for your cooperation.**

→ 스미스 씨께
It appears to me that some translation errors were made in our user manual. 제가 몇 군데 고쳤으니 잘 봐 주세요. 제가 틀렸으면 말씀해 주십시오. 협조에 감사드립니다.

---

technical problem 기술적인 문제점 **take advantage of** ~를 이용하다 **profit** 이윤 **user manual** 사용자 매뉴얼

pattern 040

Another option would be to...

다른 선택 사항으로는 ~이 있습니다

다른 선택 방안을 언급하며 쓸 수 있는 패턴이에요.

유사 패턴 Our plan B would be to...

step 1 패턴 집중 훈련

다른 선택 사항으로는 발표 내용을 녹음하는 것이 있습니다.	**Another option would be to** record a presentation.
다른 선택 사항으로는 불필요한 파일을 삭제하는 것이 있습니다.	**Another option would be to** delete unnecessary files.
다른 선택 사항으로는 그가 머물도록 설득하는 것이 있습니다.	**Another option would be to** convince him to stay.
다른 선택 사항으로는 화상 회의를 여는 것이 있습니다.	**Another option would be to** hold a video conference.

step 2 리얼 영작 연습

○ Hello James,
I am pleased to share with you details of our meeting held last Friday. During this meeting, we discussed how to boost our sales. We feel it would be good to offer customers a buy one get one free special on all of our products. 다른 선택 사항으로는 연간 총 5천 달러를 넘는 구매에 대해 특별 보조금을 지불하는 것이 있습니다.

→ 제임스 씨, 안녕하세요.
지난주 금요일에 열린 회의 세부사항을 공유하게 되어 기쁘게 생각합니다. 회의 동안 우리는 판매고를 증진시킬 방안에 대해 논의했어요. 전 상품에 물건 하나를 사면 하나를 덤으로 주는 특별 행사를 하는 것이 좋을 것 같다는 데 동의했고요. Another option would be to give a special allowance on purchases exceeding an annual total of $5,000.

○ Dear Ms. Jackson,
I am so sorry to hear that you won't be able to visit us next week due to your bad health condition. However, your visit is so important to us to build cooperative relationships so I hope you reconsider your decision. 참석이 불가능하시면 다른 사람을 보내 주시는 옵션도 있습니다.

→ 잭슨 씨께
귀하께서 건강 상태 악화로 다음 주 저희를 방문하실 수 없게 되었다니 유감입니다. 그렇지만 협력적인 사업 관계를 구축하기 위해 이번 방문이 아주 중요하다는 점에서 결정을 다시 생각해 보실 수는 없으신지요? If you are not able to attend, another option would be to send someone else.

Unit 06

관심 보이기

Q 다음 말을 영어로 할 수 있나요?

- 귀사의 최신식 설비에 감명받았습니다.

  [   ] your state-of-the-art facilities.

- 저희는 귀하의 제안에 관심 있습니다.

  [   ] your suggestions.

- 귀하의 제안을 고려해 보겠습니다.

  Your suggestion [   ].

- 저희는 재능 있는 직원을 찾고 있습니다.

  [   ] talented employees.

- 저는 귀하의 어려움에 주목하고 있습니다.

  [   ] difficulties [   ].

pattern 041

I was impressed with...

~에 감명받았습니다

'~이 인상적이다', '감탄스럽다', '감명을 받았다'라는 의미로 사용할 수 있는 패턴입니다. 상대방의 훌륭한 점을 칭찬할 때 사용하면 좋겠죠.

유사 패턴 Your... impressed us.

step 1 패턴 집중 훈련

직원들의 친절함에 감명받았습니다.	**I was impressed with** the courtesy of the staff.
그녀의 전문 지식에 감명받았습니다.	**I was impressed with** her expertise.
귀사의 최신식 설비에 감명받았습니다.	**I was impressed with** your state-of-the-art facilities.
귀사의 제품에 정말 감명받았습니다.	**I was** very **impressed with** your product.

step 2 리얼 영작 연습

○ Dear Global Delivery Service,
저희 서울 전자 사는 귀사의 빠른 배송 서비스에 감명을 받았습니다 and would like to take this opportunity to sign a long-term exclusive contract with you.
The terms and conditions are set out in the attached file. If you agree to them, please let us know.

→ 글로벌 딜리버리 서비스 사 귀하
We at Seoul Electronics, were very impressed with your quick delivery service, 그리고 이 기회를 빌어 귀사와 장기 독점 계약을 체결하고자 합니다. 첨부된 파일에 계약 조건을 명시하였습니다. 동의하신다면 저희에게 연락 주십시오.

○ Dear Dr. Lucas,
저는 박사님께서 일에 헌신하는 모습을 보고 정말 감명을 받았습니다. Our contract with Jack Smith Group could have gone wrong without your assistance.
I was also very much impressed with Jack Smith Group's service levels and would be glad to refer your services to other companies.

→ 루카스 박사님께
I just wanted to say how impressed I am with your commitment to your job. 잭 스미스 그룹과의 계약은 박사님의 도움이 없었더라면 성공할 수 없었을 거예요.
또한 저는 잭 스미스 그룹의 서비스 수준에 대해서도 아주 감명을 받았습니다. 기꺼이 박사님 회사의 서비스를 다른 회사에도 추천하겠습니다.

Tips
• 비즈니스 이메일을 보낼 때는 주어를 I로 하든 We로 하든 별로 상관없지만 We를 쓰면 회사 전체를, I를 쓰면 개인의 생각을 나타내는 정도의 차이점이 있어요.

Unit 06 관심 보이기 075

pattern 042

We are interested in...

저희는 ～에 관심 있습니다

관심이나 흥미를 나타낼 때 혹은 '～를 하고 싶다'는 의미를 전할 때 쓸 수 있는 패턴이에요. 뒤에는 명사나 동명사가 따라와요.

유사 패턴 Our interests lie in... | We have an interest in...

step 1 패턴 집중 훈련

저희는 귀하의 제안에 관심 있습니다.
We are interested in your suggestions.

저희는 주문을 하는 것에 관심 있습니다.
We are interested in placing an order.

저희는 귀하의 재무보고서에 관심 있습니다.
We are interested in your financial reports.

저희는 귀사와 사업을 함께 할 가능성을 타진하는 것에 관심 있습니다.
We are interested in exploring the possibility of doing business with your company.

step 2 리얼 영작 연습

○ Dear Seoul Electronics:
저희는 귀사와 미래에 사업을 함께 하는 것에 관심이 있습니다. We have gained a large customer base across the world, and they show an interest in your products. We would appreciate it if you could send me a complete list of your products along with details on ordering and shipping procedures.

→ 서울 전자사 귀하
We are interested in doing business with you in the future. 당사는 전 세계에 귀사의 제품에 관심을 가지고 있는 넓은 소비자층을 확보하고 있습니다. 귀사의 제품 리스트와 주문 및 배송 절차에 관한 자세한 정보를 제공해 주시면 감사하겠습니다.

○ Dear Sir/Madam,
제이드 사는 산업재 내수 시장의 수요가 강세인 점을 이용해 베트남에서 사업을 하는 것에 관심을 가지고 있습니다. We know that the Vietnamese government offers assistance programs to foreign-invested companies to relocate to Vietnam and would like to know all the details. Thank you very much for your kind cooperation.

→ 관계자분께
We at Jade Ltd. are interested in doing business in Vietnam by taking advantage of strong domestic demand for industrial goods. 우리는 베트남 정부가 베트남으로 이전하는 외국 기업에 지원 프로그램을 제공한다는 것을 알고 있으며 관련된 자세한 정보를 모두 받고 싶습니다. 친절하게 협조해 주신 것에 대해 감사드립니다.

---

place an order 주문을 하다 **financial report** 재무보고서 **customer base** 소비자층 **shipping procedure** 배송 절차 **domestic demand** 내수 시장의 수요 **industrial goods** 산업재

pattern 043

... will be taken into consideration.

~를 고려해 보겠습니다.

'~를 고려하다'라는 뜻의 take something into consideration에서 목적어로 쓰인 something을 주어 자리에 놓고 수동태 문장을 만들면 '고려하는 대상'을 강조하는 뜻의 표현을 만들 수 있어요.

유사 패턴 We will consider...

---

step 1 패턴 집중 훈련

귀하의 제안을 고려해 보겠습니다.

Your suggestion will be taken into consideration.

저희가 최종 결정을 내릴 때 귀사의 뛰어난 서비스를 고려해 보겠습니다.

Your outstanding service will be taken into consideration when we make a final decision.

해외 시장 진출에의 가능성을 고려해 보겠습니다.

The possibility of entering an international market will be taken into consideration.

어떠한 발언이나 제안도 진지하게 고려해 보겠습니다.

All comments or suggestions will be taken into serious consideration.

---

step 2 리얼 영작 연습

○ Dear Customer,
Thank you for taking the time to respond to our customer satisfaction survey. Your responses will help us learn more about our customers and build our future services. 모든 분의 피드백을 고려해 보겠습니다.
Thank you again for sharing your thoughts with us.

→ 소비자 여러분께
시간을 내어 저희 회사의 소비자 만족도 조사에 응해 주셔서 감사드립니다. 귀하의 답변은 저희가 고객님을 더 잘 이해하고 향후 서비스를 만들어 나가는데 도움이 될 것입니다. **Everyone's feedback will be taken into consideration.**
다시 한번 저희에게 귀하의 생각을 공유해 주신 점에 대해 감사의 말씀을 드립니다.

○ Dear Jane,
Regarding your request on May 20 for holding up payments, Mr. Jay Kim, Executive Vice President has yet to decide whether to accept your request.
그러나 부사장님은 당신의 재정적인 어려움을 고려해 주실 것이라고 하셨습니다. I will get back to you as soon as Mr. Kim's decision is made.

→ 제인에게
대금 지급 결제일을 연장해 달라는 5월 20일 자 당신의 요청과 관련해 제이 김 부사장님은 아직 승인 여부를 결정하지 못하셨습니다.
However, Mr. Kim said your financial difficulties will be taken into consideration. 부사장님이 결정을 내리시는 대로 연락드리겠습니다.

We are looking for...

pattern 044

저희는 ~를 찾고 있습니다

look for...는 사람, 사물을 찾고 있을 때뿐만 아니라 원인, 해결책, 아이디어 등을 찾는다는 의미로도 사용될 수 있습니다.

유사 패턴 We are in search of...

step 1 패턴 집중 훈련

저희는 재능 있는 직원을 찾고 있습니다.
We are looking for talented employees.

저희는 경제 위기를 불러일으킨 원인을 찾고 있습니다.
We are looking for the reasons behind the economic crisis.

저희는 세미나 장소를 찾고 있습니다.
We are looking for seminar venues.

저희는 제품을 홍보할 방안을 찾고 있습니다.
We are looking for ways to promote our products.

step 2 리얼 영작 연습

○ Dear Jap Corp.,
위험 관리 솔루션 분야의 리더인 서울 회사는 도쿄에서 사업 파트너를 구하고 있습니다, and interested in discussing a possible partnership with Jap Corp.
Our combined expertise and technology know-how would help you achieve your objectives. If you are interested, please email us at partnership@seoul.com.

→ Jap 사 관계자분께
Seoul Corp., a leading risk management solutions provider, is looking for business partners in Tokyo, 그리고 Jap 사와의 파트너십 체결에 대해 논의하고 싶습니다. 양사의 전문 지식과 기술 노하우가 결합되면 귀사가 설정한 목표를 달성하는 데 도움을 드릴 수 있을 것입니다. 관심이 있으시면 partnership@seoul.com으로 연락 주십시오.

○ Dear Manager,
We are considering expanding our overseas business and 해외 지사 생산성 증가 방안과 관련해 좋은 사업 제안을 해 줄 수 있는 인사 전문 에이전시를 찾고 있습니다.
Could you give me a list of recruitment agencies if you have any? Your help would be very much appreciated.

→ 과장님께
저희는 해외 사업을 확장시키는 것을 고려 중에 있으며 looking for recruitment agencies that can give us a good business proposal for enhancing the productivity of our overseas branches. 만일 인사 에이전시 목록이 있으시면 제게 주실 수 있으신가요? 도와주시면 정말 감사하겠습니다.

---

economic crisis 경제 위기 **expand business** 사업을 확장하다 **enhance the productivity** 생산성을 높이다 **overseas branch** 해외 지사

pattern 045

Your... was brought to my attention.

저는 귀하의 ~에 주목하고 있습니다.

이 패턴과 같이 수동태 문장을 사용해 주목해야 하는 사안을 주어 자리에 놓으면, 말하고자 하는 요점을 보다 효과적으로 전달할 수 있습니다.

유사 패턴 We pay special attention to your...

---

step 1 패턴 집중 훈련

저는 귀하의 어려움에 주목하고 있습니다.	**Your difficulties were brought to my attention.**
저는 귀하가 고품질의 제품을 필요로 하신다는 점에 주목하고 있습니다.	**Your need for quality products was brought to my attention.**
저는 작금의 문제에 대한 귀하의 프레젠테이션에 주목하고 있습니다.	**Your presentation on current issues was brought to my attention.**
저는 귀하의 열악한 근무 환경에 주목하고 있습니다.	**Your poor working condition was brought to my attention.**

---

step 2 리얼 영작 연습

○ Dear Mr. Gill,
My name is Stephanie Kim, Executive Vice President at Seoul Bank. 저는 귀사의 서울 지점 판매 과장인 정 씨가 언급해 주신 귀하의 서울 방문에 대해 주목하고 있습니다.
I wish to inform you that we are ready and willing to help you to arrange business meetings with Korean companies during your visit.

→ 길 씨 귀하
제 이름은 스테파니 김이고 서울 은행의 부사장입니다. **Your visit to Korea was brought to my attention by Mr. Jung, Sales Manger with your Seoul office.**
저는 귀하의 서울 방문 기간 동안 한국 기업과의 회의 일정을 조율하는 데 도움이 될 준비가 되어 있으며 또 기꺼이 도움을 드릴 의향이 있다는 것을 말씀드립니다.

○ Dear Mr. Samuelson,
I am Jennifer Young with Blue Bird Group, Korea's third largest real estate services company specializing in commercial properties.
저희 회사는 경기도 지역에 토지를 구매하겠다는 귀사의 발표에 주목하고 있습니다. **We can guarantee you the best price and services. Should you have any questions, please feel free to contact us at bluebird@bbg.com.**

→ 사무엘슨 씨께
저는 제니퍼 영이고 한국에서 세 번째로 큰 부동산 서비스 업체이며 상업 용지 매매를 전문으로 하는 블루버드 그룹에서 일하고 있습니다.
Your announcement to buy land at Kyungki province was brought to our attention. 저희는 귀사에게 가장 낮은 가격과 가장 훌륭한 서비스를 보장해 드릴 수 있습니다. 질문이 있으시면 bluebird@bbg.com으로 연락 주세요.

Unit 06 관심 보이기 079

Unit 07

다짐 및 약속하기

ABCD_
ABCD_

Q 다음 말을 영어로 할 수 있나요?

- 저희는 당신에게 도움을 드리는 데 최선을 다하겠습니다.

  _____ help you.

- 이 점을 염두에 두고 저희는 가능한 모든 방법을 취하겠습니다.

  _____ take every possible measure.

- 당신을 실망시키지 않을 것이라는 것을 확신드릴 수 있습니다.

  _____ I won't let you down.

- 소비자들을 보호하기 위한 어떤 조치라도 취할 것입니다.

  _____ protect our customers.

- 그 일을 끝마치는 데에 어떠한 문제도 없을 것입니다.

  _____ getting the work done.

- 저희는 제공된 모든 서비스에 대한 금전적인 책임을 지겠습니다.

  _____ all services rendered.

pattern 046

We will do our best to...

저희는 ～하는 데 최선을 다하겠습니다

do one's best는 '최선을 다하다'는 뜻으로, 뒤에 「to+동사원형」이 따라와요.

유사 패턴 Our goal is to...

step 1 패턴 집중 훈련

저희는 당신에게 도움을 드리는 데 최선을 다하겠습니다.	We will do our best to help you.
저희는 당신에게 제공해 드리는 서비스를 향상시키는 데 최선을 다하겠습니다.	We will do our best to improve our service to you.
저희는 전문적인 서비스를 고객에게 제공해 드리는 데 최선을 다하겠습니다.	We will do our best to provide you with professional services.
저희는 귀하의 요구사항을 맞추어드리는 데 최선을 다하겠습니다.	We will do our best to meet your requirements.

step 2 리얼 영작 연습

○ Dear Daniel,
Thank you for choosing our company as your OEM supplier. 저희 회사는 최선을 다해 귀사에 최고 품질의 부품을 가장 경쟁력 있는 가격에 제공해 드릴 것입니다.
As per our conversation yesterday, we need a few legal documents regarding the supply contract. Thank you for your cooperation.

→ 대니얼 귀하
저희 회사를 귀사의 OEM 공급자로 선정해 주신 것에 대해 감사의 말씀을 드립니다. We will do our best to offer you the highest quality parts at the most competitive prices.
어제 논의한 대로 공급 계약을 하는 데 필요한 몇 가지 법률 서류를 부탁드립니다. 협조에 감사드립니다.

○ Dear Dr. Kim,
Spade Corporation is honored to have been selected as a final design team for the Han River bridge construction project. 저희 회사의 창의적이고 지속 가능한 설계를 통해 도시를 현대적이고 생동감 있게 만들 수 있도록 최선을 다하겠습니다.
Thank you for giving us the opportunity to work with you.

→ 김 씨께
스페이드 사는 한강 다리 건설 프로젝트의 최종 설계 업체로 선정된 것을 영광으로 생각합니다. We will do our best to make the city modern and liveable through our creative and sustainable design. 귀하와 함께 일할 기회를 주신 것에 감사드립니다.

pattern 047

With this in mind, we will...

이 점을 염두에 두고 저희는 ~할 것입니다

앞서 서술한 사안을 염두에 두고 향후 각오나 계획을 밝힐 때 쓰는 패턴이에요.

유사 패턴 We will keep that in mind and...

---

step 1 패턴 집중 훈련

이 점을 염두에 두고 저희는 가능한 모든 방법을 취하겠습니다.	**With this in mind, we will take every possible measure.**
이 점을 염두에 두고 저희는 최선을 다하겠습니다.	**With this in mind, we will do our utmost.**
이 점을 염두에 두고 저희는 생산비를 줄이겠습니다.	**With this in mind, we will reduce our manufacturing costs.**
이 점을 염두에 두고 저희는 일을 더 잘, 그리고 빨리 하겠습니다.	**With this in mind, we will do things better and faster.**

---

step 2 리얼 영작 연습

○ To Whom It May Concern,
Tenders are invited for the nuclear power plant construction project in Seoul. All related documents must be submitted on official forms no later than Jan. 10, 2014.
Please note that we are fully aware of your difficulty in the preparation of tender documents. 이 점을 염두에 두고, 저희는 귀하의 서류를 최선을 다해 철저하게 검토하겠습니다.

→ 관계자분께
서울 원자력 발전소 건설 프로젝트에 입찰자분들을 초대합니다. 관련 서류는 모두 공식 양식에 맞게 2014년 1월 10일까지 제출되어야 합니다.
저희는 입찰 문서를 준비하는 어려움을 잘 알고 있습니다. With this in mind, we will do our utmost to review your documents thoroughly.

○ Dear Jason,
I just wanted to follow up with you on the solar energy project. The Chinese government has pre-qualified four consortiums—two from China, one from Germany and us from a total of 60 entries. However, the Chinese government tends to give special treatment to local businesses. 이 점을 유념에 두고 저희는 동 프로젝트를 수주하는데 최선을 다하겠습니다.

→ 제이슨 씨께
태양 에너지 프로젝트의 업데이트 내용을 알려 드립니다. 중국 정부가 총 60개 사 중에서 컨소시엄 4개 사(중국 업체 2개 사, 독일 업체 1개 사, 그리고 우리 회사)를 PQ에 통과시켰습니다. 그러나 중국 정부가 자국 기업을 우대하는 경향이 있습니다. With this in mind, we will do our best to win the project.

082

pattern 048

I can assure you that...

당신에게 ~라는 것을 확신드릴 수 있습니다

비즈니스를 할 때는 상대방에게 확신을 불어넣어 줄 수 있는 당당한 태도가 필수적이지요.

유사 패턴 Please rest assured that... | I promise that...

---

step 1 패턴 집중 훈련

당신을 실망시키지 않을 것이라는 것을 확신드릴 수 있습니다.

I can assure you that I won't let you down.

그 일은 저희와 관련이 없다는 것을 당신에게 확신드릴 수 있습니다.

I can assure you that it has nothing to do with us.

모든 것이 잘 마무리될 것이라는 것을 당신에게 확신드릴 수 있습니다.

I can assure you that everything will turn out fine.

당신의 선택을 절대 후회하지 않을 것이라는 것을 당신에게 확신드릴 수 있습니다.

I can assure you that you will not regret your selection.

---

step 2 리얼 영작 연습

○ Dear Mr. Simpson,
I apologize for the late payment on your invoice number 1321 in the amount of $500,000. We are now processing the payment and will notify you when it is finalized.
I regret any inconvenience this has caused you, and 앞으로는 이런 일이 없을 것이라는 점을 약속드리겠습니다.

→ 심슨 귀하
50만 달러 상당의 송장번호 1321번에 대한 지불이 늦어진 점에 대해 사과드립니다. 현재 지불 과정이 진행 중이며 완료가 되면 귀하께 통보해 드리겠습니다.
불편을 끼쳐 드려 죄송합니다. 그리고 I can assure you that it will not happen again.

○ Dear Purchasing Manager,
I am Amy Chung with AKA Ltd., a manufacturer and supplier of high quality office furniture.
I would like to express my interest in supplying our products and services to your company. 저희는 세계 수준의 품질을 자랑하는 제품을 가장 낮은 가격에 제공해 드릴 것을 확신드립니다.

→ 구매 과장님께
저는 에이미 정이고 고품질 사무용 가구 제조 및 공급 업체인 AKA 사에서 일합니다.
저희 회사의 상품과 서비스를 귀사에 공급할 수 있게 되었으면 좋겠습니다. I can assure you that we will serve you with our world-class quality products at the lowest price.

---

notify 통보하다 **finalize** 완료하다 **world-class quality product** 세계 수준의 품질을 자랑하는 제품

pattern 049

We will take whatever steps necessary to...

~하기 위한 어떤 조치라도 취하겠습니다

문제가 생기면 사과를 하는 것뿐만 아니라 적극적인 사태 해결이 필수적입니다. 그때 사용할 수 있는 패턴입니다.

유사 패턴 We will do anything to...

step 1 패턴 집중 훈련

소비자들을 보호하기 위한 어떤 조치라도 취할 것입니다.
We will take whatever steps necessary to protect our customers.

우리의 시장 점유율을 늘리기 위한 어떤 조치라도 취할 것입니다.
We will take whatever steps necessary to increase our market share.

그 프로젝트를 제시간에 마치기 위한 어떤 조치라도 취할 것입니다.
We will take whatever steps necessary to complete the project on time.

우리 제품의 품질을 향상시키기 위한 어떤 조치라도 취할 것입니다.
We will take whatever steps necessary to improve the quality of our product.

step 2 리얼 영작 연습

○ Dear Customer,
Due to technical difficulties with our online payment system, we are currently unable to make payments on behalf of our customers.
저희는 시스템을 다시 복구하기 위해 필요한 어떤 조치라도 취할 것입니다. Once again, we send our deepest apologies for this.

→ 고객 여러분께
저희 회사의 온라인 결제 시스템 기술 문제로 현재 고객님을 대신해 결제 서비스를 해 드리지 못하고 있습니다.
We will take whatever steps necessary to get the system operational. 다시 한번, 이에 대한 심심한 사과의 말씀을 드립니다.

○ Dear Mr. Brown,
I am so sorry for the unexpected delay in delivery. Pilots at ABC Continental Holdings Inc., went on strike and withdrew their services last Friday. 그러나 저희는 귀사의 주문을 이번 주까지 배송해 드리기 위해 어떠한 조치라도 취하겠습니다.

→ 브라운 씨께
배송 과정에서 예기치 못한 지연이 발생한 것에 대해 사과드립니다. ABC 항공사의 조종사들이 파업에 들어가서 지난 금요일 근무를 하지 않았습니다.
However, we will take whatever steps necessary to have your order delivered by the end of this week.

market share 시장 점유율   **online payment system** 온라인 결제 시스템   **go on strike** 파업에 들어가다

pattern 050

There would certainly be no trouble in...

~하는 데에 어떠한 문제도 없을 것입니다

우려되는 사안에 대해 단호한 어조로 상대방을 안심시키는 이 패턴은 비즈니스 이메일에서 필수 표현이에요.

유사 패턴 We are confident that you will have no further trouble in...

---

step 1 패턴 집중 훈련

우리의 고객을 만족시키는 데에 어떠한 문제도 없을 것입니다.	**There would certainly be no trouble in satisfying our customers.**
우리의 프로젝트를 제시간에 끝내는 데에 어떠한 문제도 없을 것입니다.	**There would certainly be no trouble in completing our projects on time.**
그 일을 끝마치는 데에 어떠한 문제도 없을 것입니다.	**There would certainly be no trouble in getting the work done.**
아프리카로 제품 및 서비스를 공급하는 데에 어떠한 문제도 없을 것입니다.	**There would certainly be no trouble in supplying products and services to Africa.**

---

step 2 리얼 영작 연습

○ Dear Ms. Chen,
We at Seoul Corporation appreciate your business and look forward to being of continued service to you. 저희는 귀하에게 고품질의 제품과 서비스를 제공하는 데 어떠한 문제도 없을 것을 약속드립니다.
Thank you again for choosing our services.

→ 첸 귀하
서울 주식회사는 귀하의 거래에 감사드리고 앞으로 계속 귀하에게 서비스를 제공해 드릴 수 있기를 희망합니다. We can confirm that there would certainly be no trouble in providing you with high-quality products and services.
다시 한번, 당사와의 거래에 감사를 드립니다.

○ Dear Ms Smith,
I apologize for the errors made in the invoice. As per your email of April 1, Sales Tax was not correctly shown in the invoice. We will be soon correcting the errors and issue a corrected invoice. Once again, I apologize for the inconvenience and 그리고 향후 양사 간의 비즈니스에 결코 문제가 없을 것이라는 것을 확신드립니다.

→ 스미스 씨
송장에 실수가 있었던 점에 대해 사과드립니다. 4월 1일 귀하께서 보내 주신 이메일에 따르면 판매세가 송장에 틀리게 기입되었습니다. 저희는 곧 실수를 바로잡고 제대로 된 송장을 발급할 것입니다. 다시 한번 불편을 끼친 점에 대해 사과드립니다. I can assure you that there would certainly be no trouble in our business in the future.

pattern 051

We assume financial responsibility for...

～에 대한 금전적인 책임을 지겠습니다

assume responsibility는 '책임을 떠맡다'라는 의미인데, assume financial responsibility라고 하면 '금전적인 책임을 떠맡다', 즉 '비용을 부담하다'라는 뜻이 돼요.

유사 패턴 We are financially responsible for...

step 1 패턴 집중 훈련

저희는 제공된 모든 서비스에 대한 금전적인 책임을 지겠습니다.	**We assume financial responsibility for all services rendered.**
저희는 모든 청구에 대한 금전적인 책임을 전적으로 지겠습니다.	**We assume complete financial responsibility for any charges.**
저희는 재산 피해에 대한 금전적인 책임을 지는 데 동의합니다.	**We agree to assume financial responsibility for property damages.**
저희는 어떠한 비용에 대해서도 모든 금전적인 책임을 지겠습니다.	**We assume all financial responsibility for any and all costs.**

step 2 리얼 영작 연습

○ Dear Ms. Jackson,
We are sorry to hear that the silk carpets and rugs you ordered on October 1 were delivered damaged. 이에 대한 어떤 손실에 대해서도 금전적인 책임을 모두 저희가 지겠습니다.
Please return the damaged goods in the original packaging as well as a copy of the invoice or packing slip that accompanied your order.

→ 잭슨 씨께
10월 1일에 귀하가 주문하신 실크 카펫과 깔개가 배송 중 손상된 점에 대해 사과드립니다. **We assume all financial responsibility for any damages.** 손상된 제품을 원래 포장에 넣어 배달 시 동봉되었던 송장 혹은 물품 명세서와 함께 반송해 주십시오.

○ Dear Ms. Wilson,
I am writing on behalf of Mr. John Smith, CEO of our company. Mr. Smith is so happy and delighted to successfully extend our OEM agreement with Wide Corporation and would like to invite you to Seoul as a token of our appreciation. 왕복 항공료 및 5성급 호텔 숙박료는 저희가 부담하겠습니다. I look forward to your positive response.

→ 윌슨 씨께
저희 회사의 CEO인 존 스미스 사장님을 대신해 글을 씁니다. 스미스 사장님은 와이드사와 OEM 계약을 성공적으로 연장할 수 있어 정말 행복하고 기쁘게 생각하고 계십니다. 저희는 감사의 표시로 귀하를 서울로 초대하고 싶습니다. **We assume financial responsibility for your round-trip airline tickets and five-star hotel fee.** 긍정적인 답변을 기대합니다.

Unit 08

계획하기

Q 다음 말을 영어로 할 수 있나요?

- 심사숙고한 끝에 우리는 귀하의 조언을 받아들이기로 결정했습니다.

                                   , we have decided to take your advice.

- 저희는 주문을 취소하기로 결정했습니다.

                          cancel the order.

- 저희는 즉시 귀하의 제품을 선적해 드리겠습니다.

                          ship your items.

- 그 일은 금방 처리될 것입니다.

  It   promptly.

- 회의 일정을 조정하였습니다.

                          our meeting.

- 저희는 6월 1일에 회의를 주최합니다.

                          a meeting on June 1.

- 우리가 할 수 있는 가장 중요한 일은 직장에서 집중하는 것입니다.

                          avoid distractions at work.

- 그 계획은 시도할 가치가 있습니다.

                          a try.

- 우리의 프로젝트가 진전되고 있습니다.

                          with our project.

- 우리는 제품 개발 프로젝트의 마무리를 향해 달려갈 수 있습니다.

                          the product development projects.

pattern 052

After careful consideration,...

심사숙고한 끝에 ~

결정이 심사숙고 끝에 이루어진 것이라는 것을 강조하기 위해 유용하게 사용할 수 있는 패턴이에요.

유사 패턴 We gave due consideration before...

step 1 패턴 집중 훈련

심사숙고한 끝에 우리는 귀하의 조언을 받아들이기로 결정했습니다.	After careful consideration, we have decided to take your advice.
심사숙고한 끝에 저는 귀하를 이 자리에 채용하지 않았다는 점을 알려 드리게 되어 유감입니다.	After careful consideration, I regret to inform you that you have not been selected for this position.
심사숙고한 끝에 저는 귀하의 제안을 거절하기로 결정했습니다.	After careful consideration, I have decided to decline your offer.
심사숙고한 끝에 저는 귀하와의 사업 파트너 관계를 끝내기로 했습니다.	After careful consideration, I regret I must terminate a business partnership with you.

step 2 리얼 영작 연습

○ Dear Mr. Simpson,
We at Seoul E&C have completed the cost analysis of the proposals submitted in response to our request. 심사숙고한 끝에, 유감스럽게도 귀사의 제안서가 저희에게 가장 적합한 것은 아니라는 결정을 내리게 되었음을 알려 드립니다. We appreciate all of the work you put in and look forward to working with you next time.

→ 심슨 귀하
서울 E&C는 당사의 요청에 따라 제출된 제안서의 비용 분석을 마쳤습니다. After careful consideration, we regret to inform you that your proposal was determined not to be the most beneficial to us. 저희는 귀사의 모든 작업에 감사드리며 다음 기회에 귀사와 일할 수 있게 되기를 희망합니다.

○ Dear Mr. Williams:
We appreciate your interest in Jake Holdings Ltd. and the position of Purchasing Director for which you applied. 심사숙고한 끝에 저희는 귀하의 지원을 더 이상 검토하지 않기로 결정하였음을 알려 드립니다. We wish you every success in your future job search.

→ 윌리엄스 씨께
귀하가 지원하신 구매 부장직과 제이크 홀딩 사에 보여 주신 관심에 감사드립니다. After careful consideration, we regret to inform you that your application was not selected for further review. 앞으로의 구직 활동에 행운을 빕니다.

pattern 053

We have decided to...

저희는 ~하기로 결정했습니다

결정을 내렸다고 할 때는 We decided to... 혹은 We have decided to...를 쓸 수 있습니다.

유사 패턴 We made our decision to... | Our decision regarding... was made.

---

step 1 패턴 집중 훈련

저희는 주문을 취소하기로 결정했습니다.
We have decided to cancel the order.

저희는 우리의 파트너십을 끝내기로 결정했습니다.
We have decided not to continue our partnership.

저희는 이 프로젝트를 진행하기로 결정했습니다.
We have decided to work on this project.

저희는 직원 제안 시스템을 시작하기로 결정했습니다.
We have decided to launch an employee suggestion system.

---

step 2 리얼 영작 연습

○ **Dear Seoul Corp.,**
당사는 귀사에 에너지 효율성 증진 프로젝트를 진행하기로 결정했음을 알려 드리게 되어 기쁘게 생각합니다. **and are agreeable to the discussed terms and conditions of your contract proposal. We look forward to a successful business partnership for both companies as well as your full cooperation.**

→ 서울 주식회사 관계자분께
We are pleased to inform you that we have decided to work on the energy efficiency project, 또한 당사는 귀사가 제안한 계약 조건에 동의하는 바입니다. 귀사와의 성공적인 비즈니스 파트너십과 귀사의 전적인 협조를 기대하겠습니다.

○ **Dear Mr. Jones,**
저희 회사는 귀사를 상대로 제기했던 계약 불이행 소송을 취하하기로 결정했다는 것을 알려 드립니다.
Please note that the decision was made in continuation of our efforts not to end business relationship with your company.

→ 존스 씨께
I am writing to inform you that we have decided to withdraw our breach-of-contract lawsuit against your company. 이번 결정은 귀사와의 사업 관계를 끝내지 않고자 하는 저희 노력의 일환이었다는 점을 유념해 주십시오.

---

energy efficiency 에너지 효율성 **withdraw** 철회하다, 취소하다 **breach-of-contract** 계약 불이행

pattern 054

We will immediately...

저희는 즉시 ~하겠습니다

신속한 처리 및 대응은 비즈니스에 필수적이죠. 이때 사용하는 패턴입니다.

유사 패턴 We will... right away. | We will... without hesitation.

step 1 패턴 집중 훈련

저희는 즉시 귀하의 제품을 선적해 드리겠습니다.	**We will immediately** ship your items.
저희는 즉시 회의 일정을 잡겠습니다.	**We will immediately** arrange a meeting.
저희는 즉시 환불을 해 드리겠습니다.	**We will immediately** issue a refund.
저희는 결제 확인 메일을 즉시 보내 드리겠습니다.	**We will immediately** send you a payment confirmation email.

step 2 리얼 영작 연습

○ Dear Ms. Parker,
We would like to confirm that we received your payment of $100,000. However, we regret to inform you that the total charge listed on the invoice was for $120,000. We hope that the remaining amount of the total charge will be paid soon. 지급이 완료되면 즉시 상품을 발송해 드리겠습니다.

→ 파커 귀하
귀사의 10만 달러 대금 지급이 확인되었음을 알려 드립니다. 그러나 송장에 기재된 총액은 12만 달러였습니다. 총액에서 미지급하신 나머지 대금도 곧 처리되기를 바랍니다. We will immediately ship your order after we confirm the payment.

○ Dear Ms. Clark,
I am pleased to inform you that two copies of the original signed contact were shipped on June 1 via DHL. For your reference, the tracking number is 200000.
This is the entire agreement between us, and it may be modified only by agreement in writing. Please retain one for your records and return the other to us.
귀하가 서명하신 문서를 받으면 즉시 연락드리겠습니다.

→ 클락 씨께
서명을 한 계약서 원본 두 통을 6월 1일 DHL로 보냈음을 알려 드립니다. 운송 추적 번호는 200000이니 참고하세요.
이 계약은 양사 간의 전적인 협의이며 서면으로 동의가 있을 때만 수정 가능합니다. 한 통은 보관용으로 가지고 계시고 나머지 한 통은 저희에게 돌려 주세요. Once we receive your signed document, we will immediately contact you.

---

arrange a meeting 회의 일정을 잡다   **total charge** 총액   **tracking number** 운송 추적 번호

... will be taken care of.

~은 처리될 것입니다.

take care of... 뒤에 사람이 오면 '돌보다', '보살피다'라는 뜻이지만 해야 할 일이 나오면 '처리하다', '해결하다'라는 뜻이 돼요.

유사 패턴 ... will be dealt with.

step 1 패턴 집중 훈련

그 일은 금방 처리될 것입니다.	**It will be taken care of promptly.**
그 프로젝트는 처리될 것입니다.	**The project will be taken care of.**
그의 요구는 처리될 것입니다.	**His request will be taken care of.**
귀하의 모든 요청은 처리될 것입니다.	**All your needs will be taken care of.**

step 2 리얼 영작 연습

○ Dear Mr. Davidson,
I am writing to bring you up to date on the progress on the nuclear plant construction project. As you know from my email on May 20, the feasibility study for the project was completed last month. 다른 보충 서류들도 곧 처리될 것입니다.
Enclosed is a three-page outline of the project. Please contact me directly with any comments or questions.

→ 데이비드슨 귀하
원자력 발전소 건설 프로젝트의 진행 상황을 보고하고자 메일을 드립니다. 5월 20일 자 저의 이메일에서도 아실 수 있듯이, 프로젝트의 타당성 조사는 지난달에 끝났습니다. Other supporting documents will be taken care of soon. 첨부된 것은 동 프로젝트의 3페이지 요약본입니다. 하실 말씀이나 질문이 있으시면 제게 직접 연락 주십시오.

○ Hello Mr. King,
With regard to your email of October 1, we have organized a temporary taskforce to deal with your request and 귀하의 요청 사항은 이번 주말까지 확실히 처리될 것입니다. I will follow up with you regarding the result soon. In the meantime, please feel free to contact us by any of the methods below.

→ 킹 씨, 안녕하세요.
10월 1일 자 당신의 이메일과 관련해 저희는 당신의 요청을 처리할 임시 대책 위원회를 마련했으며, it will be taken care of by the end of this week. 제가 곧 결과에 대해서 연락드리겠습니다. 그동안에는 아래에 기재된 방법으로 저희에게 부담 갖지 마시고 연락 주세요.

feasibility study 타당성 조사 supporting document 증빙 서류 outline 요약본 temporary taskforce 임시 대책 위원회

pattern 056
We have rescheduled...

~의 일정을 조정하였습니다

We have scheduled...라고 하면 일정을 잡았다는 뜻이지만, We have rescheduled...라고 하면
일정을 재조정했다는 뜻이 됩니다.

유사 패턴 We have changed our... schedule.

---

step 1 패턴 집중 훈련

회의 일정을 조정하였습니다.

We have rescheduled our meeting.

전화로 약속 일정을 조정하였습니다.

We have rescheduled the appointment
by phone.

우리는 예정된 날짜에 시간이 안 되기 때문에 그 계
획의 일정을 조정하였습니다.

We have rescheduled the plan to
another day since we cannot make it at
the scheduled time.

유감스럽게도 저희는 원래 3월 1일 예정이었던 세
미나의 일정을 3월 5일로 조정하였습니다.

Unfortunately, **we have rescheduled**
our seminar, which was originally slated
for March 1 to March 5.

---

step 2 리얼 영작 연습

○ Hello Steve,
I hope all is well with you. This is in
reference to the monthly department
meeting next week.
우리는 천연가스 프로젝트 일정을 조정하였습니다, **and my
Powerpoint presentation has been revised
accordingly.** I will send you the revised
documents tomorrow. Thank you.

→ 스티브 씨, 안녕하세요.
별일 없었으면 좋겠네요. 다음 주에 있을 월간 부
서 회의와 관련하여 메일 드립니다.
**We have rescheduled the
natural gas project,** 그리고 저의 파워
포인트 발표 자료도 이에 맞게 수정했습니다. 내일
수정된 문서를 송부하겠습니다. 감사합니다.

○ Dear Team,
Regarding our business meeting with
Sumarang Corporation in July, one of
their staff has informed me today that the
scheduled meeting falls on Ramadan so
they won't be able to travel overseas.
회의 날짜는 9월 1일로 재조정되었다는 것을 유념하세요.
Until then, I hope everyone is fully prepared
for the meeting.

→ 팀원들에게
7월에 있을 스마랑 사와의 회의 관련, 그 회사 직
원 한 명이 오늘 제게 회의 날짜가 라마단과 겹쳐
해외 출장이 안 될 것 같다고 통보해 왔어요.
**Please note that we have
rescheduled the meeting to
September 1.** 그때까지 모두 회의 준비를
완벽하게 해 두세요.

department meeting 부서 회의 **revised document** 수정된 문서 **reschedule** 일정을 재조정하다

pattern 057

We will be hosting...

저희는 ~을 주최합니다

행사를 개최할 때 쓰이는 패턴으로 뒤에 이벤트나 회의, 세미나 등을 적어 주면 돼요. 행사를 주어로 한다면 ... will be held.라고 하면 돼요.

유사 패턴 ... will be held.

step 1 패턴 집중 훈련

저희는 그 행사를 주최합니다.	We will be hosting this event.
저희는 6월 1일에 회의를 주최합니다.	We will be hosting a meeting on June 1.
저희는 서울 컨퍼런스 센터에서 제5회 FDI 컨퍼런스를 주최합니다.	We will be hosting our fifth FDI conference at the Seoul Conference Center.
저희는 영업팀 직원들과 함께 세미나를 주최합니다.	We will be hosting a seminar with members of our company's sales team.

step 2 리얼 영작 연습

○ **Dear Staff:**
2013년 2월 10일 월요일 서울 컨퍼런스 센터에서 암환자를 위한 기부금 모금 자선 행사가 개최됩니다.
We would appreciate it if employees could volunteer for this event. Please join us for a good cause.

→ 직원 여러분께
We are pleased to announce that we will be hosting a charity event on Monday February 10, 2013 at the Seoul Conference Center to raise money for cancer patients. 직원 여러분들께서 동 행사에 자원봉사를 하실 수 있다면 감사하겠습니다. 좋은 취지에 동참해 주십시오.

○ **Dear Sir/Madam,**
제이슨 스포츠웨어가 서울 패션 위크의 일환으로 패션쇼를 개최할 예정이라는 점을 알려 드리게 되어 기쁩니다.
The event will take place at the COEX on Monday September 1 from 7 p.m. to 9 p.m. Tickets this year are $5 for general admission and $3 for children's admission. Please find attached an invitation and kindly attend our show.

→ 관계자분께
I am pleased to inform you that we at Jason Sportswear will be hosting a fashion show as part of Seoul Fashion Week. 본 행사는 코엑스에서 9월 1일 월요일 저녁 7시부터 9시까지 열리게 되며 올해 티켓 가격은 성인이 5달러, 어린이는 3달러입니다. 초대장을 첨부해 드립니다. 저희 쇼에 꼭 참석해 주시기를 바랍니다.

charity event 자선 행사

The most important thing we can do is to...

우리가 할 수 있는 가장 중요한 일은 ~입니다

우선순위를 강조할 때 쓰는 패턴입니다. to 뒤에는 동사원형을 쓰면 돼요.

유사 패턴 ... is our priority.

step 1 패턴 집중 훈련

우리가 할 수 있는 가장 중요한 일은 저희 회사의 예산을 줄이는 것입니다.

The most important thing we can do is to reduce our company's budget.

우리가 할 수 있는 가장 중요한 일은 직장에서 집중하는 것입니다.

The most important thing we can do is to avoid distractions at work.

우리가 할 수 있는 가장 중요한 일은 우리의 경쟁자를 능가하는 것입니다.

The most important thing we can do is to outperform our competitors.

우리가 할 수 있는 가장 중요한 일은 고객을 잘 보살피는 것입니다.

The most important thing we can do is to take care of our customers.

step 2 리얼 영작 연습

○ Dear Jack,
I had a meeting with a new client from John International today and I thought that you'd like to hear about the results.
본 회의 시간 동안 우리는 우리가 할 수 있는 가장 중요한 일이 배송비를 줄이는 방법을 모색하는 것이라는 사실에 동의했습니다. I hope this helps.

→ 잭 씨에게
오늘 존 인터내셔널의 새 고객과의 미팅이 있었습니다. 결과에 관심 있으실 것 같아 메일을 드립니다. **During this meeting we saw eye to eye on the idea that the most important thing we can do is to come up with ways to reduce our shipping costs.** 도움이 되었으면 좋겠습니다.

○ Dear all,
We would like to thank you for your support and cooperation with JK in 2012. Without your support we could never have accomplished all we have. 이 점에서 저희가 당신의 호의를 갚기 위해 할 수 있는 가장 중요한 일은 정신을 차리고 해야 할 일을 하는 것이 될 것입니다.
We sincerely appreciate your past support and thank you in advance for your continued support in 2013.

→ 모두에게
2012년 JK에 보내 주신 지원과 협조에 감사드립니다. 당신의 지원이 없었다면 저희는 이 모든 것을 해내지 못했을 것입니다. **In this regard, the most important thing we can do to return your favor is to bite the bullet and do what we need to do.**
과거에 보내 주신 지원에 정말 감사드리며 2013년에도 계속 지원해 주시기를 부탁드립니다.

pattern 059

The plan is worth...

그 계획은 ～할 가치가 있습니다

worth는 '～할 가치가 있는'이라는 뜻으로 뒤에 명사나 동명사를 수반해요. 금전적인 가치뿐만 아니라 시도할 만한 가치가 있다거나, 방문할 만한 가치가 있다는 의미를 전달할 때도 쓸 수 있어요.

유사패턴 We should go with the plan because...

---

step 1 패턴 집중 훈련

그 계획은 시도할 가치가 있습니다.	**The plan is worth a try.**
그 계획은 5백만 달러의 가치가 있습니다.	**The plan is worth five million dollars.**
그 계획은 노력할 가치가 있습니다.	**The plan is worth the effort.**
그 계획은 비용의 가치가 있습니다.	**The plan is worth the cost.**

step 2 리얼 영작 연습

○ Hello Jack,

우리 회사가 당신이 제의한 5년짜리 마케팅 계획이 시도할 가치가 있다고 결정했다는 사실을 알려 드리게 되어 기쁩니다. Could your consulting team please do a videoconference with us sometime next week? Please let me know when would be a good time for you.

→ 잭 씨, 안녕하세요. I am pleased to inform you of our company's decision that the five-year marketing plan you suggested is worth a try. 다음 주쯤에 귀사의 컨설팅 부서와 화상 회의를 할 수 있을까요? 편한 시간을 제게 알려 주시기 바랍니다.

○ Dear Jim,

I am writing to inform you that Apple & Oranges Corporation has decided to invest $1 million in Research & Development and to employ more than 100 college graduates this year in Korea. 이 회사의 계획을 한 번 보실 필요가 있는 것 같아 참고하시라고 오늘 자 관련 기사를 첨부해 드렸습니다.

→ 짐에게 애플&오렌지 사가 한국에서 올해 연구 개발에 1백만 달러를 투자하고 100명의 대학 졸업자를 채용하기로 결정했음을 알려 드리고자 메일을 드립니다. I think their plan is worth a look so I am attaching today's news article regarding it for your review.

---

videoconference 화상 회의 **invest** 투자하다 **research & development** 연구 개발 **college graduates** 대학 졸업자

We move forward...

~이 진전되고 있습니다

move forward...는 문자 그대로 '앞으로 나가다', '전진하다'라는 의미인데, '(진행 상황 등이) 진전하다'라는 뜻으로 쓰이기도 해요.

유사 패턴 We proceed with...

step 1 패턴 집중 훈련

우리의 프로젝트가 진전되고 있습니다.	**We move forward** with our project.
그 계획을 마무리 짓는 방향으로 진전되고 있습니다.	**We are moving forward** to finalize the plan.
CNG 프로젝트가 진전되고 있습니다.	**We move forward** with the CNG project.
새로운 지급 결제 시스템의 개발이 진전되고 있습니다.	**We move forward** with the development of a new payment system.

step 2 리얼 영작 연습

○ **Hello Jack,**
저희들이 오일 샌드 프로젝트의 다음 단계를 진행하고 있다는 것을 알려 드리기 위해 글을 씁니다. **Below is a preliminary list of equipment needed. If you have any questions, ideas, or suggestions for improvements, please provide us with feedback by phone: 123-345-6789.**

→ 잭 씨, 안녕하세요.
I am writing to inform you that we move forward to the next stage of the oil sands project. 아래는 필요한 부품의 임시 리스트입니다. 질문이나, 의견, 개선되어야 할 점에 대한 제안이 있으시면 전화 123-345-6789로 연락 주십시오.

○ **Dear Dorothy,**
Thank you for your interest in our software programs.
어제 KBA 뉴스에서 보도된 바와 같이 저희는 새로운 바이러스 방어 프로그램의 개발 작업을 진전시키고 있습니다, **and we are expecting completion of the work by the end of 2014. We sincerely look forward to your continued interest in our products.**

→ 도로시에게
저희 회사의 소프트웨어 프로그램에 보내 주신 관심에 감사드립니다.
As seen on KBA news yesterday, we are moving forward with the development of a brand new antivirus software program, 그리고 2014년 말까지 완료할 계획입니다. 저희 제품에 계속 관심 부탁드립니다.

---

preliminary list 임시 리스트   **move forward to the next stage** 다음 단계를 진행하다

pattern 061

We can move toward the completion of...

우리는 ~의 마무리를 향해 달려갈 수 있습니다

move toward with...는 '(타협·목표 등에) 가까워지다'라는 뜻이에요.

유사 패턴 Hopefully, we will finish...

---

step 1 패턴 집중 훈련

우리는 제품 개발 프로젝트의 마무리를 향해 달려갈 수 있습니다.
We can move toward the completion of the product development projects.

우리는 새로운 시스템의 마무리를 향해 달려갈 수 있습니다.
We can move toward the completion of the new system.

우리는 이 협정의 마무리를 향해 달려갈 수 있습니다.
We can move toward the completion of this agreement.

우리는 가난한 사람들을 위해 1억 달러 상당의 구제 방안의 마무리를 향해 달려갈 수 있습니다.
We can move toward the completion of a $ 100 million aid package for the poor.

---

step 2 리얼 영작 연습

○ Dear Mr. Jackson,
I am following up on our meeting today, and would like to suggest that we establish a new joint venture company in which each holds an equal share.
다음 회의 때 합의가 마무리될 수 있으면 좋겠습니다.
Looking forward to meeting you soon.

→ 잭슨 씨께
오늘 우리의 회의 결과에 더해, 두 회사가 동일한 비율을 분담하여 새로운 공동 벤처 회사를 창립하는 방안을 제안하고 싶습니다.
I hope we can move toward the completion of an agreement in our next meeting.
곧 뵙겠습니다.

○ Dear James,
I am writing to follow up on the ongoing hospital construction projects in UAE. The review of the projects already began in July 2012.
Even with budget cuts made by the Board of Directors, 저는 개인적으로 2016년 12월까지 동 프로젝트의 마무리를 향해 지속적으로 달려갈 수 있을 것이라고 생각합니다. The details are still being worked out and I will inform you of any updates.

→ 제임스에게
UAE에 병원을 건설하는 프로젝트 진행 상황에 대해 알려 드립니다. 프로젝트 검토는 2012년 7월에 이미 시작되었습니다.
이사회에서 예산 삭감을 결정했음에도 불구하고,
I personally think we can continue to move toward the completion of the projects by December 2016. 세부 내역은 여전히 작업 중이며 새로운 사항이 있으면 알려 드리겠습니다.

Unit 08 계획하기 097

pattern 062

... is/are set to be implemented.

～이 시행될 예정입니다.

be set to...는 '～할 예정이다', implement는 '시행하다'라는 뜻입니다. 그래서 이 패턴은 계획이나 법안 등이 곧 시행될 것이라는 의미로 사용됩니다.

유사 패턴 ... will be finalized.

step 1 패턴 집중 훈련

새로운 규칙이 시행될 예정입니다.
New rules are set to be implemented.

금융 규제안이 시행될 예정입니다.
Financial regulations are set to be implemented.

직원 제안 시스템이 3월 1일 시행될 예정입니다.
An employee suggestion system is set to be implemented on March 1.

새로운 친기업 정책이 지방 정부에 의해 시행될 예정입니다.
A new business-friendly law is set to be implemented by the local government.

step 2 리얼 영작 연습

○ Dear All,
As you are aware, our company has decided to adopt new accounting rules. Please refer to the attached documents for details. 새로운 정책은 2013년 4월 1일에 시행될 예정입니다, and they must be strictly followed by staff members. If you have any questions, you can contact Jennifer Shin in the Accounting Department.

→ 모두에게
알고 계시겠지만, 우리 회사는 새로운 회계법을 채택하기로 결정했습니다. 더 자세한 내용은 첨부된 파일을 참고해 주세요. **The new policies are set to be implemented on April 1, 2013,** 또한 직원 모두의 적극적인 협조를 부탁드립니다. 질문이 있으시면 회계 부서의 제니퍼 신 씨에게 연락하세요.

○ Dear Sharon,
당신도 아시다시피, 한-중 FTA가 5월에 발효될 예정입니다. With its implementation, companies here will have to reconfirm the origin and authenticity of imported agricultural products. Could you send us a certification of origin issued by the Chinese government? Thank you for your cooperation.

→ 샤론에게
As you are aware, Korea-China FTA is set to be implemented in May. FTA의 발효에 따라 우리나라 회사들은 수입 농산물의 원산지와 진품 여부를 재확인해야 합니다. 중국 정부에서 발행한 원산지 증명서를 보내 줄 수 있으신가요? 협조에 감사드립니다.

financial regulation 금융 규제안   imported agricultural product 수입 농산물

Once it is finalized,...

pattern 063

일단 마무리되면, ~

once는 이 패턴에서 접속사로 '~하자마자', '일단 ~하면'의 의미로 쓰였어요.

유사 패턴 After we finalize it...

---

step 1 패턴 집중 훈련

일단 마무리되면, 선적을 하겠습니다.
Once it is finalized, we are ready to ship.

일단 마무리되면, 더 많은 정보가 밝혀질 것입니다.
Once it is finalized, more information will be revealed.

일단 마무리되면, 우리가 우월한 위치에 있게 될 것입니다.
Once it is finalized, we will be in a dominant position.

일단 마무리되면, 새로운 계약이 즉시 발효될 것입니다.
Once it is finalized, the new contract will take effect immediately.

---

step 2 리얼 영작 연습

○ Dear Ms. Jackson,
Please find attached a copy of the sales and purchase contract that we agreed upon. Please review, sign, and express-mail it to us at your earliest convenience. 일단 계약이 마무리되면, 본 계약서가 석탄 판매 및 구매에 대해 법적인 구속력을 갖게 될 것입니다.

→ 잭슨 씨께
양사가 동의한 판매 및 구매 계약서를 첨부합니다. 가급적 빨리 읽어 보시고 서명을 하셔서 특급 우편으로 보내 주시기 바랍니다. **Once it is finalized, the contract will represent a legally binding agreement between both parties for the sales and purchase of coal.**

○ Dear Ms. Wilson,
Thank you for choosing us as your OEM supplier. We have sent our signed contract today and it will arrive within 3 working days.
일단 계약이 마무리되면, 저희는 즉시 귀사의 요구량에 맞추어 생산 시설을 확장하겠습니다.

→ 윌슨 씨께
저희 회사를 귀사의 OEM 공급 업체로 선정하여 주신 점에 대해 감사드립니다. 서명한 계약서를 오늘 발송했으니 영업일 3일 이내에 받아 보실 수 있을 겁니다.
Once the contract is finalized, we will immediately expand our production facilities to meet your requirements.

---

take effect 발효되다 **legally binding agreement** 법적인 구속력 **production facility** 생산 시설

Unit 09 감사 · 축하하기

Q 다음 말을 영어로 할 수 있나요?

- 귀하의 도움에 감사드립니다.

       your help.

- 귀하의 시간과 노력은 우리 회사에 큰 도움이 되었습니다.

       a great deal to our firm.

- 직접 뵐 수 있어 행복했습니다.

       meet you.

- 당신과 함께 할 수 있어서 정말 즐거웠습니다.

       your company.

- 저희는 귀하를 우리의 파트너로 환영합니다.

       as our partner.

- 승진하신 것을 축하드립니다.

       your promotion.

- 당신이 선발되었다는 것을 알려 드리게 되어 기쁩니다.

       you have been selected.

pattern 064

Thank you for...

~에 감사드립니다

상대방의 사소한 배려를 그냥 지나치지 않고 감사하다는 표현을 하는 것은 아주 중요한 비즈니스 에티켓입니다. 영어권 사람들은 Thank you.와 Sorry.를 지나칠 정도로 자주 사용한다는 것을 기억하세요.

유사 패턴 Many thanks for... | We appreciate... | A big thank you to...

step 1 패턴 집중 훈련

귀하의 도움에 감사드립니다.	**Thank you for** your help.
이해해 주셔서 감사드립니다.	**Thank you for** your understanding.
빠른 회신에 감사드립니다.	**Thank you for** prompt reply.
저희에게 기회를 주셔서 감사드립니다.	**Thank you for** giving us the opportunity.

step 2 리얼 영작 연습

○ Dear Mr. Bieber,
ABC 디지털카메라(제품번호 W-234)를 구매해 주셔서 감사드립니다. Your order will be shipped via UPS early next week. You will receive a shipping confirmation along with a tracking number via email once your order has been shipped. We look forward to serving you again in the future.

→ 비버 씨께
Thank you for your recent order for the ABC digital camera (item # W-234). 주문하신 제품은 다음 주 초에 UPS로 배송될 것입니다. 제품이 발송되면 배송 확인 및 제품 추적 번호를 이메일로 보내 드리겠습니다. 다음 기회에 또 저희 제품을 구매해 주시기를 부탁드립니다.

○ Dear Sir/Madam,
I am Daisy Kim, Senior Advisor at ABC corporation.
I recently came across your research data on China's domestic market and thought it suits our annual report very well. In this regard, we seek your permission to use it. 시간을 내 주신 것과 배려해 주셔서 감사드립니다.

→ 관계자분께
저는 데이지 김이고 ABC 사에서 수석 고문으로 일하고 있습니다.
저는 최근 중국의 내수 시장에 관한 당신의 연구 데이터를 접했고 이것이 우리 회사의 연례 보고서에 아주 잘 맞을 것이라고 생각했습니다. 그래서 이 데이터를 사용하기 위해 당신의 허락을 받고자 합니다. Thank you for your time and consideration.

---

shipping confirmation 배송 확인 **Senior Advisor** 수석 고문 **domestic market** 내수 시장 **annual report** 연례 보고

pattern 065

Your time and efforts contributed to...

귀하의 시간과 노력은 ~에 도움이 되었습니다

시간과 노력을 쏟아 부은 사람에게 감사 인사를 할 때 쓰는 패턴입니다. 이때 to 뒤에는 명사가 와요.

유사 패턴 I appreciate your time and efforts on...

---

step 1 패턴 집중 훈련

귀하의 시간과 노력은 우리 회사의 판매 증가에 도움이 되었습니다.	**Your time and efforts contributed to our company's sales increase.**
귀하의 시간과 노력은 한국 기업에 도움이 되었습니다.	**Your time and efforts contributed to Korean companies.**
귀하의 시간과 노력은 우리 회사에 큰 도움이 되었습니다.	**Your time and efforts contributed a great deal to our firm.**
귀하의 시간과 노력은 우리가 글로벌 시장 상황을 이해하는 데 도움이 되었습니다.	**Your time and efforts contributed to our understanding of the global market situation.**

---

step 2 리얼 영작 연습

○ Dear Ms. Kim,
I would like to take this opportunity to thank you for giving a memorable speech at the 4th international conference on climate change on July 10. 귀하의 시간과 노력은 저희가 개최한 컨퍼런스를 성공적으로 이끄는 데 큰 도움이 되었습니다.
Once again, it was a great pleasure meeting you and I look forward to seeing you in the near future.

→ 김 선생님 귀하
이 기회를 빌려 귀하가 7월 10일 제4회 기후 변화 국제 컨퍼런스에서 인상적인 연설을 해 주신 것에 대한 감사의 말씀을 드리려고 합니다. Your time and efforts contributed a great deal to making our conference a success.
다시 한번, 귀하와 만날 수 있어서 즐거웠다고 말씀 드리고 싶습니다. 가까운 미래에 귀하를 또 뵙게 될 수 있길 기대합니다.

○ Hello Tom,
Congratulations on winning the Employee of the Year Award. ABC 사에서 당신이 쏟아 부은 시간과 노력이 우리 회사의 성공에 많이 기여했다는 것에는 의심할 여지가 없습니다. Congratulations to you again and I wish you unlimited success in the future.

→ 탐 씨, 안녕하세요.
올해의 직원 상을 받게 되신 것 축하드립니다. This leaves no doubt that your time and efforts you put into ABC Corporation contributed a lot to our company's success. 다시 한번 축하드리며 앞으로도 계속 승승장구하시길 바랍니다.

102

pattern 066

It's been a pleasure...

~할 수 있어 행복했습니다

이 패턴의 뒤에는 to부정사나 동명사 모두 사용 가능합니다.

유사 패턴 We have a great pleasure in...

step 1 패턴 집중 훈련

귀하와 함께 일할 수 있어 행복했습니다.	**It's been a pleasure** working with you.
귀하가 목표를 이루는 데 도움을 드릴 수 있어 행복했습니다.	**It's been a pleasure** helping you reach your goal.
직접 뵐 수 있어 행복했습니다.	**It's been a pleasure** to meet you.
귀사를 방문할 수 있어 행복했습니다.	**It's been a pleasure** visiting your company.

step 2 리얼 영작 연습

○ Dear Sir/Madam,
지난 5년간 여러분을 고객으로 모실 수 있어 행복했습니다.
We have achieved sustained sales growth so far and couldn't have done it without loyal customers like you.
We will do our best to satisfy all of our customers. Thank you again for your business.

→ 고객분께
It has been a pleasure serving you for the past five years. 저희가 지금까지 안정적인 판매증가율을 유지해 온 것은 귀하와 같은 충성 고객 없이 불가능한 일이었습니다. 저희는 모든 고객을 만족시키기 위해 최선을 다하겠습니다. 다시 한번 저희 회사와의 거래에 감사드립니다.

○ Dear Britney,
I regret that our two-year technology introduction contract has ended last week.
당신과 일할 수 있어서 즐거웠어요, and I will never forget your kindness and generosity. I hope to see you again one day.

→ 브리트니 씨께
지난주 양사의 2년짜리 기술 도입 계약이 만료된 것이 유감스러워요. **It's been a pleasure working with you,** 그리고 저는 당신의 친절과 배려를 절대 잊지 못할 거예요. 언젠가 다시 볼 수 있었으면 좋겠어요.

---

sales growth 성장세 **loyal customer** 충성 고객 **technology introduction contract** 기술 도입 계약

pattern 067

I really enjoyed...

~이 정말 즐거웠습니다

이 패턴에서 enjoy 뒤에는 명사나 동명사가 따라와요.

유사 패턴 I really had a great time in…

step 1 패턴 집중 훈련

당신과 함께 할 수 있어서 정말 즐거웠습니다.	**I really enjoyed** your company.
저의 새로운 임무가 정말 즐거웠습니다.	**I really enjoyed** my new role.
당신과 이야기할 수 있어서 정말 즐거웠습니다.	**I really enjoyed** talking with you.
비즈니스 네트워킹 만찬에서 정말 즐거웠습니다.	**I really enjoyed** myself at the business networking dinner.

step 2 리얼 영작 연습

○ Hello Adam,
I am writing to express my sincere gratitude to you, your company and your colleagues for making my business trip to Paris memorable. 저는 정말 그곳에 머무르는 것이 즐거웠습니다, and the networking dinner with local businesses arranged by you proved to be a huge success.
Please let me know if you ever want to visit Korea and let's keep in touch.

→ 애덤 씨, 안녕하세요.
저의 파리 출장에 잊지 못할 추억을 만들어 주신 당신과 당신의 회사, 그리고 직장 동료들에게 감사를 드립니다. **I really enjoyed my stay there,** 그리고 당신이 마련해 준 현지 기업들과의 네트워킹 만찬은 아주 성공적이었지요.
혹시 한국에 방문할 일이 있으시면 제게 알려 주세요. 앞으로도 계속 연락하면서 지냈으면 합니다.

○ Dear Sam,
지난주 당신과의 만남은 정말 즐거웠어요. Our meeting was productive and efficiently managed.
Please find attached a meeting outcome report. Please correct me if there is something wrong.

→ 샘 씨에게
I really enjoyed meeting you last week. 회의는 생산적이었고 효율적으로 잘 운영되었어요.
회의 결과 보고서를 첨부하오니 이상이 있으면 고쳐 주세요.

Tips
 company에는 '회사'라는 뜻 이외에도 '(사람과) 함께있음'이라는 뜻이 있어요.

pattern 068

We are pleased to welcome you...

저희는 귀하가 ~하는 것을 환영합니다

welcome은 '환영하다'라는 의미로 쓰입니다.

유사 패턴 We welcome you with open arms...

step 1 패턴 집중 훈련

저희는 귀하가 저희와 관계를 맺는 것을 환영합니다.	**We are pleased to welcome you** to build a relationship with us.
저희는 귀하를 우리의 파트너로 환영합니다.	**We are pleased to welcome you** as our partner.
저희는 귀하를 우리 사무실에 모시는 것을 환영합니다.	**We are pleased to welcome you** to our office.
저희는 귀하가 저희 프로그램에 참여하시는 것을 환영합니다.	**We are pleased to welcome you** to join our program.

step 2 리얼 영작 연습

○ **Dear Mr. King,**
저희 회사의 새로운 판매사로 귀사가 선정된 것을 환영합니다.
Attached are our policies and procedures for ensuring accurate and timely payment of invoices. Be sure to read them carefully and please call or email me directly if you have any questions.

→ 킹 씨께
We are pleased to welcome you as a new vendor for our company. 송장에 대한 대금 지급이 정확하고 늦지 않게 이루어질 수 있도록 저희 회사의 정책과 절차를 첨부합니다. 주의 깊게 읽으시고 질문이 있으시면 저희에게 전화를 하시거나 이메일을 보내 주십시오.

○ **Dear Mr. Kim,**
당신을 젠 사의 인사팀 신규 직원으로 맞이하게 된 것을 환영합니다. **We all look forward to working with you. Welcome aboard.**

→ 김 씨께
We are pleased to welcome you as a new employee to the Human Resources Department at Jen Corporation. 우리 모두는 당신과 함께 일하게 되기를 고대하고 있어요. 같은 팀이 된 것을 환영해요.

Tips
Welcome aboard.는 직역하면 '탑승한 것을 환영한다'라는 뜻인데, 비행기나 배에 탑승한 승객에게뿐만 아니라 직장에서 새로 합류한 팀원에게도 사용하는 표현이에요.

Congratulations on/to...
～을/～에게 축하드립니다

상대방의 경사를 축하할 때 쓰는 패턴입니다. Congratulations의 끝에 's'가 붙는다는 것을 주의하세요. 줄임말로 Congrats라고도 해요. on 뒤에는 축하 사유를, to 뒤에는 축하 받는 사람을 적으면 돼요.

유사 패턴 I give you my hearty congratulations on... | We would like to congratulate you on...

---

step 1 패턴 집중 훈련

김 선생님께 축하드립니다.	**Congratulations to Mr. Kim.**
승진하신 것을 축하드립니다.	**Congratulations on your promotion.**
귀하의 직원들께 축하드립니다.	**Congratulations to your staff.**
새로운 직장을 잡으신 것을 축하드립니다.	**Congratulations on your new job.**

---

step 2 리얼 영작 연습

○ **Dear Stephanie,**
영업 과장으로 승진하신 것 축하드려요. **You have done a great job so far and got what you deserve.**
Best wishes for your continued success.

→ 스테파니 씨,
Congratulations on your promotion to Sales Manager. 지금까지 일을 잘해 왔으니 당연한 결과겠지요. 앞으로 승승장구하시길 바랍니다.

○ **Dear ABC Holding Corporation,**
2013년 포춘 500개 기업 리스트에 처음 진입하게 된 것을 축하드립니다. **It is noteworthy that you posted higher than expected profits last year amid a sluggish economy. As a long-term business partner, we are so proud of you and wish you continued success.**

→ ABC 지주 회사 귀하
Congratulations on making your first appearance on 2013's Fortune 500 list. 지난해 침체된 경제 속에서도 귀사가 기대 이상의 이익을 거두었다는 점은 주목할 만합니다. 당사는 오랜 기간 귀사와 일해 온 파트너로서 이번 소식이 굉장히 자랑스러웠습니다. 앞으로도 계속 승승장구하시길 바랍니다.

Tips Congratulations는 열심히 노력한 결과 얻게 된 성취에 대해 격려하며 건네는 표현이에요. 그래서 생일을 맞은 사람에게는 Congratulations on your birthday.라고 하지 않고 Happy birthday.라고 하죠.

pattern 070

We are pleased to inform you that...

~를 알려 드리게 되어 기쁩니다

좋은 소식을 전할 때 쓰는 패턴이에요. 반대로 슬픈 소식을 전할 때는 We regret to inform you that...패턴을 사용합니다.

유사 패턴 We are happy to inform you that... | We are glad to let you know that...

step 1 패턴 집중 훈련

당신이 선발되었다는 것을 알려 드리게 되어 기쁩니다.	**We are pleased to inform you that** you have been selected.
당신이 인턴십 프로그램에 합격했다는 것을 알려 드리게 되어 기쁩니다.	**We are pleased to inform you that** you have been accepted into our internship program.
우리가 컨퍼런스를 조직하고 있다는 것을 알려 드리게 되어 기쁩니다.	**We are pleased to inform you that** we are organizing the Conference.
당신의 제안을 받아들이기로 결정했다는 것을 알려 드리게 되어 기쁩니다.	**We are pleased to inform you that** we have decided to accept your proposal.

step 2 리얼 영작 연습

○ **Dear Jack,**
귀하가 서울 인터내셔널 사의 채용에 최종 합격하셨다는 사실을 알려 드리게 되어 기쁩니다.
The position we are offering is a Sales Manager at a salary of $50,000 per year. Your working hours will be from 9 a.m. to 5 p.m. each day on weekdays.
We hope that you will accept this job offer and look forward to welcoming you aboard.

→ 잭 씨에게
We are pleased to inform you that you have been selected to work for Seoul International.
저희가 제안하는 직책은 영업 과장직이며, 연봉은 1년에 5만 달러입니다. 근무 시간은 매일 주중 오전 9시부터 오후 5시까지입니다.
귀하가 일자리 제의를 받아들여 주시기를 바랍니다. 입사를 환영합니다.

○ **Dear All,**
HI 사가 한국 정부로부터 올해의 가장 혁신적인 중소기업으로 선정되었음을 알려 드리게 되어 기쁩니다.
Keeping an eye on innovation in every aspect of our business, we have achieved a high level of growth in a short period of time.

→ 모두에게
We at HI Corporation are pleased to inform you that we have been selected as the most Innovative Small and Medium Sized Enterprise of the Year by the Korean government.
사업의 모든 부분에서 혁신에 초점을 맞추며 저희 회사는 단기간에 높은 성장률을 기록할 수 있었습니다.

Unit 09 감사 · 축하하기 107

Q 다음 말을 영어로 할 수 있나요?

- 그가 떠난 것에 놀라고 실망했습니다.

  _____ by his departure.

- 대금 결제 문제가 생겼습니다.

  _____ payment _____ .

- 계약에 오류가 있습니다.

  _____ the contract.

- 저의 염려 사항은 우리에게 그것을 할 권리가 없다는 것입니다.

  _____ we don't have the right to do it.

- 그 회의에 참석하는 것에 반대합니다.

  _____ attend the meeting.

- 세금은 귀하께서 부담해야 합니다.

  The tax will be _____ .

- 약속을 지키지 않으시면 소비자들로부터의 원성을 살 것입니다.

  _____ keep promises _____ customer complaints.

- 귀사의 제품은 샘플에 부응하지 않습니다.

  _____ the samples.

- 귀사의 서비스는 저희의 기준에 미달하였습니다.

  Your service _____ .

정답 ┃ I was surprised and disappointed / I am having, problems / We found an error in / My concern is that / I don't think it is a good idea to / at your expense / Failure to, may result in / Your products do not correspond to / does not meet our requirements

pattern 071
I was surprised and disappointed...

~에 놀라고 실망했습니다

be surprised at...은 '~에 놀라다', be disappointed at/by...는 '~에 실망하다'라는 뜻입니다.

유사패턴 I am writing to express disappointment...

step 1 패턴 집중 훈련

그가 떠난 것에 놀라고 실망했습니다.

I was surprised and disappointed by his departure.

잭의 결정에 놀라고 실망했습니다.

I was surprised and disappointed by Jack's decision.

그 말을 듣고 놀라고 실망했습니다.

I was surprised and disappointed to hear that.

그들이 경쟁자들을 무시하는 말을 했을 때 놀라고 실망했습니다.

I was surprised and disappointed when they put down their competitors.

step 2 리얼 영작 연습

- Dear Jonathan,
  어제 부산항에 도착한 상품에 놀라고 실망했습니다.
  The products do not have features they should have had as per our contract. Please take care of this matter immediately and I look forward to your prompt reply.

→ 조너선 씨,
I was surprised and disappointed by your products which arrived at Busan Harbor yesterday. 계약서에 따라 마땅히 탑재되어 있어야 할 기능이 빠져 있더군요. 즉시 이 문제를 처리해 주시기를 바라며 본 메일에 빠른 회신 부탁드립니다.

- Dear Mr. Richardson,
  어제 저희와의 회의에 불참하신 것에 대해 당신과 당신의 직원들에게 놀랐고 실망했습니다. We have not yet received your reply as well as apologies. If we have trouble getting a hold of you again, we will have to reconsider our plan to do business with you.

→ 리차드슨 씨께
We were very surprised and disappointed with you and your staff for missing our meeting yesterday. 아직 저희는 귀하로부터 사과는 커녕 답변도 듣지 못했습니다. 또 귀하와 연락이 잘 되지 않는 일이 생긴다면 귀사와의 사업 수행도 재고해 봐야 할 것 같습니다.

> **Tips**
> - put down은 '다른 사람을 깎아버리다'라는 뜻이에요.
> - get a hold of는 '~와 연락하다'라는 뜻이에요. 전화나 이메일로 간접적인 연락을 하는 경우에 써요.

I am having... problems.

~의 문제가 생겼습니다.

비즈니스를 할 때 예상치 못한 문제가 생기는 경우 쓸 수 있는 패턴이에요.

유사 패턴 We have some complaints about to...

step 1 패턴 집중 훈련

배송 문제가 생겼습니다.	**I am having delivery problems.**
대금 결제 문제가 생겼습니다.	**I am having payment problems.**
건강 문제가 생겼습니다.	**I am having health problems.**
귀하의 주문과 관련해 문제가 생겼습니다.	**I am having some problems with your order.**

step 2 리얼 영작 연습

○ Dear Sir,

유감스럽지만 배송에 문제가 생긴 것 같습니다.

With regard to order #1234 on September 10, I have only received part of my order and the remaining items are as follows : Laserjet Printer(model A12), 20-inch Computer Monitor(model T23)

I hope the remaining items can be shipped within 3 working days. Thank you.

→ 친애하는 귀하

I am afraid I am having problems with shipping.

9월 10일에 주문한 주문 번호 1234와 관련, 저는 제가 주문한 내역의 일부만을 수령했습니다. 아직 미수령한 물품은 레이저젯 프린터(모델 A12), 20인치 컴퓨터 모니터(모델 T23)입니다.

미수령 물품을 영업일 3일 이내에 받을 수 있으면 좋겠습니다. 감사합니다.

○ Dear Jon,

죄송하지만 개인적인 일로 내일 회의에 불참할 것 같습니다.

I hope I can make this up to you on another day. I will follow up with you within a few days to schedule a meeting. Thank you for your understanding and patience.

→ 존 씨께

I am afraid I am having some personal problems and cannot make it to tomorrow's meeting.

다른 날로 회의를 잡을 수 있으면 좋겠습니다. 며칠 내로 제가 회의 일정 조정 차 연락드리겠습니다. 이해해 주시고 참아 주신 것에 감사드립니다.

remaining item 미수령 물품 **working day** 영업일

pattern 073

We found an error in...

~에 오류가 있습니다

비즈니스 절차상 오류를 발견했을 때 쓸 수 있는 패턴입니다.

유사 패턴 An error has occurred in...

step 1 패턴 집중 훈련

송장에 오류가 있습니다.	We found an error in the invoice.
전기세에 오류가 있습니다.	We found an error in the electric bill.
계약에 오류가 있습니다.	We found an error in the contract.
착수금 기록에 오류가 있습니다.	We found an error in the deposit records.

step 2 리얼 영작 연습

○ Dear Jason,
죄송하지만 공급자 송장에 오류가 있는 것 같습니다. Changes to the VAT rate were not applied to the original one. We have cancelled it in its entirety and have created a new invoice with the correct amount. Please do not make a payment until you receive the corrected invoice. Thank you for your patience.

 제이슨 씨,
I regret to inform you that we found an error in the supplier invoice. 부가세 변동 내역이 원래 송장에 반영이 되지 않았습니다. 저희는 이전 송장을 완전히 취소하고 정확한 금액을 명시한 새로운 송장을 발행하였습니다. 수정된 송장을 받기 전까지는 대금 지급을 미루어 주십시오. 기다려 주셔서 감사드립니다.

○ Hello, Jack.
계약서에 맞춤법 실수가 발견되었다는 것을 알려 드리게 되어 유감입니다. You had typed our company's name as "Taegu" instead of "Daegu." Although we know it is still legally binding, we would like to change our name to the correct spelling.

 잭, 안녕하세요.
We regret to inform you that we found a typographical error in our contract. 저희 회사의 이름을 "Daegu"가 아니라 "Taegu"로 쓰셨네요. 그럼에도 불구하고 계약서가 법적으로 유효하다는 것은 알고 있지만 저희 회사의 이름을 옳은 철자로 바꾸었으면 합니다.

---

electric bill 전기세   **deposit record** 착수금 기록   **supplier invoice** 공급자 송장   **VAT rate** 부가세율

pattern 074

My concern is that...

저의 염려 사항은 ~이라는 것입니다

걱정되는 사안을 언급할 때 The thing is...를 쓰기도 하는데 격식을 차려야 하는 비즈니스 이메일에는 적합하지 않습니다. 대신 My concern is that... 패턴을 쓰면 프로페셔널한 이미지를 줄 수 있죠.

유사 패턴 The problem is...

step 1 패턴 집중 훈련

저의 염려 사항은 우리가 정보를 충분히 가지고 있지 않다는 것입니다.
My concern is that we don't have enough information.

저의 염려 사항은 우리에게 그것을 할 권리가 없다는 것입니다.
My concern is that we don't have the right to do it.

저의 염려 사항은 우리가 결함 제품에 책임을 져야 한다는 것입니다.
My concern is that we are liable for defective products.

저의 염려 사항은 그 프로젝트의 진행 상황이 늦어지고 있다는 것입니다.
My concern is that the project is behind schedule.

step 2 리얼 영작 연습

o Dear Mr. Doe,
This is in reference to the ongoing CNG project.
We are on schedule on this project and meet the technical performance requirements of the contract. 그러나 이 프로젝트 예산이 당초보다 초과될 우려가 있습니다. I am looking for ways to stay within our budget and will get back to you soon.

→ 도 선생님 귀하
현재 진행 중인 CNG 프로젝트에 대해 알려 드립니다.
이 프로젝트는 일정대로 진행되고 있으며 계약서에 명시된 기술적인 성과 요구 사항을 충족하고 있습니다. However, my concern is that the project can cost more than expected. 저는 예산 범위 내에서 운영할 방법을 찾고 있는 중이며, 곧 연락드리겠습니다.

o Good morning, Jane.
Thank you for your email of May 1.
Your suggestion to develop more aggressive marketing strategies is worth considering, 하지만 만약 우리가 연구 개발보다 마케팅에 돈을 더 쓸 경우 시장에서 경쟁력을 잃어버리는 않을지 우려됩니다.

→ 안녕하세요, 제인 씨.
5월 1일 이메일에 감사드립니다. 좀 더 공격적인 마케팅 전략을 개발하자는 당신의 제안은 충분히 재고할 가치가 있어요, but my concern is that if we spend more money on marketing than on R&D, we will end up losing our competitive advantage in the market.

defective product 결함 제품 **within budget** 예산 범위 내 **aggressive marketing strategy** 공격적인 마케팅 전략
R&D 연구 개발 **lose competitive advantage** 경쟁력을 잃다

pattern 075

I don't think it is a good idea to...

~하는 것에 반대합니다

반대 의견을 개진할 때 쓸 수 있는 패턴이에요. 우리말 번역이 같더라도 I think it is not a good idea...라고는 표현하지 않으니 주의하세요. 부정어는 종속절이 아니라 주절에 써요.

유사 패턴 In my humble opinion, it is not a good idea to...

step 1 패턴 집중 훈련

그 회의에 참석하는 것에 반대합니다.
I don't think it is a good idea to attend the meeting.

그 프로젝트를 진행하는 것에 반대합니다.
I don't think it is a good idea to go with the project.

근로자들을 해고하는 것에 반대합니다.
I don't think it is a good idea to lay off employees.

생산 비용을 10% 감축하는 것에 반대합니다.
I don't think it is a good idea to reduce our production cost by 10%.

step 2 리얼 영작 연습

○ Dear Diana,
I am writing to express my view on our company's budget cuts announced last week. Since I am a firm believer that training carries long-term benefits, 교육 예산을 25% 삭감하는 것에 반대합니다. Our employees are our most valuable asset, and proper training will produce happier employees as well as better productivity. I hope you take my suggestion seriously.

→ 다이애나에게
지난주에 발표된 예산 삭감안에 대해 저의 견해를 말씀드리고자 이메일을 보냅니다. 저는 교육이 장기적인 이윤을 가져온다고 굳게 믿고 있기 때문에, **I don't think it is a good idea to slash a training budget by a quarter.** 우리 직원들은 우리 회사의 가장 소중한 자산입니다. 또한 적절한 교육의 시행은 직원들을 더 행복하게 만들어 줄 수 있을 뿐 아니라 생산성도 향상시킬 수 있습니다. 저의 제안을 진지하게 받아 주셨으면 합니다.

○ Dear Mr. Nellson:
I hope all is well with you. I have received your email of May 9 requesting lower prices to reduce your own costs. 그러나 반도체 부품 공급 업체로서 저는 저희 제품의 가격을 더 내리는 것이 좋은 생각이라고 생각하지 않습니다, because lower prices are the root cause of poor quality. I hope you understand our position.

→ 넬슨 씨께
잘 지내시죠. 당사의 비용 절감을 위해 저희에게 낮은 가격을 청구하신 5월 9일 자 이메일 잘 받아 보았습니다. **However, as a component supplier of semiconductors I don't think it is a good idea to reduce our prices further,** 낮은 가격은 낮은 품질을 초래하기 때문입니다. 저희의 입장을 이해해 주셨으면 합니다.

pattern 076

... will be at your expense.

~은 귀하께서 부담해야 합니다.

비용을 누가 부담하느냐를 언급할 때 at our expense라고 하면 우리 측이, at your expense라고 하면 상대방이 금전적인 책임을 지는 것이 됩니다.

유사 패턴 ... will be borne by you.

step 1 패턴 집중 훈련

세금은 귀하께서 부담해야 합니다.	**The tax will be at your expense.**
모든 추가 비용은 귀하께서 부담해야 합니다.	**All excess charges will be at your expense.**
추가적인 배송비는 귀하께서 부담해야 합니다.	**Any additional shipping costs will be at your expense.**
도착하는 국가에서 부과되는 수입세는 귀하께서 부담해야 합니다.	**Import taxes in the destination country will be at your expense.**

step 2 리얼 영작 연습

○ Dear Seoul Corporation,
We regret to inform you that the entire order placed for the model number A876B on April 30 was damaged.
I am returning them immediately to you via DHL and expect a full refund. 반송에 따른 배송비는 귀사의 부담으로 하겠습니다.

→ 서울사 귀하
4월 30일에 주문한 모델 번호 A876B 주문 물품 전체가 손상되었음을 알리게 되어 유감입니다. 저는 DHL을 통해 귀사에 이를 반송하고 전액 환불을 요구드리는 바입니다. **The shipping charge to send them back will be at your expense.**

○ Dear Jessica,
I regret to inform you that our newly installed assembly line has a malfunction this morning. As per our contract, you should send a skilled repairperson to us to repair the machine. 수리공 파견에 따른 모든 경비는 귀사가 지급해야 합니다.

→ 제시카 씨,
오늘 아침 얼마 전에 설치한 새 조립 라인이 작동되지 않았음을 알려 드리게 되어 유감입니다. 계약서에 따르면 귀사는 기계를 수리할 숙련공을 우리 쪽으로 보내셔야 합니다. **All travel expenses for the repairperson will be at your expense.**

shipping cost 배송비 **import tax** 수입세 **full refund** 전액 환불 **malfunction** 오동작 **skilled repairperson** 숙련공

114

Failure to... may result in~

…하지 않으시면 ~하게 될 것입니다

result in…은 '~한 결과를 초래하다', '~로 끝나다'라는 뜻입니다. 그래서 이 패턴은 '…하지 못하면 (failure to…) ~한 결과를 낳게 될 수 있다(may result in…)'라는 뜻으로 쓰여요.

유사 패턴 If you don't..., you will~

step 1 패턴 집중 훈련

약속을 지키지 않으시면 소비자들로부터의 원성을 살 것입니다.

Failure to keep promises may result in customer complaints.

고객 정보를 잘 유지하지 못하시면 법적인 소송을 당하게 될 것입니다.

Failure to keep our client information confidential may result in legal action.

여기서 언급된 위법 사안을 정정하지 않으시면 법적인 책임을 지게 될 것입니다.

Failure to correct the violations addressed here may result in criminal liability.

괜찮은 마케팅 전략을 수립하지 않으시면 이익이 감소하게 될 것입니다.

Failure to come up with a good marketing strategy may result in decreased profits.

step 2 리얼 영작 연습

○ **Dear Customer Relations:**
On February 2, Seoul Corporation placed an order for auto body parts (PO #4569). Unfortunately, we have not yet received the items after 20 days of the order date.
Please be advised; 2월 28일까지 주문한 제품이 도착하지 않으면 더 이상의 통보 없이 바로 법적인 소송을 진행하겠습니다.
I look forward to your reply and a resolution to my concern.

→ 고객 상담실분께
2월 2일 서울사는 자동차 부품(주문 번호 4569)를 주문하였습니다. 그러나 유감스럽게도 주문일로부터 20일이 지난 지금 아직 주문한 제품이 도착하지 않았습니다.
명심해 주십시오. **Failure to ship by February 28 may result in legal action without further notice.**
이 문제에 대한 귀사의 답변과 처리를 부탁드립니다.

○ **Dear Mr. Kim,**
I am afraid our company's new product, JJ300 doesn't get enough media coverage. I googled it but got only 8 results.
JJ300을 홍보하지 않으면 향후 이익이 감소하게 될 것입니다.
It appears to me that we need to arrange an urgent meeting regarding this. Looking forward to your reply.

→ 김 선생님께
저희 회사의 신상품인 JJ300이 언론에 충분히 보도되지 않고 있는 것 같아 우려스럽습니다. 구글에서 찾아보니 8건의 검색 결과밖에 나오지 않았습니다.
Failure to promote our JJ300 may result in a decrease in future profits. 제 생각에는 이 문제와 관련해 긴급회의를 소집하는 것이 좋을 것 같습니다. 답장 부탁드립니다.

Unit 10 불만 제기하기 115

pattern
078

Your products do not correspond to ...

귀사의 제품은 ∼에 부응하지 않습니다

correspond to...는 '∼와 일치하다', '부응하다'라는 의미로, 이때 to 뒤에는 명사가 따라옵니다.

step 1 패턴 집중 훈련

귀사의 제품은 샘플에 부응하지 않습니다.

Your products do not correspond to the samples.

귀사의 제품은 계약에 부응하지 않습니다.

Your products do not correspond to the contract.

귀사의 제품은 우리의 니즈에 부응하지 않습니다.

Your products do not correspond to our needs.

귀사의 제품은 우리의 생산 요구 사항에 부응하지 않습니다.

Your products do not correspond to our manufacturing requirements.

step 2 리얼 영작 연습

○ **Dear ABC International,**
We regret to inform you that we would like to cancel our contract effective immediately. 귀사의 제품은 당사의 높은 안전 기준치에 부응하지 않습니다.
Please acknowledge receipt of this email via email or by telephone. Thank you for your prompt attention to this matter.

→ ABC 사 귀하
유감스럽지만 당사는 귀사와의 계약을 즉시 취소하고 싶습니다. **Your products do not correspond to our high standard of safety.**
이 메일의 수신 여부를 이메일이나 전화로 통보해 주십시오. 이 건에 대한 빠른 대처를 부탁드립니다.

○ **Dear Ms. Lee,**
I am writing to inform you that after careful consideration, AKA Holdings Inc. has decided to concentrate on industrial waste collection and recycling services.
이 점에서 귀사의 제품과 서비스는 저희 회사의 향후 계획과 맞지 않게 되었습니다. **Thank you for your understanding.**

→ 이 선생님께
심사숙고 끝에 AKA 지주 회사는 산업 폐기물 수집과 재활용 서비스 사업에 집중하기로 결정을 내렸다는 것을 알려 드립니다.
In this regard, your products and services do not correspond to our future plans. 이해해 주셔서 감사합니다.

manufacturing requirement 생산 요구 사항 **standard of safety** 안전 기준치 **after careful consideration** 심사숙고 끝에 **industrial waste** 산업 폐기물

pattern 079

... do not meet our requirements.

~은 저희의 기준에 미달하였습니다.

meet는 '(사람을) 만나다'라는 의미 외에도 '요구 사항을 충족시키다', '기준을 맞추다'라는 뜻을 가지고 있습니다. 그래서 meet requirements 하면 '요구 조건을 충족시키다'라는 의미가 되죠.

유사 패턴 Your... have fallen short of our expectations.

---

step 1 🖂 패턴 집중 훈련

귀사의 서비스는 저희의 기준에 미달하였습니다.
Your service does not meet our requirements.

유감스럽게도 귀하의 등록은 저희의 멤버십 기준에 미달하였습니다.
Unfortunately, your registration does not meet our membership requirements.

귀사의 제품은 우리의 안전 최소 기준에 미달하였습니다.
Your products don't meet our minimum requirements for protection.

안타깝게도 귀하께서 제출한 서류는 우리의 현재 기술 품질 조건에 미달하였습니다.
I am afraid that your submission doesn't meet our current technical quality requirements.

---

step 2 🖂 리얼 영작 연습

○ **Dear Mr. Berko,**
This is to confirm that as of May 20, 2013, we will no longer be needing your products and services. We have expected all our suppliers to meet the high standards set out in our Supplier Code of Conduct, but 귀사의 제품은 저희의 품질 기준에 미달하였습니다.
Should you have any further questions about this contract termination, contact us at 82-2-345-6789.

→ 베르코 귀하
2013년 5월 20일 자로 우리 회사는 귀사의 제품과 서비스를 더 이상 이용하지 않을 것이라는 것을 확인드립니다. 저희 회사의 공급자들은 모두 공급 업체 행동 규범에 명시된 높은 기준을 충족해야 합니다. 그러나 your products don't meet our quality requirements. 계약 종료와 관련되어 다른 질문이 있으시면 82-2-345-6789로 연락 주십시오.

○ **Dear Jason,**
Thank you for your suggestion to consider your products.
심사숙고한 결과 저희는 귀사의 태양에너지 발전 제품이 저희의 기준에 맞지 않는다는 점을 알려 드리게 되어 유감입니다. **As indicated, they are cost effective but cannot meet 100% of our energy needs.**

→ 제이슨 씨께
귀사의 제품을 추천해 주신 점 감사드립니다. After careful consideration, we regret to inform you that your solar energy powered products do not meet our requirements. 말씀하신 대로 귀사의 제품은 비용 대비 효율적이지만 저희의 에너지 요구 수준을 100% 맞추지 못할 것 같습니다.

Unit 11

거절 및 사과하기

Q 다음 말을 영어로 할 수 있나요?

- 현재 품절이라는 것을 알려 드리게 되어 유감입니다.

  [   ] we are currently out of stock.

- 유감스럽게도, 미팅을 미뤄야할 것 같습니다.

  [   ] we have to postpone our meeting.

- 죄송하지만 저는 시간이 많이 없습니다.

  [   ] I don't have much time.

- 저희는 귀사의 제품을 구매할 수 없습니다.

  [   ] buy your products.

- 개인정보를 유출하는 것은 저희 회사의 정책에 어긋납니다.

  [   ] reveal any personal information.

- 영광입니다만 저는 거절해야할 것 같습니다.

  [   ] I think I have to say no.

- 귀하의 관심에는 감사드리지만, 우리는 괜찮습니다.

  [   ] we are okay.

- 늦어진 것에 대해 진심으로 사과드립니다.

  [   ] the delay.

- 다시 한번, 지연에 대해 진심으로 사과드립니다.

  [   ] the delay.

pattern 080

We regret to inform you that...

～을 알려 드리게 되어 유감입니다

좋지 않은 소식을 조심스럽게 전할 때 유용하게 쓰이는 패턴이에요.

유사 패턴 I am sorry to tell you that... | It is our regret to inform you that...

step 1 패턴 집중 훈련

이는 저희 회사의 정책에 위반되는 것임을 알려 드리게 되어 유감입니다.	**We regret to inform you that** it is against our policy.
현재 품절이라는 것을 알려 드리게 되어 유감입니다.	**We regret to inform you that** we are currently out of stock.
당신의 제안을 거절하게 되었다는 것을 알려 드리게 되어 유감입니다.	**We regret to inform you that** we have to reject your proposal.
귀하의 요청이 처리될 수 없다는 것을 알려 드리게 되어 유감입니다.	**We regret to inform you that** we are unable to complete your request.

step 2 리얼 영작 연습

○ Dear Customer,
This is in reference to your order placed on March 20 for the K4-BEST. 이 제품에 대한 매우 높은 주문 증가로 일시적으로 품절이 되었다는 것을 알려 드리게 되어 유감입니다.
However, our new shipment will be arriving on April 10 and you will have the highest priority for shipping. I am sorry for any inconvenience this may have caused.

→ 고객님께
본 메일은 3월 20일 K4-BEST 주문 관련 건입니다. We regret to inform you that due to very high demand of this product, we are temporarily out of stock. 그렇지만 4월 10일에 새 물건이 입고될 예정이며, 귀하에게는 배송에 우선권을 부여해 드리겠습니다. 불편을 끼쳐 드린 점에 대해 사과드립니다.

○ Hello Adrian,
실수로 당신이 지난번에 보낸 메일을 삭제해 버렸다는 것을 말씀드리게 되어 죄송합니다. I tried to recover it but it seems like it's gone forever.
I am sorry for your inconvenience, but could you resend me your previous email? Thanks.

→ 애드리언 씨, 안녕하세요.
I regret to inform you that I accidently deleted your last email. 복구해 보려고 했는데 영구 삭제된 것 같아요. 불편을 끼쳐 죄송하지만 지난번 메일을 재전송해 주실 수 있나요? 감사합니다.

out of stock 품절된

Unit 11 거절 및 사과하기 **119**

Unfortunately,...

pattern
081

유감스럽게도, ~

unfortunately는 '유감스럽게도', '상황이 좋지 않아서'의 의미로, 안 좋은 소식을 전할 때 사용됩니다.

유사패턴 It is unfortunate that...

---

step 1 패턴 집중 훈련

유감스럽게도, 미팅을 미뤄야할 것 같습니다.	**Unfortunately, we have to postpone our meeting.**
유감스럽게도, 귀하의 지원이 다음 단계로 진행되지는 못할 것 같습니다.	**Unfortunately, we have decided not to move forward with your application.**
유감스럽게도, 귀사의 제품이 저희의 기대치를 충족시키지 못하였습니다.	**Unfortunately, your products do not meet our expectation.**
유감스럽게도, 우리는 귀하가 제안한 가격을 맞춰드릴 수 없을 것 같습니다.	**Unfortunately, we cannot accept the price you offered.**

---

step 2 리얼 영작 연습

○ Dear Mr. Smith,
Thank you for your bid submitted on August 20 in response to our request for the bridge construction project. 유감스럽게도, 귀하의 제출서는 본 프로젝트에 채택되지 않았습니다. However, we will add your company name to our bidders' list for other similar projects. Thank you for giving us the opportunity to review your proposal.

→ 스미스 귀하
당사의 요청에 따라 다리 건설 프로젝트 입찰서를 8월 20일 제출해 주신 것에 감사드립니다. **Unfortunately, your proposal was not chosen for inclusion in this project.** 그러나 저희는 다른 유사 프로젝트를 위해 귀사를 입찰 회사 명단에 등록하겠습니다. 저희에게 귀사의 제안서를 검토할 기회를 주신 것에 대해 감사를 드립니다.

○ Dear Jimmy,
Thank you very much for considering me as a speaker for your upcoming seminar on June 1. Your invitation was a flattering surprise, 그러나 유감스럽게도 저는 그날 회의가 있습니다. I cannot change the meeting date because many people are involved.
Sorry I can't make it and I wish you success for the event.

→ 지미 씨께
6월 1일 세미나에서 저를 연사로 생각해 주신 것에 대해 정말 감사드립니다. 당신의 초청은 제게 과분하면서도 깜짝 놀랄 만한 것이었어요, **but unfortunately, I have a meeting on that day.** 많은 사람이 관련된 것이라서 회의 일정을 조정할 수 없어요.
참석하지 못해 죄송합니다. 행사 성공적으로 잘 마무리하길 바랄게요.

120

pattern 082
I am afraid that...

죄송하지만 ~

거절을 할 때 앞에 이 패턴을 붙이면 좀 더 공손하고 상대방의 마음을 배려하는 듯한 인상을 남길 수 있습니다.

유사 패턴 I am sorry, but... | You might be disappointed to hear that...

step 1 패턴 집중 훈련

죄송하지만 저는 시간이 많이 없습니다.
I am afraid that I don't have much time.

죄송하지만 신용카드 결제는 안 됩니다.
I am afraid that I don't take credit card.

죄송하지만 내일 귀하를 만나기가 힘듭니다.
I am afraid that I won't be able to meet you tomorrow.

죄송하지만 귀하가 주문하신 상품은 현재 품절입니다.
I am afraid that the product you ordered is currently out of stock.

step 2 리얼 영작 연습

○ **Dear Mr. Porter,**
죄송하지만 3월 15일부로 귀하의 미결재액 1백만 달러의 지불 기한이 만료되었습니다, **and we are still awaiting your payment on your purchase order #91098.**
Your prompt attention to this matter would be greatly appreciated. Please disregard this reminder if payment has been already made.

 포터 귀하
I am afraid that your account balance of $1,000,000 was overdue as of March 15, 저희는 귀하의 주문장 번호 91098의 대금 지급을 기다리고 있습니다.
이 건과 관련해 빠른 조치를 부탁드립니다. 결제가 이미 이루어졌다면 이 메일을 무시하셔도 됩니다.

○ **Dear Mr. McCarthy,**
8월 9일 자 당신의 이메일 관련, 죄송하지만 저희는 함께 사업을 하자는 당신의 제안을 받아들일 수 없을 것 같습니다.
We plan on forging a joint venture with a Chinese company to develop a Chinese customer base, but your focus seems to be on the North American market. Although I have to turn down your offer this time, I wish you continued success in the future.

맥카시 씨에게
With regard to your email of August 9, I am afraid that we won't be able to accept your proposal to do business together.
저희는 중국 소비자층을 발굴하기 위해 중국계 기업과 공동 벤처를 계획하고 있는데 귀사는 북미쪽 시장에 주력하는 것 같습니다. 비록 이번에는 당신의 제안을 거절하지만 앞으로 하시는 일이 계속 성공하시기를 빌겠습니다.

purchase order 주문장 **overdue** 만료된 **turn down** 거절하다

We are unable to...

저희는 ~할 수 없습니다

pattern 083

We are able to...는 '저희는 ~을 할 수 있습니다'이고 반대로 We are unable to...는 '저희는 ~을 할 수 없습니다'라는 뜻입니다.

유사 패턴 We won't be able to...

---

step 1 패턴 집중 훈련

저희는 귀사의 제품을 구매할 수 없습니다.	**We are unable to** buy your products.
저희는 증거를 제출할 수 없습니다.	**We are unable to** provide evidence.
저희는 당신의 요구사항을 충족시켜 드릴 수 없습니다.	**We are unable to** meet your requirements.
저희는 귀사와 파트너십을 고려할 수 없습니다.	**We are unable to** consider partnerships with you.

---

step 2 리얼 영작 연습

○ **Dear Stevenson,**
유감스럽지만 다리 건설 프로젝트에 대한 귀사의 파트너십 제안을 현재로는 받아들일 수 없을 것 같다는 말씀을 드립니다. However, we hope this could lay a foundation for the possible future collaborations on other similar projects. Thank you for your interest in our project.

→ 스티븐슨 귀하
We regret to inform you that we are unable to accept your company's partnership proposal on the bridge construction project at the moment.
그렇지만 이 일이 계기가 되어 앞으로 유사 프로젝트가 진행될 경우 미래에 귀사와 협력을 할 수 있으면 합니다. 저희 프로젝트에 관심을 가져 주신 점에 대해 감사의 말씀을 드립니다.

○ **Dear Mike,**
예상치 못한 정전으로 오늘 할당된 생산량을 채울 수 없다는 보고를 드리게 되어 유감입니다. Our factory was shut down and employees were sent home. We will resume business as usual when the power comes back on.

→ 마이크 씨께
I regret to inform you that we are unable to meet today's production quota due to an unexpected blackout. 우리 공장은 문을 닫았고 직원들은 퇴근했습니다. 전기가 다시 들어오면 정상적으로 공장을 가동하겠습니다.

Tips
business as usual은 회사의 '정상 영업'이나 '평범한 일상생활'을 가리키는 표현이에요.

122

pattern 084

It is against our policy (to)...

~은 저희 회사의 정책에 어긋납니다

against는 '~에 반하는', '반대되는'이라는 뜻으로, 이 패턴은 회사의 정책에 위반되는 무리한 고객 요구를 거절할 때 쓸 수 있어요.

유사 패턴 ... go against our policy.

step 1 패턴 집중 훈련

그것은 저희 회사의 반송 정책에 어긋납니다.	**It is against our return policy.**
개인정보를 유출하는 것은 저희 회사의 정책에 어긋납니다.	**It is against our policy to reveal any personal information.**
허락 없이 신용 카드를 발급하는 것은 저희 회사의 정책에 어긋납니다.	**It is against our policy to issue a credit card without permission.**
반품된 물품을 환불해 드리는 것은 저희 회사의 정책에 어긋납니다.	**It is against our policy to give refunds for returned goods.**

step 2 리얼 영작 연습

○ Dear Customer,
I refer to your email of July 30 in which you stated goods delivered were defective.
I regret to inform you that we will be under no liability for any defects in the goods. All of our products are certified as meeting commercial certification prior to shipment.
따라서 배송된 제품을 교환해 드리는 것은 저희 회사의 정책에 어긋납니다. Thank you for your understanding.

→ 소비자 귀하
7월 30일 배송된 제품이 손상되었다는 귀하의 이메일과 관련된 내용입니다.
유감스럽지만 저희는 상품의 어떠한 결함에도 책임이 없습니다. 저희 회사의 모든 제품은 배송 전에 상품 기준 규격에 적합한지에 대해 증명됩니다. Therefore, it is against our policy to return any products delivered. 이해해 주셔서 감사드립니다.

○ Dear Diana,
It was so sweet of you to send me a present. I really appreciate your kindness.
그러나 죄송하지만 판매업자나 공급 업체로부터 선물을 받는 것은 저희 회사의 정책에 어긋나는 일입니다. As part of our efforts to avoid a conflict of interest, all employees must abide by no-gifts-of-any-kind policy. I am returning the present you mailed to me via express mail today and I hope you understand my situation.

→ 다이애나 씨에게
제게 선물을 보내 주시다니 너무 친절하세요. 진심으로 당신의 친절함에 감사를 드립니다. However, I am afraid it is against our policy to accept presents from vendors or suppliers. 이해관계의 충돌을 예방하고자 하는 저희 회사 노력의 일환으로, 모든 직원들은 선물 일절 금지 정책을 따라야 해요. 당신이 보내 주신 선물은 오늘 특급 우편으로 반송했습니다. 제 상황을 이해해 주셨으면 좋겠습니다.

pattern 085

Although I am flattered...

영광입니다만 ~

flatter는 '아첨하다', '과대평가하다'라는 뜻으로, 칭찬을 들었을 때 I'm flattered.라고 하면 '과찬이세요.'라는 겸손의 의미가 되죠. 이 패턴은 과분한 칭찬이나 분에 넘치는 제의를 받았을 때 사용합니다.

유사 패턴 Although I am honored by...

---

step 1 🎯 패턴 집중 훈련

영광입니다만, 저는 거절해야 할 것 같습니다.

Although I am flattered, I think I have to say no.

이 초대가 영광입니다만 수락할 수 없습니다.

Although I am flattered by this invitation, I cannot possibly accept it.

관심을 가져 주신 것은 영광입니다만 저는 지금 더 큰 기회를 찾고 있지 않습니다.

Although I am flattered by your interest, I am not looking for a bigger challenge now.

저에게 조언을 청하신 것은 영광입니다만 저는 조언을 해 드릴 만한 자격이 없습니다.

Although I am flattered that you have asked for my advice, I am not close to be qualified to provide advice.

---

step 2 🎯 리얼 영작 연습

○ Hello Jane,
I have received your request for advice today and hope you will understand if I decline.
그런 요청은 제게 영광이긴 하지만, 저는 당신의 질문에 대답할 자질이 못 돼요. **However, my boss, John Doe, has a thorough understanding of the issues and remarkable ability to deal with difficult situations. If you wish, I can refer you to him. I wish you the best of luck in your decision.**

→ 제인 씨, 안녕하세요.
오늘 저의 조언을 구하는 당신의 요청을 잘 받았어요. 하지만 제가 그 요청을 거절한다고 해도 당신이 이해해 줄 거라고 믿어요.
Although I am flattered by your request, I don't feel qualified to answer your questions. 반면 저의 상사인 존 도 씨는 그 문제에 대해 깊은 이해를 하고 있고, 어려운 상황을 다룰 수 있는 놀라운 능력을 갖고 있는 분이에요. 원하신다면 제가 존 도 씨를 연결시켜 드릴 수 있어요. 결정하는 것이 다 잘 되길 바랄게요.

○ Dear Human Resources Director,
Thank you very much for offering me the position of Senior Engineer with Hush Corporation.
제게는 영광입니다만 부장님의 제안을 거절해야 할 것 같아 유감스럽습니다. **Thank you again for taking the time to consider my candidacy.**

→ 인사팀 부장님께
제게 허쉬 사의 선임 엔지니어직을 제안해 주신 것에 대해 정말 감사드립니다.
Although I am flattered, I regret to tell you that I must decline your offer. 저의 채용 건에 시간을 내어 주신 것에 대해 다시 한번 감사드립니다.

124

pattern 086

We appreciate your concern, but...

귀하의 관심에 감사드리지만, ~

We appreciate your concern... 뒤에는 주로 부정적인 말이 와서 상대방의 제의를 거절할 때 씁니다.

유사 패턴 Thank you for your concerns, but...

---

step 1 패턴 집중 훈련

귀하의 관심에는 감사드리지만, 우리는 괜찮습니다.	We appreciate your concern, but we are okay.
귀하의 관심에는 감사드리지만, 우리는 그 프로젝트를 그만두기로 결정했습니다.	We appreciate your concern, but we have decided not to continue the project.
귀하의 관심에는 감사드리지만, 이것이 우리가 하고자 하는 바입니다.	We appreciate your concern, but this is what we are going to do.
귀하의 관심에는 감사드리지만, 우리는 다른 계획을 선택하겠습니다.	We appreciate your concern, but we will go with the other plan.

---

step 2 리얼 영작 연습

○ Hello Kevin,
Thank you for your comments on January 10 on our marketing strategy. 귀하께서 보여 주신 관심에는 감사드리지만 신상품 출시를 늦추라는 귀하의 제안을 받아들일 수는 없을 것 같습니다. We are already moving forward on finalizing it. Thank you again for your concern regarding this matter and I look forward to more feedback from you in the future.

→ 케빈 씨, 안녕하세요.
1월 10일에 저희 회사 마케팅 전략에 대해 조언을 주셔서 감사했어요. We appreciate your concern very much, but I am afraid that your suggestion to postpone new product launches is not likely to be taken into consideration. 이미 마무리 단계에 있거든요. 다시 한번 이 문제에 보내주신 관심에 감사드리며 앞으로 더 많은 피드백을 보내 주시길 기대합니다.

○ Dear Mr. Smith,
I am writing with regard to your email of June 20 to request an interview with Jay Park, founder and CEO of our company. 귀하의 관심은 감사하지만 사장님은 추후 공지가 있을 때까지 약속을 잡으실 수 없습니다. because his doctor ordered him to rest at home. I hope you understand his situation.

→ 스미스 씨께
저희 회사의 설립자이자 CEO인 제이 박 사장님과의 인터뷰를 요청하신 6월 20일 자 이메일에 답변을 드립니다.
We appreciate your concern, but Mr. Park will not be available until further notice 의사가 집에서 안정을 취하라고 했기 때문입니다. 상황을 이해해 주실 거라 믿습니다.

We sincerely apologize for...

~에 대해 진심으로 사과드립니다

비즈니스를 할 때 함부로 사과를 하면 잘못을 인정한 것이 되어 추후에 법적인 책임을 물어야 할 수도 있습니다. 그렇다고 해서 명백한 잘못이 드러난 사실에도 사과를 하지 않고 버티면 거래 파트너로부터 신뢰를 잃는 우를 범할 수도 있으니 주의해야겠죠.

유사 패턴 My apologies to you for... | Please accept our apologies for...

step 1 패턴 집중 훈련

늦어진 것에 대해 진심으로 사과드립니다.	**We sincerely apologize for** the delay.
적절한 시기에 답변을 드리지 못한 점에 대해 진심으로 사과드립니다.	**We sincerely apologize for** not responding in a timely manner.
그 소식을 더 빨리 전해 드리지 못한 것에 대해 진심으로 사과드립니다.	**We sincerely apologize for** not advising you of the information earlier.
불편을 끼친 것에 대해 진심으로 사과드립니다.	**We sincerely apologize for** any inconvenience this may cause.

step 2 리얼 영작 연습

○ Dear Mr. Simpson:
결점 있는 상품을 배송한 것에 대해 진심으로 사과드립니다. All of our products undergo rigorous testing before shipping. However, in rare instances, a product can be defective. Please return the defective item to us within 30 days of delivery. We will immediately send you a replacement product upon receipt.

→ 심슨 귀하
We sincerely apologize for the defective products you received. 저희 회사의 모든 제품은 배송 전에 엄격한 테스트를 거칩니다. 하지만 드물게 상품에 결함이 생길 수 있습니다.
제품을 받으신 후 30일 이내에 저희에게 결함 상품을 반송해 주시면, 수령 즉시 상품을 교환해 드리도록 하겠습니다.

○ Dear all:
We regret to inform you that Hakim Corporation will be closing permanently on June 1, 2013. Due to decreased domestic demand, we have experienced significant losses and therefore are unable to continue operations.
이 점으로 불편을 드린 것에 대해 진심으로 사과드립니다.

→ 모두에게
하킴 사는 2013년 6월 1일 자로 문을 닫게 되었다는 것을 알려 드립니다. 내수 수요가 줄은 탓에 엄청난 손실을 기록했고, 이에 따라 계속해서 영업하는 것이 불가능하게 되었습니다.
We sincerely apologize for any inconvenience this have caused you.

in a timely manner 적절한 시기에 **rigorous testing** 엄격한 테스트 **defective product** 결점 있는 상품

pattern 088
Once again, my sincerest apologies for...
다시 한번, ~에 대해 진심으로 사과드립니다

사과를 해야 할 때는 확실하게 해야 합니다. 이메일을 시작할 때 한 번, 그리고 끝날 때 한 번 거듭 용서를 구해야 하죠. 이 패턴은 이메일을 마무리하면서 한 번 더 사과를 할 때 쓰는 표현입니다.

유사 패턴 I hope my apologies for...are accepted.

---

step 1 패턴 집중 훈련

다시 한번, 지연에 대해 진심으로 사과드립니다.
Once again, my sincerest apologies for the delay.

다시 한번, 늦은 답장에 대해 진심으로 사과드립니다.
Once again, my sincerest apologies for the late reply.

다시 한번, 모든 실수에 대해 진심으로 사과드립니다.
Once again, my sincerest apologies for any errors.

다시 한번, 불편을 끼쳐 드린 점에 대해 진심으로 사과드립니다.
Once again, my sincerest apologies for any inconvenience caused.

---

step 2 리얼 영작 연습

○ Dear Mr. Stevenson,
We regret to inform that your order was packaged incorrectly. Please return the item back to our warehouse, and we will send you the correct one as soon as possible.
다시 한번, 불편을 끼친 점에 대해 진심으로 사과드립니다.

→ 스티븐슨 씨께
귀하의 주문이 잘못 포장되었음을 알려 드리게 되어 유감입니다. 저희 회사의 물류 창고로 배송된 물건을 반송해 주시면 맞는 상품을 빠른 시일 내에 보내 드리겠습니다.
Once again, our sincerest apologies for any inconvenience.

○ Dear Purchasing Manager,
I am afraid I have noticed there is a word missing in the final version of our contract. I would like you to take a look at it and determine whether it is big enough to cause a dispute.
다시 한번 불편을 끼쳐 드린 점에 대해 사과드립니다.

→ 구매 과장님께
죄송하지만 우리 최종 계약서에 단어 하나가 빠진 점을 발견했습니다. 한 번 보시고 이것으로 논쟁이 될 수 있을지를 판단해 주세요.
Once again, my sincerest apologies for the inconvenience this may have caused you.

---

warehouse 물류 창고   **cause a dispute** 논쟁을 야기하다

Unit 12 해명하기

Q 다음 말을 영어로 할 수 있나요?

- 몇 가지를 명확하게 말씀드리고 싶습니다.

                 a couple of things.

- 제가 보내 드린 이메일에 오해가 있는 것 같습니다.

                 my email.

- 예상치 못한 날씨 탓에 회의를 취소해야 했습니다.

                 weather conditions, we had to cancel our meeting.

- 우리가 최선을 다했음에도 불구하고, 그 일은 가능성이 없어 보입니다.

                 , it is not probable.

- 우리는 당신의 제안을 거절할 수밖에 없습니다.

                 decline your offer.

- 우리 회사 판매 감소의 이유는 높은 고객 이탈율 때문입니다.

                 our company's sales decrease

  a high churn rate.

정답 _ Please allow me to clarify / There may have been some misunderstanding about / Due to unexpected / In spite of our best efforts / We will have no choice but to / The reason for, is

Please allow me to clarify...

~을 명확하게 말씀드리고 싶습니다

clarify는 '분명하고 명확하게 말하다'라는 뜻의 동사입니다. 대화 중에 분명하게 전달되지 않은 사안이 있다면 이 패턴을 써서 확실하게 마무리지어야겠지요.

유사 패턴 I would like to clarify certain points regarding... | We owe you an explanation for...

step 1 패턴 집중 훈련

몇 가지를 명확하게 말씀드리고 싶습니다.	**Please allow me to clarify a couple of things.**
제 발언을 명확하게 말씀드리고 싶습니다.	**Please allow me to clarify my comment.**
이 문제를 더 명확하게 말씀드리고 싶습니다.	**Please allow me to clarify this matter further.**
명단상의 실수에 대해 명확하게 말씀드리고 싶습니다.	**Please allow me to clarify errors on the list.**

step 2 리얼 영작 연습

○ Dear Ms. Chen,
Thank you for your letter of July 10; 저희의 실수를 명확하게 말씀드리고 싶습니다.
Apparently, your payment was received in a timely fashion, but a bank has accidently credited it to the wrong account. You will soon receive a full refund including the amount of the payment plus any charges you will pay as a result.
We hope that it did not cause too much of an inconvenience.

→ 첸 씨,
7월 10일에 보내 주신 귀하의 이메일에 감사드립니다. Please allow me to clarify our error.
귀하의 대금 결제는 즉시에 이루어진 것이 확인되었습니다. 하지만 은행의 실수로 그 대금이 잘못된 계좌로 입금되었습니다. 곧 대금과 이에 따른 추가 비용에 해당하는 금액을 전액 환불 받으실 것입니다. 이 일로 인해 불편을 끼쳐 드려 죄송합니다.

○ Dear James,
양사의 계약서를 한 부 더 요청하고 왜 한 부 더 필요한지를 명확하게 설명드리고 싶습니다.
We had kept it for our records but have misplaced it. Could you please mail a copy to our office address: 3 Seoul Avenue, Seoul 123456. Sorry for the inconvenience.

→ 제임스 씨께
Please allow me to request one more copy of our contract and to clarify why we need another copy.
저희가 보관용으로 한 부를 가지고 있었는데 어디에 있는지 찾지 못하고 있습니다. 저희 사무소 주소 서울 123456 서울길 3으로 한 부 보내 주실 수 있으신가요? 불편을 끼쳐 드려 죄송합니다.

pattern 090

There may have been some misunderstanding (about)...

~에 오해가 있는 것 같습니다

misunderstanding은 '오해', '착오'라는 뜻입니다. 비즈니스상 서로 간에 오해가 있을 때는 이 패턴을 써서 꼭 풀어야겠지요.

유사 패턴 ... was misunderstood. | Please allow me to clarify...

---

step 1 패턴 집중 훈련

그 문제에 오해가 있는 것 같습니다.
There may have been some misunderstanding about the problem.

제가 보내 드린 이메일에 오해가 있는 것 같습니다.
There may have been some misunderstanding about my email.

저의 발언에 오해가 있는 것 같습니다.
I think there may have been some misunderstanding about my comment.

죄송하지만 문화적인 오해가 있는 것 같습니다.
I am afraid there may have been some cultural misunderstanding.

---

step 2 리얼 영작 연습

o Dear Mr. Hampson,
Thank you for your prompt reply. 그러나 3월 10일에 보낸 저의 이메일 내용에 오해가 있는 것 같습니다. The seminar on March 20 is cancelled. Instead, the seminar will be held sometime in May. I will follow up with you on this soon.

→ 햄슨 귀하
빠른 회신에 감사드립니다. However, I am afraid that there may have been some misunderstanding about my email of March 10.
3월 20일 자 세미나는 취소되었습니다. 대신 세미나는 5월 중에 개최될 예정입니다. 변경 사항에 대해 곧 다시 연락드리겠습니다.

o Dear Ms. Brown,
I sincerely apologize for hurting your feelings during yesterday's meeting. 제 말에 오해가 있었던 것 같습니다, and I really didn't mean it. If you find it nosy, I apologize. I hope you accept my apologies.

→ 브라운 씨께
어제 회의에서 당신의 기분을 상하게 한 점에 대해 진심으로 사과드립니다.
There was a misunderstanding about what I said, 그리고 그 말은 진심이 아니었어요. 제가 너무 참견하는 듯 느껴지셨다면 사과드립니다. 제 사과를 받아 주셨으면 합니다.

---

prompt reply 빠른 회신

pattern 091

due to unexpected...
예상치 못한 ~ 탓에

due to는 '~때문에'라는 뜻의 전치사구인데 뒤에 원인을 나타내는 명사를 써서 '~해서 …했다'라는 의미의 인과관계를 표현할 수 있습니다.

유사패턴 Because of unexpected...

step 1 패턴 집중 훈련

예상치 못한 상황 탓에 보증금을 돌려 드릴 수가 없었습니다.

Due to unexpected circumstances, I was unable to refund your down payment.

예상치 못한 날씨 탓에 회의를 취소해야 했습니다.

Due to unexpected weather conditions, we had to cancel our meeting.

예상치 못한 오류 탓에 소프트웨어가 설치되지 않았습니다.

The software was not installed **due to unexpected** errors.

예상치 못한 상황 탓에 새로운 운영체계의 도입 시기를 다시 늦출 수밖에 없습니다.

Due to unexpected circumstances, we have again delayed the launch of our new operating system.

step 2 리얼 영작 연습

○ Dear Participants,
예상치 못한 날씨 탓에 2013 기후 변화 컨퍼런스가 일주일 연기 되었습니다. The new schedule is as follows: Monday March 10, 2013. 9:00 a.m.-5:00 p.m. Should you have any questions, please contact us.

→ 참가자 여러분께
Due to unexpected weather conditions, the 2013 Climate Change Conference has been delayed for one week. 새로운 스케줄은 다음과 같습니다. 2013년 3월 10일 월요일, 오전 9시~오후 5시. 질문이 있으시면 저희에게 연락 주시기 바랍니다.

○ Hello Jim,
예상치 못한 경기 침체로 올해 우리 회사의 수주가 목표치인 백오십만 달러에서 겨우 70%를 기록했습니다.
We have to come up with ways to see more orders in the future.

→ 짐 씨, 안녕하세요.
Due to unexpected economic downturn, the orders we won this year fell short of this year's target of $1,500,000, with only 70 percent of the goal achieved. 앞으로 수주를 증가시킬 방안에 대해 생각을 해 보아야 해요.

---

refund 환불하다 **down payment** 보증금 **operating system** 운영체계 **come up with** 생각해 보다

In spite of our best efforts,...

우리가 최선을 다했음에도 불구하고, ~

in spite of...는 '~에도 불구하고'라는 뜻이에요. 노력을 다했지만 결과가 좋지 않았을 때 이 패턴을 사용할 수 있죠.

유사패턴 Even though we made efforts...

step 1 패턴 집중 훈련

우리가 최선을 다했음에도 불구하고, 그 일은 가능성이 없어 보입니다.
In spite of our best efforts, it is not probable.

우리가 최선을 다했음에도 불구하고, 그 일은 잘 되지 않았습니다.
In spite of our best efforts, it didn't work out.

우리가 최선을 다했음에도 불구하고, 문제는 해결되지 않았습니다.
In spite of our best efforts, we couldn't solve problems.

우리가 최선을 다했음에도 불구하고, 우리는 계속해서 시장 점유율을 증가시키지는 못했습니다.
In spite of our best efforts, we couldn't continue to increase market share.

step 2 리얼 영작 연습

o **Dear Jack,**
우리가 최선을 다했음에도 불구하고 명시된 마감일까지 천연가스 프로젝트를 마치지 못한 점에 대해 진심으로 사과드립니다. **I hope you extend the deadline to October 10. Thank you so much for your consideration.**

→ 잭 씨에게
Please accept our deepest apologies for not finishing the natural gas project by the specified deadline in spite of our best efforts. 마감일을 10월 10일까지로 연장해 주시길 부탁드립니다. 귀하의 배려에 정말 감사드립니다.

o **Dear Mr. Taylor,**
I am writing to let you know our possible delivery problems in the future.
저희가 최선을 다했음에도 불구하고 저희가 배송하는 물품이 손상되거나 결함이 생길 수 있습니다. **Or the delivery can also be incorrect quantity. However, we do not have liability for any delivery problems unless your claim is notified in writing within 30 business days of the receipt of goods.**

→ 테일러 씨에게
앞으로 일어날 수 있는 배송 문제에 대해 알려 드리려고 메일을 씁니다.
In spite of our best efforts, goods we deliver could be damaged or defective. 아니면 배송 물품의 수량이 잘못될 수도 있습니다. 그러나 상품 수령 후 영업일 30일 이내에 서면으로 불만을 접수하지 않으면 저희 회사는 배송 문제에 어떠한 책임도 질 수 없습니다.

pattern 093

We will have no choice but to...

우리는 ~할 수밖에 없습니다

이 패턴은 '~ 이외에는 선택의 여지가 없다', '어쩔 수 없이 ~을 해야 한다'라는 의미입니다. 상대방의 마음을 다치지 않게 하고 거절을 하거나 피치 못할 상황에서 상대방의 양해를 구해야 할 때 사용합니다.

유사 패턴 We can't help but...

step 1 패턴 집중 훈련

우리는 당신의 제안을 거절할 수밖에 없습니다.	**We will have no choice but to decline your offer.**
우리는 미팅을 취소할 수밖에 없습니다.	**We will have no choice but to cancel our meeting.**
우리는 그 프로젝트를 연기해야 할 수밖에 없습니다.	**We will have no choice but to put the project on hold.**
우리는 마감일을 연기할 수밖에 없습니다.	**We will have no choice but to extend the deadline.**

step 2 리얼 영작 연습

○ Dear Ms. Kim,
I am writing to confirm that as of September 30, 2013, we would like to terminate the contract between us without further recourse by either party. 저희는 다른 음식 서비스 업체를 이용할 수밖에 없습니다, as we feel that your price is unreasonable. Enclosed is our final payment on the balance of $100,000 as per our contract. I would like to thank you for your professional work so far.

→ 김 선생님께
2013년 9월 30일 자로, 쌍방의 계약을 무소구 조건으로 종료하고 싶다는 내용을 확정하기 위해 글을 씁니다.
우리는 귀사의 가격이 높다고 생각하기 때문에, **We will have no choice but to employ another catering service.** 우리의 계약서에 명시된 대로 10만 달러의 잔금에 해당하는 마지막 대금 지급액을 동봉합니다. 지금까지 귀사의 전문적인 업무 수행에 대해 감사드립니다.

○ Dear Staff:
As you are aware, the recent economic recession has adversely affected our business. 현금 유동성 문제를 해결하기 위해서 저희는 직원들의 급여를 삭감할 수밖에 없습니다. Therefore, I am asking you to accept a 5% pay cut. Your understanding in this matter is greatly appreciated.

→ 직원 여러분
여러분도 아시다시피 최근 경기 침체가 저희 회사의 사업에 악영향을 끼쳤습니다. **To handle cash flow problems, we will have no choice but to reduce employee's salaries.** 그래서 여러분에게 5%의 임금 삭감을 수용해 달라는 청을 드립니다. 이 문제에 대해 양해 부탁드립니다.

The reason for... is~

…의 이유는 ~ 때문입니다

이유를 설명할 때 쓰는 패턴으로, is의 뒤에는 명사나 that절이 따라와요.

유사 패턴 It is because...

step 1 패턴 집중 훈련

우리 회사 판매 감소의 이유는 높은 고객 이탈율 때문입니다.

The reason for our company's sales decrease **is** a high churn rate.

우리가 계약을 종료한 이유는 귀사가 법을 따르지 않았기 때문입니다.

The reason for the termination of our contract **is** that your company doesn't comply with the law.

이러한 행동의 이유는 우리가 구제 금융을 신청했기 때문입니다.

The reason for this action **is** that we applied for a bailout.

경기 회복의 속도가 느린 이유는 밝혀지지 않았습니다.

The reason for the slow economic recovery **is** unknown.

step 2 리얼 영작 연습

○ Dear Jane,
As you are aware, the currently awarded period on the market research service contract is due to expire on December 31, 2010. However, we hereby requests that the contract be extended to May 31, 2011. 이러한 요청의 이유는 조사 업무를 더 수행하는 데 시간이 부족하기 때문입니다. If this is acceptable, please indicate your acceptance by signing below and returning the original document to us no later than November 30.

→ 제인 씨에게
당신도 아시겠지만, 시장 리서치 서비스 계약이 2010년 12월 31일 자로 만료될 예정입니다. 그러나 저희는 2011년 5월 31일까지로 본 계약의 연장을 요청드립니다. **The reason for this request is time constraints on further research.** 만일 승인하신다면, 11월 30일까지 아래에 서명해서 원본을 저희에게 보내 주십시오.

○ All:
I am writing to inform you that Michael Doe will be no longer with us effective December 31, 2013. 퇴사의 이유는 다른 회사로부터 오퍼를 받았기 때문이에요. We will have to redistribute our tasks and consider whether getting temporary staff to cover his task is necessary later through a team meeting.

→ 모두에게
마이클 도 씨가 2013년 12월 31일 자로 우리 회사에서 퇴직하게 됨을 알려 드립니다. **His reason for leaving our company is that he got an offer from another company.** 팀 회의를 통해서 각자 담당 업무를 재분배하고, 마이클 씨의 업무를 소화할 임시직을 뽑아야 할 것인지의 여부에 대해 생각해 봐야 할 것 같습니다.

PART
3

정보 교환 및 거래하기

Unit 13

정보 주고받기

Q 다음 말을 영어로 할 수 있나요?

- 배송일을 알려 드리겠습니다.

  _____ the shipping date.

- 저는 귀하로부터 어떠한 대답도 듣지 못했습니다.

  _____ no response from you.

- 지난주에 그것을 특급 우편으로 보냈습니다.

  _____ it last week.

- 제 보고서를 첨부하였습니다.

  _____ my report.

- 대금 결제 최종액을 수표로 동봉합니다.

  _____ a check of the final settlement.

- 위에서 보시다시피, 우리 팀은 지금껏 잘해 왔습니다.

  _____ the above, our team has been doing a great job.

- 이 이메일을 당신에게 전달하겠습니다.

  _____ you.

- 관련된 문제를 모두 지속적으로 알려 주십시오.

  _____ of any relevant issues.

- 나중에 찾아볼 수 있도록 이것을 출력해 두십시오.

  _____ , please print this.

pattern 095

I will inform you of...

~을 알려 드리겠습니다

inform someone of something은 '…에게 ~을 알려 주다'라는 뜻입니다. 이 표현은 정보를 전달할 때 가장 자주 쓰이는 패턴 중 하나예요.

유사 패턴 I will let you know... | I will give you some information about...

---

step 1 패턴 집중 훈련

배송일을 알려 드리겠습니다.	**I will inform you of** the shipping date.
매일 진행 상황이 업데이트 되는 대로 알려 드리겠습니다.	**I will inform you of** a daily update of the progress.
비용 견적을 알려 드리겠습니다.	**I will inform you of** an estimate on the cost.
곧 있을 행사에 대해 알려 드리겠습니다.	**I will inform you of** any upcoming events.

step 2 리얼 영작 연습

○ Hello Ms. Park,
I am writing in response to your request on the progress of the airport construction project. Since the Board of Directors discussed and approved the project, a task force has been established to work on it. 향후 변동 사항이 있으면 본 프로젝트의 진행 상황을 알려 드리겠습니다.

→ 박 선생님,안녕하세요.
공항 건설 프로젝트의 진행 상황에 대한 귀하의 요청에 답을 하기 위해 메일을 드립니다. 이 사회에서 본 프로젝트를 논의 및 승인했기 때문에, 프로젝트 진행을 위한 특별 전담 부서가 수립되었습니다. I will inform you of the development of the project if there are any changes in the future.

○ Dear Emma,
I am writing to let you know that our company is currently seeking to list on a stock exchange to raise capital for expansion.
The Board of Director members will make a final decision at a later date, and 제가 즉시 알려 드리겠습니다.

→ 엠마 씨에게
저희 회사는 현재 주식 시장에 상장을 하고 회사 규모를 키우기 위한 자본을 확충하는 방안을 모색하고 있어요.
이사회에서 추후에 최종 결정을 내릴 예정이고, I will inform you of the result right away.

---

shipping date 배송일   **estimate on the cost** 비용 견적   **stock exchange** 주식 시장   **final decision** 최종 결정

pattern 096
I have a message from...
~로부터 메시지를 받았습니다

다른 직원의 부재 중에 대신 받은 전화나 메일을 보고할 때 쓰는 패턴입니다.

유사 패턴 I got this email from...

---

step 1 🖂 패턴 집중 훈련

존으로부터 메시지를 받았습니다.	**I have a message from John.**
우리 고객으로부터 메시지를 받았습니다.	**I have a message from our customer.**
매니저로부터 축하 메시지를 받았습니다.	**I have a congratulatory message from the Manager.**
스티브 김 사장님으로부터 회사 직원들에게 보내는 새해 메시지를 받았습니다.	**I have a New Year's message from President Steve Kim to company employees.**

step 2 🖂 리얼 영작 연습

○ **Dear Adam,**
당신이 지난주에 만났던 서울 지사의 잭 리차드슨으로부터 메시지를 받았습니다. **It says that he received an email from you yesterday but the attachment won't open.**
I am also forwarding the message to you for your information.

→ 애덤 씨께
I have a message from Jack Richardson from the Seoul office with whom you met last week. 그는 어제 당신이 보낸 이메일을 받았는데 첨부 파일이 열리지를 않는다고 전해 왔어요. 참고하시라고 그 쪽지를 전달해 드립니다.

○ **Hello Jim,**
벤으로부터 메시지를 받았어요. **He came to our office to see you while you were out. He said he would call you this afternoon and also could be reached at 800-9000 from 1 till 5.**

→ 짐 씨, 안녕하세요.
I have a message from Ben. 사무실에 안 계실 때 벤이 저희 사무실로 당신을 만나러 왔어요. 그는 오늘 오후에 당신에게 전화할 것이라고 했고, 1시부터 5시까지 800-9000으로도 연락 가능하다고 합니다.

---

attachment 첨부 파일   **forward the message** 메시지를 전달하다

I have received...

~을 받았습니다

I have received... 혹은 I received...는 누군가로부터 이메일이나 물품 등을 받았을 때 쓰는 패턴으로, 상대방에게 받았음을 확인하는 용도로 씁니다.

유사 패턴 I have got... | We are in receipt of...

step 1 패턴 집중 훈련

저는 귀하의 이메일을 받았습니다.
I have received your email.

저는 귀하로부터 어떠한 대답도 듣지 못했습니다.
I have received no response from you.

저는 9월 20일에 우리의 프로젝트 일정과 관련된 당신의 문의를 받았습니다.
I have received your inquiry of September 20 regarding our project schedule.

저는 서비스 비용 증가를 통보하는 귀사의 이메일을 받았습니다.
I have received your email about your service charge increase.

step 2 리얼 영작 연습

○ Dear Mr. Hampshire:
With regard to our plan to sign a new two-year contract with Kesco, a medical equipment manufacturer, 저희는 귀하로부터 아직 대답을 듣지 못했습니다.
I will call you on Thursday unless we have communicated before then.

→ 햄프셔 씨께
의료 장비 공급 업체인 케스코 사와의 새로운 2년 계약 체결 건과 관련해, we still have not received a response from you. 그 전까지 연락이 되지 않으면 제가 목요일에 전화 드리겠습니다.

○ Dear Jane,
오늘 대금 지급 내역을 구체적으로 명시한 송장을 받았어요.
However, I am afraid that the credit terms agreed are not correctly stated on the invoice.
We will send the payment by a wire transfer after the corrections are made.

→ 제인 씨께
I have received the invoice specifying the payment details today. 그런데 죄송하지만 우리가 합의했던 신용 거래 조건이 송장에 틀리게 기재된 것 같아요. 오류 사항이 수정되면 전신 송금으로 대금을 지급하겠습니다.

---

service charge 서비스 비용 medical equipment 의료 장비 payment details 대금 지급 내역 state 기재하다 wire transfer 전신 송금

We express-mailed...
~을 특급 우편으로 보냈습니다

외국으로 서류 등을 보낼 때는 보통 특급 우편을 이용하는데, 발송 후 이메일로 그 사실을 알려 주는 것이 예의겠죠. 이때 사용하는 패턴입니다.

유사 패턴 We got... express-mailed. | We have sent... by express mail.

step 1 패턴 집중 훈련

지난주에 그것을 특급 우편으로 보냈습니다.	**We express-mailed** it last week.
당신에게 모든 서류를 특급 우편으로 보냈습니다.	**We express-mailed** all documents to you.
귀중품을 특급 우편으로 보냈고 손으로 운송하게 했습니다.	**We express-mailed** the valuables and had them hand-carried.
월요일에 그 문서를 국제 특급 우편으로 보냈으니 다음 주까지는 도착할 것입니다.	**We** internationally **express-mailed** the documents on Monday so it will get there by next week.

step 2 리얼 영작 연습

○ Dear Ms. Yang,
귀사에 오늘 신용장에 명시된 서류 일체를 특급 우편으로 보냈습니다, and they will arrive by next Monday. Once they arrive, could you notify us of their arrival via email?
Thank you for your cooperation.

→ 양 선생님께
We express-mailed one full set of documents specified in the Letter of Credit today to your company, 다음 주 월요일에는 받아 보실 수 있으실 겁니다. 도착하면 이메일로 수령 여부를 알려 주시겠어요?
협조에 감사드립니다.

○ Dear Tom,
저희 J 사는 플라스틱 제품 샘플 및 사용자 가이드를 인천에서 귀사까지 특급 우편으로 보냈음을 알려 드립니다, and they will arrive at JFK airport today. I am sure our quality products and services will satisfy you 100%.

→ 탐 씨께
I am writing to inform you that J Corporation express-mailed our plastic product sample and its user guide to your company yesterday from Incheon, 오늘 JFK 공항에 도착할 거예요. 저희 회사의 질 높은 제품과 서비스는 당신을 100% 만족시킬 것이라고 확신합니다.

hand-carried 손으로 운송되는   **Letter of Credit** 신용장

Here is/are...

여기 ~이 있습니다

Here is/are...의 뒤에는 명사가 따라와요. 뒤에 따라오는 명사가 단수일 때는 Here is..., 복수일 때는 Here are...를 쓰면 됩니다.

유사 패턴 The following is... | ... is listed below.

step 1 패턴 집중 훈련

여기 제 대답이 있습니다.	**Here is** my answer.
여기 참석자 명단이 있습니다.	**Here is** the attendee list.
여기 그 보고서에 대한 간단한 리뷰가 있습니다.	**Here is** a quick review of the report.
여기 제안을 효과적으로 할 수 있는 방법이 있습니다.	**Here is** an efficient way to make suggestions.

step 2 리얼 영작 연습

All:

여기 올해 워크숍 스케줄이 있습니다.

9:00 a.m.	Registration
9:00 a.m.-9:20 a.m.	Welcoming Remarks
9:20 a.m.-1:00 p.m.	Workshops -What You Need to Know to Export -Current Issues in International Trade Policy

Please feel free to attend the workshop that is relevant to your task. Your cooperation would be highly appreciated.

→ 모두에게

Here is our schedule for this year's workshop:

9:00 a.m.	등록
9:00 a.m.~9:20 a.m.	환영사
9:20 a.m.~1:00 p.m.	워크숍 - 수출 기본 지식 - 국제 무역 정책에서의 현안

각자 자신의 일과 관련 있는 워크숍에 참석하시기 바랍니다. 협조에 감사드립니다.

Dear Jesse,

저희 회사의 서울 사무실로 오시는 방법이 여기 있습니다.

When you arrive at Incheon airport, take the Airport Shuttle to Gangnam station. It runs every 10 minutes and takes between 50 and 70 minutes to reach Gangnam station depending on traffic.
At Gangnam station, exit from gate 4 and walk north approx. 100 meters. Our office is located on the third floor of MJ Center.

→ 제시 씨께

Here is how you can find directions to our Seoul office.
인천 공항에 도착하시면 강남역으로 가는 공항 리무진을 타세요. 운행 간격은 10분이고 교통 체증의 정도에 따라 강남역까지 50분에서 70분 정도 걸립니다.
강남역에서는 4번 출구에서 북쪽으로 약 100미터를 걸으세요. 저희 사무실은 MJ센터의 3층에 있습니다.

... is/are as follows:

~은 다음과 같습니다.

뒤에 따라오는 내용을 참고하라고 안내할 때 쓰는 표현입니다. 흔히 이 패턴의 뒤에는 콜론(:)이 따라 오는데, 콜론은 구체적인 리스트를 쭉 늘어놓거나 앞의 내용을 요약하는 문장의 앞에서 쓰여요.

유사패턴 Please see the following...

---

step 1 패턴 집중 훈련

컨퍼런스 스케줄은 다음과 같습니다.	**The conference schedule is as follows:**
제 일정은 다음과 같습니다.	**My itinerary is as follows:**
우리 프로그램의 상세 정보는 다음과 같습니다.	**The specifics of our program are as follows:**
제 연락처는 다음과 같습니다.	**My contact information is as follows:**

---

step 2 리얼 영작 연습

○ Dear Steve,
Thank you for your inquiry. 저희 회사의 견적은 다음과 같습니다.
CIF price to Busan includes shipping and insurance charges. We will ship your order within two weeks of receiving an irrevocable L/C.
Should you have any questions, please do not hesitate to contact us at seoul@seoulexp.com or call us at 82-2-345-6789.

→ 스티브 씨께
귀하의 문의에 감사드립니다. Our quote is as follows:
부산까지의 CIF 가격은 배송비 및 보험료를 포함하고 있으며 취소 불능 신용장의 수령 후 2주 이내에 물품이 배송됩니다.
질문이 있으시면 seoul@seoulexp.com 혹은 82-2-345-6789로 연락 주십시오.

○ Dear James,
저희와 연락하실 수 있는 방법은 다음과 같습니다.
By Phone (Monday through Friday 9 a.m. to 6 p.m. Korean Time):
  If you are in Korea: 03-300-4000
  If you are outside Korea: 82-2-300-4000
  By email: abc@abc.com

→ 제임스 씨께
The methods of contacting us are as follows:
전화(월~금, 한국 기준 오전 9시~오후 6시):
한국에 계시면 03-300-4000
해외에 계시면 82-2-300-4000
이메일은 abc@abc.com입니다.

Tips 세미콜론(;)은 접속사를 대신해서 쓰여요. Some people like dogs; others like cats.에서처럼 두 문장을 이어 줄 때 접속사 대신 사용해요.

Please find attached...

~을 첨부하였습니다

이 패턴 뒤에는 바로 첨부하고자 하는 파일을 언급하면 됩니다.

유사 패턴 I am attaching... | Attached please find... | Attached is...

---

step 1 패턴 집중 훈련

제 보고서를 첨부하였습니다.

Please find attached my report.

저희 회사의 제품 카탈로그를 첨부하였습니다.

Please find attached our product catalog.

귀하께서 검토하실 수 있도록 배송 스케줄을 첨부하였습니다.

Please find attached a shipping schedule for your review.

심사를 위해 저의 이력서와 자기소개서를 첨부하였습니다.

Please find attached my resume and cover letter for your consideration.

---

step 2 리얼 영작 연습

○ Hello to all,
I hope this email finds you well.
Following up on my email dated January 15, 참고하시라고 업데이트된 안건 초안을 첨부합니다.
Please note that I have attached separate files depending on the order of topics on the agenda.
If you are unable to open them, please contact me at abc@abc.com.

→ 모두들 안녕하세요.
다들 잘 지내고 계시죠.
1월 15일 보내 드린 이메일에 더해, please find attached the updated draft agenda for your information.
안건의 화제 순서에 따라 파일을 따로 첨부했다는 것도 참고하시기 바랍니다.
파일이 열리지 않으면 abc@abc.com으로 연락 주세요.

○ Hello Lisa,
시작과 초기 세팅에 대해 더 자세히 알려 드리기 위해 루시 컴퓨터 사용자 매뉴얼을 첨부합니다.
You can also download it from our website, www.lucy.com. If you have any questions or comments regarding your purchase, please feel free to contact Customer Service at 100-2000.

→ 리사 씨, 안녕하세요.
Please find attached our user guide for Lucy Computer to learn more about getting started and initial set-up.
저희 회사의 홈페이지인 www.lucy.com에서도 다운로드 받으실 수 있습니다. 구매와 관련해 질문이나 하실 말씀이 있으시면 고객 서비스팀 100-2000으로 연락 주세요.

Enclosed is/are...

~을 동봉합니다

pattern 102

이메일에 파일을 첨부하는 것은 attach라고 하고, 편지를 보낼 때 서류를 동봉하는 것은 enclose라고 합니다.

유사 패턴 I have enclosed... | Please find enclosed... | Enclosed is...

---

step 1 패턴 집중 훈련

대금 결제 최종액을 수표로 동봉합니다.	**Enclosed is** a check of the final settlement.
우리 계약서에 서명이 된 원본을 동봉합니다.	**Enclosed is** an original signed copy of our contract.
여기에 입사 지원 서류 기입 용지를 동봉합니다.	**Enclosed** herewith **is** a blank employment application form.
이 소포에 모임 장소 지도를 동봉합니다.	**Enclosed** in this package **is** a map showing the meeting venue.

---

step 2 리얼 영작 연습

○ Dear Sir,
I am pleased to inform you that we have received the goods in good condition on July 10, 2013.
귀사의 송장 번호 300번에 명시된 대로 상품 및 서비스 공급에 대한 10만 달러의 대금 완납을 위해 수표를 동봉합니다. Please acknowledge the receipt of the check by email. Thanking you in advance.

→ 담당자분께
2013년 7월 10일 상품을 좋은 상태로 수령했음을 알려 드립니다.
Enclosed is a check for $100,000 in full settlement for the supply of goods and services as per your invoice number 300. 수표를 받으시면 이메일로 수령 여부를 알려 주세요. 감사합니다.

○ Dear Jack,
I am glad the signing ceremony of the Memorandum of Understanding between us went so well on Monday. I am sure it will serve as a stepping stone for our future collaborative activities.
동봉된 것은 체결식 때 찍은 사진입니다. I look forward to seeing you again.

→ 잭 씨께
양사 간의 양자 협정 체결식이 월요일에 잘 끝나서 기쁩니다. 양자 협정의 체결은 향후 양사가 좀 더 협력할 수 있는 데에 디딤돌 역할을 해 줄 겁니다.
Enclosed are pictures taken at the ceremony. 다음번에 또 뵙게 되길 바랍니다.

pattern 103

As can be seen from...

~에서 보시다시피,

이 표현은 파일이나 사진, 표 등을 첨부하면서 쓸 수 있는 패턴이에요.

유사 패턴 As shown... | We can see from... that ~

---

step 1  패턴 집중 훈련

차트에서 보시다시피, 주식 시장은 최고치를 경신했습니다.

As can be seen from the chart, the stock market has hit a record high.

아래 그림1에서 보시다시피, 우리는 경제 성장율이 높아질 것이라고 기대하고 있습니다.

As can be seen from figure 1 below, we are expecting a rosy future of economic growth.

위에서 보시다시피, 우리 팀은 지금껏 잘해 왔습니다.

As can be seen from the above, our team has been doing a great job.

이 그래프에서 보시다시피, 우리 회사의 판매량은 10%가 증가했습니다.

As can be seen from this graph, our sales has increased by 10%.

---

step 2 리얼 영작 연습

○ Dear Jack,

I am Jessica Choi with MK Group. We met in London at the International Conference on Agriculture Technology last May.
I am sorry it took so long to contact you. Things have been hectic for me nowadays. I have attached some documents you have requested. 문서에서 보시다시피, 한국은 당신이 관심 있는 분야에서 유망한 건설 프로젝트를 보유하고 있습니다. I wish you and your company all the best and hope we can keep in touch in the future.

→ 잭 씨께
저는 MK그룹의 제시카 최입니다. 지난 5월 런던에서 농업 기술에 관한 국제 컨퍼런스가 열렸을 때 뵈었지요.
너무 늦게 연락드린 거 같아 죄송합니다. 요즘 좀 바빴거든요.
요청하신 문서들을 첨부했습니다. **As can be seen from them, Korea has very promising construction projects in areas you are interested in.** 당신과 당신의 회사가 승승장구하기 바라고 앞으로도 연락하고 지냈으면 좋겠습니다.

○ Dear Jack,

I am pleased to let you know that our J9 was getting main stream media coverage in Korea today. For your review, here is a link to the article: http://www.abc.com/news1234.
기사에서도 보시다시피 J9은 아주 좋은 평가를 받았습니다.

→ 잭 씨에게
저희 회사의 J9이 오늘 한국에서 유력 신문사에 보도되었다는 사실을 알려 드리게 되어 기쁩니다.
참고하시라고 여기 기사 링크를 걸어 두었습니다
(http://www.abc.com/news1234).
As can be seen from the article, J9 got quite good reviews.

pattern 104

We will forward this email to...

이 이메일을 ~에게 전달하겠습니다

담당이 아닌 일에 대해 문의를 하는 이메일을 받는 경우가 종종 있지요. 그럴 때는 이 패턴을 써서 수신 메일을 담당자에게 전달할 수 있습니다. 여기서 forward는 이메일을 '전달하다'라는 뜻이에요.

유사 패턴 We will share this email with...

step 1 패턴 집중 훈련

이 이메일을 당신에게 전달하겠습니다.	**We will forward this email to you.**
이 이메일을 김 선생님께 전달하겠습니다.	**We will forward this email to Ms. Kim.**
이 이메일을 직장 동료에게 전달하겠습니다.	**We will forward this email to a colleague.**
이 이메일을 적임자에게 전달하겠습니다.	**We will forward this email to a more appropriate person.**

step 2 리얼 영작 연습

○ Dear Sir/Madam,
If you would like to suggest a project or partnership, please provide us with information about you and your company to help us better understand the nature and scope of your goods and services. If you send us your requirements or suggestions at abc@abc.com, 귀하의 메일 검토를 위해 적임자에게 전달하도록 하겠습니다. **We look forward to hearing from you soon.**

→ 관계자분께
프로젝트 혹은 파트너십을 제안하고 싶으시면 저희가 귀사의 제품과 서비스의 유형, 범위를 더 잘 이해할 수 있도록 귀하와 귀사에 대한 정보를 보내 주십시오.
요청 사항이나 제안을 abc@abc.com으로 보내 주시면, **we will forward your email to the appropriate people for review.** 곧 귀하로부터의 메일을 받을 수 있기를 기대합니다.

○ Dear Mr. Wilson,
Thank you for your email of May 15, but I got transferred to another team.
Sorry for not informing you sooner.
새로운 인사팀 과장인 케빈 김 씨가 제 후임이니 이 메일을 케빈 씨에게 전달하겠습니다. **Glad to see you again and have a nice day.**

→ 윌슨 씨께
5월 15일 자 당신의 이메일 잘 받아 보았지만 저는 팀을 옮겼습니다.
일찍 말씀드리지 못해 죄송합니다.
Mr. Kevin Kim, the new hiring manager is replacing me now and I will forward this email to him. 다시 연락하게 되어 반가웠고 좋은 하루 보내시기 바랍니다.

Keep me posted...

제게 ~을 지속적으로 알려 주십시오

post는 '웹사이트나 게시판에 글이나 사진을 게재하다'라는 뜻인데, keep someone posted는 '~에게 최신 정보나 일의 진행 상황을 계속해서 알려 주다'라는 의미가 됩니다.

유사 패턴 **Let me know any news on...**

---

step 1 패턴 집중 훈련

관련된 문제를 모두 지속적으로 알려 주십시오.

Keep me posted of any relevant issues.

프로젝트의 모든 진행 상황을 지속적으로 알려 주십시오.

Keep me posted of any development in the project.

최신 소식을 지속적으로 알려 주십시오.

Keep me posted on the latest news.

제가 없는 동안 일이 어떻게 진행 되어 가는지를 지속적으로 알려 주십시오.

Keep me posted on how things are going while I am away.

---

step 2 리얼 영작 연습

○ **Dear Mark:**
   I am pleased to hear that we have signed a new contract with Seoul Corporation for a website monitering service.
   일이 순조롭게 진행되는지 확인을 위해서 홈페이지 개편 작업과 관련해 모든 진행 상황을 저에게 지속적으로 알려 주세요.

→ 마크 씨
우리가 서울사와 홈페이지 모니터링 서비스 계약을 새로 체결했다는 소식을 들으니 기분이 좋군요. **Please keep me posted on any progress regarding the website renovation process to make sure it goes smoothly.**

○ **Dear Jack,**
   I am Angie Brown, the new Project Manager at Smith Holdings Inc. I will be assisting Mr. Jackson, Director of the water management system project.
   지금부터는 본 프로젝트와 관련된 모든 소식을 저에게 알려 주시기 바랍니다.

→ 잭 씨
저는 앤지 브라운이고 스미스 지주 회사의 새로운 프로젝트 매니저입니다. 저는 물 관리 시스템 프로젝트의 감독인 잭슨 씨를 보조하고 있습니다. **Please keep me posted on any news regarding the project from now on.**

---

renovation 개편   **make sure** 확실히 하다

Could you please CC me on...?

pattern
106

~에 저를 참조로 넣어 주시겠어요?

CC는 이메일에서 '참조'라는 뜻으로, Carbon Copy의 약자입니다.

유사 패턴 Could you copy me on...?

---

step 1 패턴 집중 훈련

이 이메일에 저를 참조로 넣어 주시겠어요?	**Could you please CC me on** this email?
답변을 보낼 때는 항상 저를 참조로 넣어 주시겠어요?	**Could you please CC me on** any replies?
다이애나에게 다음 이메일을 보낼 때는 저를 참조로 넣어 주시겠어요?	**Could you please CC me on** your next email to Diana?
케이시에게 이메일을 보낼 때는 항상 저와 대니얼을 참조로 넣어 주시겠어요?	**Could you please CC me** and Daniel **on** any email to Casey?

---

step 2 리얼 영작 연습

○ Dear Sue,
I heard that you send online business management strategy journals to employees. Unfortunately, I haven't received any of your journals and think I might not be on your mailing list.
다음 이메일에는 저를 참조로 넣어 주시겠어요? Thank you in advance.

→ 수 씨께
당신이 온라인 비즈니스 운영 전략 소식지를 직원에게 보내 준다는 얘기를 들었어요. 죄송하지만 저는 아직 그걸 받아 본 적이 없어요. 발송자 명단에 제가 없나 봐요. **Could you please CC me on the next email?** 미리 감사드립니다.

○ Dear Vincent,
I am writing with regard to the preparation of a consortium bid for the water management project.
As one of the bidding members of the consortium, I would like to know every detail of the project. 앞으로는 이와 관련된 당신의 이메일에 저를 참조로 넣어 주시겠어요? Thanks.

→ 빈센트 씨께
컨소시엄을 만들어 물 관리 프로젝트 입찰에 참가하려는 계획과 관련해 메일을 드립니다.
컨소시엄의 입찰 참가 직원 중 한 명으로서 저는 본 프로젝트의 모든 세부 사항에 대해서 알고 싶습니다. **Could you please CC me on your email regarding this in the future?** 감사합니다.

---

reply 답장, 답변   **bidding** 입찰

148

pattern 107

for future reference,...

나중에 찾아볼 수 있도록 ~

지금은 필요하지 않아도 나중을 위해 정보를 보낼 때가 있죠. 이 패턴은 훗날을 위해 참고하라는 의미로 사용합니다. for easy/quick reference라고 하면 '쉽게/빨리 참조할 수 있도록'이라는 뜻이 되죠.

유사 패턴 in case you need~ in the future...

---

step 1 패턴 집중 훈련

나중에 찾아볼 수 있도록 이것을 출력해 두십시오.	**For future reference, please print this.**
나중에 찾아볼 수 있도록 이 설명서를 저장해 두십시오.	**For future reference, save these instructions.**
나중에 찾아볼 수 있도록 이것을 읽어 두십시오.	**Please read this for future reference.**
나중에 찾아볼 수 있도록 이 정보를 간직해 두십시오.	**Please retain this information for future reference.**

---

step 2 리얼 영작 연습

○ Dear Diana,
We regret to inform you that we will not be able to grant your request to lower the price of our products by 15% unless we lower quality standards.
However, we can offer you a 5% off your next purchase of $100,000 or more. I am also attaching our catalogue as a pdf file.
나중에 찾아볼 수 있도록 이를 간직하십시오.

→ 다이애나 씨,
유감스럽지만 저희 회사에서는 품질 기준을 낮추지 않는 이상 제품 가격을 15% 인하해 달라는 귀사의 요청을 받아들일 수 없습니다.
그렇지만 저희는 앞으로 귀사가 10만 달러 이상 구매하실 경우 5%의 할인을 해 드릴 수 있습니다. 저희 회사의 카탈로그를 PDF 파일로 첨부합니다. **Please keep this for future reference.**

○ Dear Jessica,
첨부된 파일을 증거용이자 향후 참고용으로 간직해 두세요. The documents contain personal information so please make sure that their contents cannot be extracted. If they are misplaced, you should report it to me.
Thank you for your cooperation.

→ 제시카 씨께
Please keep the attached documents for your records and for future reference. 본 문서는 개인 정보를 담고 있으니 내용이 유출되어서는 안 된다는 점을 유념해 주세요. 혹시 잃어버리시면 제게 그 사실을 알려 주셔야 합니다.
협조에 감사드립니다.

---

instruction 설명서 **lower the price** 가격을 인하하다 **quality standard** 품질 기준 **reference** 참고용 **extract** 유출하다, 발췌하다 **misplace** 제자리에 두지 않다

pattern 108

Please ignore my previous...

이전 ~은 무시해 주십시오

이메일을 쓰다 보면 파일이나 메일을 잘못 보내는 경우가 있죠. 그럴 때 이전에 보낸 것은 신경 쓰지 말아 달라고 요청하면서 사용하는 패턴입니다.

유사 패턴 Please disregard my last... | Please don't pay attention to...

---

step 1 패턴 집중 훈련

이전 이메일은 무시해 주십시오.	**Please ignore my previous** email.
이전 첨부 파일은 무시해 주십시오.	**Please ignore my previous** attachment.
이전 게시글은 무시하고 삭제해 주십시오.	**Please ignore and delete my previous** post.
제 이메일이 해킹을 당했으니 제 이메일 계정으로 나간 이전 메일은 무시해 주십시오.	My email was hacked and **please ignore my previous** emails from my account.

step 2 리얼 영작 연습

○ **Dear Smith,**
제목 없이 발송된 저의 이전 이메일은 무시해 주십시오. **It was mistakenly sent to you.**
I have made a small correction to the attachment below. Please consider this attachment as the latest. I apologize for the confusion.

→ 스미스 씨께
Please ignore my previous email with no subject line. 실수로 당신에게 보냈어요.
아래 첨부 파일에 수정을 약간 했습니다. 이 첨부 파일을 최종으로 생각해 주시면 됩니다. 혼란을 끼쳐 드려 죄송합니다.

○ **Dear Sue,**
분기별 보고서를 한 부 보내 달라는 저의 이전 요청을 무시해 주세요. **I already have one. Sorry for the inconvenience this may cause.**

→ 수 씨에게
Please ignore my previous request to send a copy of your quarterly report. 이미 한 권 가지고 있었어요. 불편을 끼쳐 드려 죄송합니다.

---

the latest 최종의 것   **previous request** 이전의 요청   **quarterly report** 분기별 보고서

150

In my last email, I forgot to...

지난번 메일에서 ~하는 것을 깜빡했습니다

첨부했어야 할 문서를 깜빡하거나 해야 할 말을 하지 않은 채 실수로 이메일을 보낸 경우 사용하는 패턴입니다.

유사 패턴 In my last email, I accidently didn't...

---

step 1 패턴 집중 훈련

지난번 메일에서 질문을 하는 것을 깜빡했습니다.

In my last email, I forgot to ask you some questions.

지난번 메일에서 당신을 참조로 넣는 것을 깜빡했습니다.

In my last email, I forgot to CC you.

지난번 메일에서 파일을 첨부하는 것을 깜빡했습니다.

In my last email, I forgot to attach a document.

지난번 메일에서 그 프로젝트에 대해 언급하는 것을 깜빡했습니다.

I forgot to mention the project in my last email.

---

step 2 리얼 영작 연습

○ Hello Jen,

지난번 메일에서 저희 회사 제품 혜택이 적힌 보고서를 첨부하는 것을 깜빡했습니다. **The attachment shows how you can save money on your energy bills by using our products.**
I apologize for any inconvenience this may cause you and look forward to doing business with you.

→ 젠 씨, 안녕하세요.
In my last email, I forgot to attach the report on our products' benefit. 이 첨부 파일에는 저희 회사 제품을 사용함으로써 아낄 수 있는 에너지 비용에 대해 나와 있습니다.
이번 일로 불편을 끼친 것에 대해 사과드리며 앞으로 귀하와 거래를 할 수 있게 되기를 기대합니다.

○ Hello Jim,

지난번 메일에서 저희 사무실로 오시는 방법에 대해 알려 드리는 것을 깜빡했어요.
We are located at 5 Seoul Way, Seochogu, Seoul, and it really is not the easiest place to find.
If you arrive at Maebong subway station, please call us at 200-3000 and one of our staff members will personally pick you up.

→ 짐 씨, 안녕하세요.
In my last email, I forgot to mention how to get to our office.
저희는 서울시 서초구 서울로 5가에 위치하고 있지만 회사 위치를 찾기가 쉽지 않아요.
지하철 매봉역에 도착하셔서 200-3000으로 전화 주시면 저희 직원이 직접 모시러 나가겠습니다.

Unit 14

구체적인 정보 전달

Q 다음 말을 영어로 할 수 있나요?

- 저희는 일요일에 배송을 하지 않는다는 것을 유념하세요.

  ⬚⬚⬚⬚⬚⬚⬚ we do not ship products on Sunday.

- 첨부한 파일을 참고해 주세요.

  ⬚⬚⬚⬚⬚⬚⬚ the attached.

- 그 파일이 존재하는지 확인해 보십시오.

  ⬚⬚⬚⬚⬚⬚⬚ that the file exists.

- 그 프로젝트에 대한 최신 정보를 얻을 수 있습니다.

  ⬚⬚⬚⬚⬚⬚⬚ on the latest project information.

- 새로운 보고서는 저희 회사의 상황을 요약해서 보여 줍니다.

  The New report ⬚⬚⬚⬚⬚⬚⬚ plans.

- 배송의 경우에는 익일 배송 서비스를 제공합니다.

  ⬚⬚⬚⬚⬚⬚⬚ delivery ⬚⬚⬚⬚⬚⬚⬚ , we offer next day delivery.

- 제가 아는 한, 그 일은 우리와 아무 관련이 없습니다.

  ⬚⬚⬚⬚⬚⬚⬚ , it has nothing to do with us.

- 경기 침체 때문에 어려움을 겪고 있습니다.

  ⬚⬚⬚⬚⬚⬚⬚ the economic downturn, we experienced hardships.

- 더 구체적으로 말씀드리면, CIF는 운임·보험료 포함 가격의 약자입니다.

  ⬚⬚⬚⬚⬚⬚⬚ , CIF is an abbreviation for cost, insurance and freight.

Please note that...

pattern **110**

~을 유념하세요

이 표현은 유의 사항을 알릴 때 쓰는 패턴입니다. '알리다'라는 의미로 announce를 쓰기 쉽지만, announce는 다수의 사람에게 '발표' 또는 '선언', '공고'를 하는 경우에 쓰이는 동사이니 주의하세요.

유사 패턴 Kindly note that... | Please be kindly informed that...

---

step 1 패턴 집중 훈련

저희는 일요일에 배송을 하지 않는다는 것을 유념하세요.
Please note that we do not ship products on Sunday.

저희 회사가 현재 비즈니스 파트너를 구하고 있다는 사실을 유념하세요.
Please note that we are currently looking for a business partner.

저희가 배송 시점에 물품 비용을 청구한다는 것을 유념하세요.
Please note that we will charge you for your order at the time of shipment.

회의가 일주일마다 열릴 것이라는 것을 유념하세요.
Please note that our meeting will be held on a weekly basis.

---

step 2 리얼 영작 연습

○ Dear Ms. Chen:
This is in reference to your request on September 30.
일단 고객님께서 주문을 하시면 저희 측에서는 그 주문을 수정하거나 취소하지 못한다는 점을 유념해 주십시오. **If you want to add, change or cancel your order, please place separate orders. Should you have any questions, you can call us toll free at 1-200-3000. Our office is open between 9 a.m. - 5 p.m. EST from Monday to Thursday and from 9 a.m. until 3 p.m. on Friday.**

→ 첸 씨께
9월 30일 귀하의 요청 사항에 대해 답변드립니다. **Please note that once your order is submitted, we are unable to modify or cancel it.** 기존 주문의 추가, 변경, 취소를 원하시면 따로 주문을 해 주십시오. 질문이 있으시면 무료 전화 1-200-3000으로 전화 주시면 됩니다. 저희 사무실은 월요일부터 목요일까지는 동부 시간으로 오전 9시부터 오후 5시까지, 금요일은 오전 9시부터 오후 3시까지 운영됩니다.

○ Dear Busan Heavy Industries Co.
양사 간에 체결된 계약은 한국법에 따라 적용되고 해석되어야 한다는 점을 유념하십시오, **and the Korean court will have exclusive jurisdiction to resolve any disputes between us. If this is unclear or you have additional questions, call us at 200-3000.**

→ 부산 중공업사 귀하
Please note that the contract between us shall be governed by and interpreted by Korean law, 그리고 한국 법원이 양사 간의 분쟁을 조정할 전속 관할권을 가지게 될 것입니다. 이 점에 대해 확실하게 이해가 가지 않으시거나 추가 질문이 있으시면 200-3000으로 전화 주세요.

Unit 14 구체적인 정보 전달 **153**

pattern 111

Please refer to...

~을 참고해 주세요

비즈니스 이메일은 스크롤을 내리지 않을 정도의 짧은 길이로 끝내는 것이 좋습니다. 길이가 한정된 이 메일을 쓰면서 더 자세한 내역을 전달하려면 이 패턴을 써서 '(정보를 얻기 위해) 참고하라'고 제안할 수 있어요.

유사 패턴 Please consult...

---

step 1 패턴 집중 훈련

1장을 참고해 주세요.	**Please refer to** chapter 1.
저희 회사의 홈페이지 www.seoulcor.com을 참고해 주세요.	**Please refer to** our website at www.seoulcor.com.
첨부한 파일을 참고해 주세요.	**Please refer to** the attached.
동봉한 송장을 참고해 주세요.	**Please refer to** the enclosed invoice.

---

step 2 리얼 영작 연습

○ Dear Mr. Rodger,
We refer to our order of March 20 for Order No. 200. We have received the goods which arrived at Busan Harbour today. However, they have not been supplied correctly.
배송되었어야 할 품목을 담은 첨부 리스트를 참고해 주십시오.
Please look into this matter immediately.

→ 로저 씨께
주문 날짜 3월 20일 주문 번호 200번에 대해 문의 드립니다. 오늘 부산항에 물품이 도착했습니다. 그런데 배송이 잘못된 것 같습니다.
Please refer to the attached list of what should have been shipped. 이 문제를 즉시 처리해 주시길 부탁합니다.

○ Hello Sue,
Our final presentation on the hospital construction project in Dubai will be held tomorrow. We couldn't be happier with how well the session has been conducted so far. A big thank you to all project participants.
아래에 회의 참석자 명단을 참고해 주세요.

→ 수 씨, 안녕하세요.
내일은 두바이 병원 건설 프로젝트의 마지막 발표가 있는 날이에요. 지금까지 회의가 정말 잘 진행된 것 같아서 더 이상 만족할 수 없을 정도로 기뻐요. 프로젝트에 관련된 모든 분들께 큰 감사를 드립니다.
Please refer to the meeting attendee list below.

---

attached list 첨부 리스트   **participant** 관계자, 참석자   **attendee list** 참석자 명단

Let me give you a brief rundown of/on...

~에 대해 간단히 말씀드리겠습니다

rundown은 '설명'이라는 뜻으로, give someone a brief rundown은 '~에게 간단히 설명하다'라는 의미가 돼요.

유사 패턴 I will briefly tell you about...

---

step 1 패턴 집중 훈련

왜 우리가 이것을 해야 하는지의 이유에 대해 간단히 말씀드리겠습니다.
Let me give you a brief rundown of the reasons why we should do this.

우리 회사의 제품과 서비스에 대해 간단히 말씀드리겠습니다.
Let me give you a brief rundown of our products and services.

한국에 대해 간단히 말씀드리겠습니다.
Let me give you a brief rundown on Korea.

어제 있었던 회의에 대해 간단히 말씀드리겠습니다.
Let me give you a brief rundown on yesterday's meeting.

---

step 2 리얼 영작 연습

○ Dear Mr. Parker,
탄소 강관 주문 건 진행 상황에 대해 간단히 말씀드리겠습니다.
Jack Steel Corporation told me today that they are not able to ship the entire order. Therefore, we have made some changes to the terms and conditions of the letter of credit today so that partial shipment is allowed. If any progress has been made, I will follow up with you.

→ 파커 귀하
Let me give you a brief rundown of the progress on our order of carbon steel pipe. 오늘 잭 스틸 사로부터 주문 전체에 대한 배송이 어렵다는 연락을 받았습니다.
그래서 오늘 신용장의 계약 조건을 일부 수정해서 부분 배송이 가능하도록 했습니다. 또 다른 진전 사항이 있으면 연락드리겠습니다.

○ Dear Mr. Smith,
내일 오후 2시에 미팅룸 C에서 있을 회의에 대해 간단히 말씀드리겠습니다.
The agenda will include efficient marketing strategies for our company and your portion of the agenda to bring up is an online marketing strategy. I will remind you of the meeting tomorrow morning.

→ 스미스 씨께
Let me give you a brief rundown of tomorrow's meeting held at 2 p.m. at Meeting Room C. 안건은 우리 회사의 효율적인 마케팅 전략에 대한 것이고 당신의 담당 부분은 온라인 마케팅 전략입니다. 내일 아침 본 회의 건에 대해 다시 상기시켜 드리겠습니다.

pattern
113

Please verify...

~을 확인해 보십시오

어떤 정보가 정확한지 확인·증명해 달라고 요청할 때 사용하는 패턴입니다.

유사 패턴 Please check out... | Please confirm that...

---

step 1 패턴 집중 훈련

그 파일이 존재하는지 확인해 보십시오.

Please verify that the file exists.

당신의 이메일 주소가 맞는지 확인해 보십시오.

Please verify that your email address is correct.

소프트웨어가 제대로 설치되었는지 확인해 보십시오.

Please verify that the software was installed correctly.

우리의 계약과 관련해 당신이 제게 이메일을 보냈는지 확인해 보십시오.

Please verify that you sent me an email regarding our contract.

step 2 리얼 영작 연습

○ Dear Seoul Exports,
This is to notify you that Chicago Exports has opened up a Letter of Credit drawn under Seoul Bank in the amount of $1,000,000.
또한, 첨부한 파일에서 신용장의 상세 정보를 확인해 보십시오.
If you have any questions, please contact me at anytime using any of the numbers below.

→ 서울 무역회사 귀하
시카고 무역회사는 서울 은행을 개설 은행으로 1백만 달러의 신용장을 발행했음을 알려 드립니다. **Please verify the details of the L/C in the attachment.** 질문이 있으시면 아래 적힌 번호 중 하나로 언제든지 제게 연락 주십시오.

○ Dear Jane,
I have received your email today requesting to send our company's promotional video clips. My records indicate that they were already sent to you and I am not able to resend because I deleted them. The files took up the most space of my hard disk.
파일이 도착하지 않았는지 수신함을 확인해 보세요.

→ 제인 씨께
오늘 저희 회사의 홍보 동영상을 보내 달라는 제인 씨의 요청을 받았습니다. 죄송하지만 기록상으로는 이미 당신에게 보낸 적이 있다고 되어 있고 지금은 삭제했기 때문에 재전송을 하기가 어려워요. 파일이 제 하드디스크에 가장 큰 용량을 차지했었거든요. **Please verify that the files have not been delivered to your inbox.**

Letter of Credit 신용장 **resend** 재전송하다 **inbox** 수신함

156

pattern 114

You can stay updated...

~의 최신 정보를 얻을 수 있습니다

stay는 '특정한 상태를 유지하다', updated는 '최신의'라는 뜻입니다. 그래서 이 패턴은 상대방에게 진행 상황이나 최신 정보를 지속적으로 알려 주는 경우에 쓰이죠.

유사 패턴 You can stay up-to-date with...

---

step 1 패턴 집중 훈련

최신 뉴스의 정보를 얻을 수 있습니다.	**You can stay updated** on the recent news.
그 프로젝트에 대한 최신 정보를 얻을 수 있습니다.	**You can stay updated** on the latest project information.
의견이 진행되어 가는 과정에 대한 최신 정보를 얻을 수 있습니다.	**You can stay updated** on the progress of the ideas.
저희 회사의 서비스를 이용하시면 친구들의 최신 정보를 얻을 수 있습니다.	With our service **you can stay updated** with your friends.

---

step 2 리얼 영작 연습

○ Dear Customer,
Thank you for your interest in our products.
트위터에서 @seoulext를 팔로잉하시거나 저희 회사의 블로그(http://blog.abc.com)를 구독하시면 신상품에 대한 최신 정보를 얻으실 수 있습니다. If you want to get our product samples, don't hesitate to tell us. We will send you a package of our product samples.
We look forward to serving you.

→ 고객 여러분께
저희 회사의 제품에 보여 주신 관심에 감사드립니다. You can stay updated on our product release by following us @seoulext via Twitter or subscribing to our blog at http://blog.abc.com. 저희 회사의 샘플을 받고 싶다고 말씀하시면 샘플 한 상자를 보내드리겠습니다.
귀하를 고객으로 모시게 되길 바랍니다.

○ Dear Sir/Madam,
We would like to inform you that Seoul Research Center has organized a seminar on supply chain management on September 10, 2013. 참석하시면 이와 관련된 최신 정보를 얻을 수 있습니다.
We would be highly honored if you could spare sometime from your busy schedule to attend the seminar.

→ 관계자분께
서울 리서치 센터는 2013년 9월 10일 공급망 관리에 대한 세미나를 마련하였음을 알려 드립니다. You can stay updated on all the latest news by attending this session.
바쁘시겠지만 세미나에 참석해 주신다면 정말 감사하겠습니다.

pattern 115

... offer a snapshot of our company's~

…은 저희 회사의 ~을 요약해서 보여 줍니다

'스냅 사진'이란 뜻의 snapshot은 '짤막하고 간결한 설명이나 묘사'라는 의미로도 쓰입니다.

유사 패턴 ... describe briefly our company's~

step 1 패턴 집중 훈련

새로운 보고서는 저희 회사의 계획을 요약해서 보여 줍니다.

The New report offers a snapshot of our company's plans.

그 기사는 저희 회사가 현재 어떻게 혁신을 이루어 내고 있는지를 요약해서 보여 줍니다.

The article offers a snapshot of our company's current approaches to innovation.

최근의 설문조사 결과는 저희 회사의 고객층을 요약해서 보여 줍니다.

The recent survey offers a snapshot of our company's customer base.

첫 번째 연간 보고서는 에너지를 절약하는 저희 회사의 노력을 요약해서 보여 줍니다.

The first annual report offers a snapshot of our company's effort to save energy.

step 2 리얼 영작 연습

○ Thanks Jim,
In response to your email dated November 1 in which you requested financial information of Seoul Corporation, we have attached our quarterly and annual reports. 본 보고서에 기재된 재무 정보는 저희 회사의 재무 상황을 요약해서 보여 줍니다.
I hope this satisfies your request. Should you need any further information, please feel free to contact us at 123-4567.

→ 짐 씨, 고마워요.
11월 1일 서울 회사의 재무 상황을 물어보신 이 메일에 대한 답변으로 저희 회사의 분기별·연간 보고서를 첨부합니다. **The financial statements presented in the reports offer a snapshot of our company's financial health.** 이 자료가 도움이 되었으면 좋겠네요. 더 많은 정보를 원하시면 123-4567로 연락 주세요.

○ Dear Ms. Sato,
Please find attached our promotional video. 이 영상은 저희 회사의 혁신적인 문화를 간략하게 보여 줍니다. You can also download it from our company's website at www.innovation.co.kr.

→ 사토 씨께
저희 회사의 홍보 동영상을 첨부합니다. **This clip offers a snapshot of our company's innovative culture.** 영상은 저희 회사의 홈페이지 www.innovation.co.kr에서도 다운 받으실 수 있습니다.

As far as... is concerned,

~의 경우에는

이 패턴은 특정 사안을 주제에 올리면서 설명할 때 사용합니다. as far as...는 '~하는 한', '~에 관해서는'이라는 의미입니다.

유사 패턴 As for... | as far as... goes

step 1 패턴 집중 훈련

대금 지급의 경우에는 모든 주요 신용 카드로 결제가 가능합니다.	**As far as** payment **is concerned,** we accept all major credit cards.
배송의 경우에는 익일 배송 서비스를 제공합니다.	**As far as** delivery **is concerned,** we offer next day delivery.
새로운 규칙의 경우 기본 원칙은 다음과 같습니다.	**As far as** the new rules **are concerned,** the basic principles are as follows:
수출 규제책의 경우 다음의 품목에만 적용됩니다.	**As far as** the export regulation **is concerned,** it only applies to the following items:

step 2 리얼 영작 연습

○ Dear Ms. Chen,
I would like to thank you for your inquiry regarding our payment policy on March 1. 결제의 경우에는 고객님께서 주문할 때 200달러의 계약금을 선불해 주셨으면 합니다. Please note that deposits are non-refundable. If you have any specific questions, please call us at 888-8765 or just drop us a line.

→ 첸 씨께
3월 1일 저희 회사의 대금 지급 정책에 대해 문의를 해 주셔서 감사드립니다. **As far as payment is concerned, I would appreciate it if you could pay a $200 deposit in advance when you place an order.** 계약금은 환불이 되지 않는다는 점을 유념하십시오. 구체적인 질문이 있으시면 888-8765로 전화를 주시거나 이메일을 보내 주십시오.

○ Dear Sir/Madam,
Smith Holding Corporation is really excited to be able to launch our new product—J6—the result of our extensive experience and commitment to excellence. 품질에 관한 한 저희는 결코 물러서지 않습니다. You can find our product in your local retail stores.

→ 관계자분께
스미스 지주 회사는 폭넓은 경험과 탁월함에 전념한 결과물인 신상품 J6를 출시하게 되어 기쁘게 생각합니다. **As far as quality is concerned, we do not take a step back.** 이 제품은 지역 소매점에서 구매 가능합니다.

Tips
● drop someone a line은 '~에게 편지나 이메일을 보내다'라는 표현으로 다소 캐주얼한 느낌이 있어요.

pattern 117
As far as I know,...

제가 아는 한, ~

100% 확실한 사실은 아니지만 지금 말하는 것이 사실이라고 알고 있다는 의미로 쓰는 패턴입니다.

유사 패턴 From what I know… | If I am not mistaken… | To my knowledge…

---

step 1 패턴 집중 훈련

제가 아는 한, 그는 괜찮은 사람입니다.	**As far as I know,** he is a good guy.
제가 아는 한, 우리는 이 산업에서 선구자입니다.	**As far as I know,** we are pioneers in this industry.
제가 아는 한, 그 일은 우리와 아무 관련이 없습니다.	**As far as I know,** it has nothing to do with us.
제가 아는 한, 중국과 베트남 자동차 회사 간 경쟁이 치열합니다.	**As far as I know,** competition is fierce between Chinese and Vietnamese automobile manufacturers.

step 2 리얼 영작 연습

○ Dear Sir,
I am writing with regard to your email of June 2.
Although we appreciate your interest in our product, we currently do not produce semiconductors. 제가 아는 한, 한국에서 가동되고 있는 반도체 제조 업체가 몇 군데 있습니다. **If you are interested, I can introduce you to some of them.**

→ 친애하는 귀하
6월 2일 자 당신의 이메일에 대한 답장입니다. 저희 회사의 제품에 대한 관심에 감사드립니다. 하지만 저희 회사는 현재 반도체를 생산하지 않고 있습니다. **As far as I know, there are some semiconductor manufacturers operating in Korea.** 혹시 관심 있으시면 제가 이 회사 중 몇 곳을 소개시켜 드릴 수 있습니다.

○ Dear Jim,
I am writing with regard to your email of January 10. 제가 알기로는 한국으로 들어오실 때 비자가 없으면 도착한 후에 인천 공항에서 발급 받으실 수 있습니다. I hope this helps.

→ 짐에게
1월 10일 자 이메일에 답변 드립니다. **As far as I know, if you don't have a visa before you come to Korea, you can apply for it on arrival at Incheon Airport.** 도움이 되셨길 바랍니다.

---

pioneer 선구자   **fierce** 맹렬한, 치열한   **manufacturer** 제조 업체   **semiconductor** 반도체

As a result of...

~ 때문에 / ~ 덕분에

as a result of...의 바로 뒤에 원인을 쓰고 그 뒤에 주어, 동사를 포함한 주절을 넣으면 이 '원인'으로 인해 '~의 결과가 초래됐다'라는 뜻의 문장이 완성됩니다.

유사 패턴 Due to...

step 1 패턴 집중 훈련

경기 침체 때문에 어려움을 겪고 있습니다.
As a result of the economic downturn, we experienced hardships.

우리의 노력 덕분에 일을 잘 처리했습니다.
As a result of our efforts, we did a great job.

열악한 근무 환경 때문에 종업원들은 유해 물질에 노출되어 있습니다.
As a result of poor working conditions, employees are exposed to dangerous chemicals.

종업원들의 이직률이 높기 때문에 우리 회사는 어려움을 겪고 있습니다.
As a result of a high turnover rate, my company is having difficulty.

step 2 리얼 영작 연습

o Dear Mr. Berko
I would like to discuss concerns that I have in our department. 하루도 쉬는 날 없이 과도하게 초과 근무를 한 탓에 종업원들은 사기 저하로 고통받고 있습니다.
We are hoping you will be able to address our concerns immediately. Thank you for your time.

→ 베르코 귀하
저희 부서와 관련해 제가 느끼고 있는 문제점에 대해 말씀드리고 싶습니다. As a result of working excessive overtime without a single day off, employees suffer from low morale.
저희의 문제점을 즉시 처리해 주시기를 부탁드리는 바입니다. 읽어 주셔서 감사합니다.

o Dear Purchasing manager,
Jera Corporation is a Seoul-based cosmetic company and interested in introducing our products to Chinese customers.
과장님도 아시다시피 한류 현상 덕분에 중국 시장에서 한국 제품이 점점 더 인기를 끌고 있습니다. Our products will attract Chinese customers who want to look like Korean celebrities.

→ 구매 과장님께
제라 사는 서울에 본사를 둔 화장품 회사이며 중국 소비자들에게 저희 제품을 소개하는 것에 관심이 있습니다.
As you are aware, Korean products are becoming more and more popular in Chinese market as a result of the popularity of the Korean culture.
저희 제품은 한국 연예인을 닮고 싶어 하는 중국 소비자들로부터 호응을 얻을 것입니다.

To be more specific,...

더 구체적으로 말씀드리면, ~

비즈니스를 할 때는 구체적이고 명확하게 말하는 것이 필수적이죠. 상대방의 애매한 말에는 Could you be more specific?(좀 더 구체적으로 말씀해 주시겠어요?)라고 하고, 자신의 말을 부연 설명할 때는 To be more specific…이라고 운을 띄운 후 구체적인 내용을 덧붙일 수 있어요.

유사 패턴 Specifically...

step 1 패턴 집중 훈련

더 구체적으로 말씀드리면, 우리는 일주일에 48시간 이상을 일해야 합니다.	**To be more specific, we are forced to work more than 48 hours a week.**
더 구체적으로 말씀드리면, CIF는 운임·보험료 포함 가격의 약자입니다.	**To be more specific, CIF is an abbreviation for cost, insurance and freight.**
더 구체적으로 말씀드리면, 가격은 품목의 무게에 따라 달라집니다.	**To be more specific, the price depends on the weight of your item.**
더 구체적으로 말씀드리면, 제가 지금껏 근무한 회사들은 다음과 같습니다.	**To be more specific, the companies I have worked at are as follows:**

step 2 리얼 영작 연습

o **Dear Mr. Johnson,**
Please use the standard documentation format.
더 구체적으로 말씀드리면, 모든 글자는 한 행씩 띄어서 12포인트의 타임스 뉴 로만 체로 작성해 주시기 바랍니다.
Take care and keep me posted of your progress.

→ 존슨 씨께
표준 문서 양식을 따라 주시기 바랍니다.
To be more specific, all text should be double spaced using Times New Roman of 12-point font size.
몸조심하시고 앞으로 진행되는 상황에 대해 제게 보고해 주세요.

o **Dear Team,**
I am writing to let you know that the Board of Directors has decided to build a teamwork culture with trust and respect.
더 구체적으로 말씀드리자면, 매월 넷째 주 금요일에 팀 스피릿 데이를 하게 될 거예요.
The idea behind this event is to bond employees to facilitate better communication in the workplace.

→ 팀원들에게
이사회에서 팀원 간 신뢰와 존경을 가진 문화를 만들어 보기로 결정했다는 사실을 알려 드립니다.
To be more specific, we will be having a team spirit day every 4th Friday.
이런 행사를 개최하게 된 이유는 팀원끼리 친해져서 직장에서 더 원활히 의사소통을 할 수 있게 만들기 위해서예요.

pattern 120

Unless otherwise indicated,...

별도의 표시가 없으면 ~

Unless (it is) otherwise indicated,...에서 주어와 동사인 it is를 생략하고 사용되는 패턴입니다.

유사 패턴 If not otherwise specified...

step 1 🅴 패턴 집중 훈련

별도의 표시가 없으면 다음의 품목은 FDA 승인을 받은 것입니다.

Unless otherwise indicated, the following products are FDA approved.

별도의 표시가 없으면 저희의 작품은 저작권의 보호를 받습니다.

Unless otherwise indicated, our work is under copyright protection.

별도의 표시가 없으면 매일 오후 5시에 회의가 열릴 것입니다.

Unless otherwise indicated, meetings will be held at 5 p.m. every day.

별도의 표시가 없으면 대문자로 된 문구는 다음의 의미를 지닙니다.

Unless otherwise indicated, capitalized terms shall have the following meanings.

step 2 🅴 리얼 영작 연습

○ Hello Jane,
Thank you for giving us the opportunity to bid for your business.
We are forwarding our best quote. 모든 가격은 별도의 표시가 없으면 FOB 기준입니다. We look forward to your positive response.

→ 제인 씨, 안녕하세요.
귀사에 입찰할 기회를 주셔서 감사드립니다.
저희 제품의 최저 가격표를 전달해 드립니다. All prices are F.O.B. unless otherwise indicated. 좋은 소식 기다리겠습니다.

○ Dear Mr. Richardson,
Thank you for your email of April 4. Jason Holding Inc. gladly accepts your request to report our products and services. Please find attached our product description. 특별한 명시가 없으면 언론에 보도하셔도 좋습니다.

→ 리차드슨 씨에게
4월 4일 보내 주신 이메일 잘 받아 보았습니다. 저희 제이슨 지주 회사는 회사의 제품과 서비스를 보도하겠다는 당신의 제안을 기꺼이 받아들이겠습니다. 저희 회사 제품에 대한 자세한 정보를 첨부합니다. Unless otherwise indicated, we do not mind getting media coverage.

Tips
• capitalized terms는 어떤 단어의 가장 앞 글자만 대문자로 표기하거나 단어 전체를 대문자로 쓰는 것을 말해요.

You shall not disclose... to any~

…을 어떤 ~에게도 공개해서는 안 됩니다

shall not은 should not보다 더 강한 어조의 표현입니다. 절대 하지 말아야 된다는 것을 강조할 때 쓰면 유용한 패턴입니다.

유사 패턴 … is for your eyes only.

step 1 패턴 집중 훈련

이것을 어떤 사람에게도 공개해서는 안 됩니다.	**You shall not disclose** this to anyone.
개인 정보를 어떤 사람에게도 공개해서는 안 됩니다.	**You shall not disclose** personal information to anyone.
어떤 다른 사람에게도 이 문서를 공개하거나 배포해서는 안 됩니다.	**You shall not disclose** or distribute any of these documents to any other person.
권한이 부여되지 않은 어떤 사람에게도 비밀 정보를 공개해서는 안 됩니다.	**You shall not disclose** confidential information to any unauthorized personnel.

step 2 리얼 영작 연습

○ Hello Mr. Johnson,
This is for your eyes only. We are actively considering selling our Japanese subsidiary and moving forward to finalize it. I will get back to you on this if any progress is made.
Please note that all information which I give you regarding this is confidential and 제가 특별히 권한을 부여한 사람이 아니라면 어떤 사람에게도 공개해서는 안 됩니다.

→ 존슨 씨, 안녕하세요.
당신만 알고 있으세요. 우리 회사는 일본 자회사를 팔려는 계획을 적극적으로 추진 중에 있는데 거의 마무리 단계에 와 있어요. 진전이 있으면 다시 연락 드릴게요.
이 사안과 관련해서 어떤 정보도 비밀로 유지하셔야 하며 you shall not disclose this to anyone except to those specifically authorized by me.

○ Dear Marketing Director,
I am writing to inform you that Mr. Jimmy Kim, Founder and CEO of our company has decided to move our East Asian head office to Singapore from Indonesia. The decision was made after regulatory capital requirements have been announced. 그렇지만 김 사장님께서 공식 발표할 때까지 이 사실을 누구에게도 이야기해서는 안 됩니다.

→ 마케팅 부장님께
저희 회사의 창립자이자 CEO이신 지미 김 사장님께서 동아시아 본사를 인도네시아에서 싱가포르로 이전하겠다는 결정을 내렸다는 사실을 알려 드립니다. 이러한 결정은 필요 자본금을 증가시키는 규제안이 발표된 후 이루어졌습니다. However, you shall not disclose this information to anyone until Mr. Kim makes a public announcement.

Unit 15

이전 논의 이어가기

Q 다음 말을 영어로 할 수 있나요?

- 4월 20일에 보낸 저의 이메일에 추가 내용을 전달하고자 이메일을 보냅니다.

  I am writing to _____ on my email of April 20.

- 오늘 크리스마스 파티가 있다는 것을 정중히 상기시켜 드립니다.

  _____ we will be having our

  Christmas party today.

- 제가 언급했듯이 우리는 예정보다 늦어지고 있습니다.

  _____ , we are running behind schedule.

- 당신도 아시듯이 마감일이 다가오고 있습니다.

  _____ , the deadline is approaching.

- 귀하께서 요청하신 대로 제 이력서 사본을 보내 드립니다.

  _____ your request, I am sending you a copy of my resume.

정답 _ follow up / This is a gentle reminder that / As I mentioned / As you are aware / As per

... follow up~

~에 …을 덧붙여

이메일을 보냈는데 회신이 안 되는 경우가 있죠. 그럴 때는 새로운 내용을 더 추가한 follow-up 메일을 보내면서 회신을 한 번 더 재촉할 수 있어요.

유사 패턴 This is in continuation of...

step 1 패턴 집중 훈련

제가 전에 보낸 이메일의 업데이트입니다.	I am **following up** on my previous email.
4월 20일에 보낸 저의 이메일에 추가 내용을 전달하고자 이메일을 보냅니다.	I am writing to **follow up** on my email of April 20.
CNG 프로젝트와 관련해 지난달에 제가 보내 드린 이메일에 업데이트가 있습니다.	I am **following up** on my email from last month regarding the CNG project.
지난번 이메일에 더해, 저의 요청에 대한 귀하의 생각을 여쭤 보고 싶습니다.	**Following up** on my previous email, I would like to ask what you thought of my request.

step 2 리얼 영작 연습

○ Dear Mr. Doe,
I hope all is well. 아래에 있는 지난 이메일에 추가로 드릴 말씀이 있습니다. Have you had a chance to share the Usage Report with your boss? Please let me know whether I should prepare a proposal for the renewal of Business 101. I would appreciate a reply at your earliest convenience.

→ 도 씨에게
별일 없으시길 바랍니다. I am following up my previous email below. 도 씨 상사께 사용 보고서를 보여 드렸나요? Business 101의 계약 연장을 위해서 제가 제안서를 작성해야 할지 알려 주시기 바랍니다. 가능하면 빨리 편하신 때에 답장을 부탁드립니다.

○ Dear Angie,
어제 열렸던 미팅과 관련해 이전 메일에 덧붙여 말씀드립니다. We discussed this year's budget plan and decided to increase our research and development spending by 10%.
We will meet again next Monday, September 10 at 9:00 a.m. in the conference room to make our final plans.

→ 앤지에게
I am following up on my previous email regarding the meeting held yesterday. 저희는 올해 예산안을 논의했고 연구 및 개발비를 10% 증가시키기로 결정했습니다. 다음 월요일인 9월 10일 아침 9시에 컨퍼런스룸에서 다시 만나 최종안을 결정할 계획입니다.

previous email 이전 이메일 **final plan** 최종안

pattern 123

This is a gentle reminder that...

~을 정중히 상기시켜 드립니다

gentle/friendly reminder는 어떤 내용에 대해 상대방의 기분을 다치지 않게 조심스레 상기시킨다는 의미예요. 중요한 마감일을 앞두고 확인하는 차원에서 이메일을 보낼 때 쓰면 유용합니다.

유사 패턴 Don't forget to... | Let me please remind you that...

step 1 패턴 집중 훈련

오늘 크리스마스 파티가 있다는 것을 정중히 상기시켜 드립니다.	**This is a gentle reminder that** we will be having our Christmas party today.
이것은 개인적인 용도로만 이용 가능하다는 것을 정중히 상기시켜 드립니다.	**This is a gentle reminder that** this is for personal use only.
귀하의 지급일이 만료되었다는 것을 정중히 상기시켜 드립니다.	**This is a gentle reminder that** your payment is overdue.
귀하의 미지급액이 100달러라는 것을 정중히 상기시켜 드립니다.	**This is a gentle reminder that** you have an outstanding balance in the amount of $100.

step 2 리얼 영작 연습

○ **Hello to all,**
새로운 프로젝트의 제출 마감일이 2013년 6월 12일이라는 것을 정중히 상기시켜 드립니다. **Please note that permission for a late submission is not granted in advance.**
Keep up the good work and make sure you meet the deadline.

→ 모두 안녕하세요.
This is a gentle reminder that the deadline for submitting new projects is June 12, 2013. 사전에 제출일 연기에 대한 문의는 불가하다는 것을 알려 드립니다.
계속 수고하시고 마감일은 꼭 지켜 주십시오.

○ **Dear Mr. Moore,**
저희 회사와 귀사 간의 소프트웨어 개발 계약이 3월에 종료될 예정이라는 것을 정중히 상기시켜 드립니다. **Please find attached a copy of the original contract for your convenience. We look forward to renewing our contract.**

→ 무어 씨께
This is a gentle reminder that your software development contract with us is set to expire in March. 편의를 위해 원 계약서의 사본을 첨부합니다. 계약이 연장될 수 있기를 바랍니다.

---

personal use 개인적인 용도   **overdue** 만료된   **outstanding balance** 미지급액   **meet the deadline** 마감일을 지키다
renew 갱신하다, 재개하다

As I mentioned,...

pattern 124

제가 언급했듯이 ~

이전에 언급한 상황을 상기시키며 다시 한번 같은 내용을 언급할 때 쓰는 패턴입니다.

유사 패턴 As I wrote in my previous email about...

step 1 패턴 집중 훈련

제가 언급했듯이 우리는 예정보다 늦어지고 있습니다.	**As I mentioned,** we are running behind schedule.
제가 언급했듯이 우리는 직원을 새로 채용해야 합니다.	**As I mentioned,** we need to hire new employees.
제가 전에 언급했듯이 저는 다음 달까지 사무실에 없을 계획입니다.	**As I previously mentioned,** I will be out of the office and returning next month.
제가 지난 메일에서 언급했듯이 이번 주 회의는 새 프로젝트에 관한 내용이 될 것입니다.	**As I mentioned** in my last email, this week's meeting will be about the new project.

step 2 리얼 영작 연습

○ Hello Jack,

이전에 제가 말씀드렸듯이, 저희 회사는 5월 2일 월요일에서 5월 6일 금요일까지 휴무입니다. Our staff will have limited access to email and you will not be able to place any additional orders with us during this time. For urgent matters, please contact the receptionist at rec@abc.com.

→ 잭 씨, 안녕하세요.
As I previously mentioned, our company is closed from Monday, May 2 to Friday, May 6. 동 기간 동안 이메일로 저희 직원들과 연락이 어려우실 것이고, 추가 주문도 받지 않습니다. 급한 일이 있으시면 rec@abc.com의 주소로 접수 담당자에게 연락 주십시오.

○ Hello Mr. Garcia,
We would like to welcome you on your visit to Korea next week.
제가 말씀드린 바와 같이 서울은 현대적인 면과 전통적인 문화가 공존하는, 가 볼 곳이 많은 도시입니다. Below are the top 10 most visited places in Seoul.

→ 가르시아 씨, 안녕하세요.
다음 주 한국에 방문하시는 것을 환영합니다.
As I mentioned, Seoul has many attractions with modern and traditional style. 아래는 서울에서 가장 많이 방문하는 장소 10곳입니다.

---

additional order 추가 주문   **urgent matters** 급한 일   **receptionist** 접수 담당자

pattern 125

As you are aware,...

당신도 아시듯이 ~

이메일의 수신자가 이미 알고 있는 사실을 언급할 때 쓰는 패턴으로 뒤에는 주절이 따라와요.

유사 패턴 As you already know…

step 1 패턴 집중 훈련

당신도 아시듯이 마감일이 다가오고 있습니다.
As you are aware, the deadline is approaching.

당신도 아시듯이 회사 이전 계획이 결정되었습니다.
As you are aware, the decision to relocate our office has been made.

당신도 아시듯이 우리는 현재 몇몇 회사들과 논의를 진행하고 있습니다.
As you are aware, we are currently holding discussions with several companies.

당신도 아시듯이 유가가 최고치를 경신했습니다.
As you are aware, oil prices hit a record high.

step 2 리얼 영작 연습

○ **Dear Washington Office,**
여러분도 아시듯이 2013년 1월 10일 이사회의 결정에 따라 우리 회사의 워싱턴 지사는 다른 건물로 이전을 하게 되었습니다. **We hereby request you take all necessary measures under the U.S. law regarding this change.**

→ 워싱턴 지사 직원 분들께
As you are aware, our Washington office will be moving to a different building following a resolution by the Board of Directors on January 10, 2013. 이전과 관련해 미국 법을 준수하면서 필요한 조치를 모두 취하시기 바랍니다.

○ **Hello Adam,**
I am writing to remind you of tomorrow's meeting with us. 당신도 알고 계시겠지만 서울의 교통체증은 하루 중 언제라도 일어날 수 있기 때문에 집에서 일찍 출발하는 편이 좋으실 겁니다. **Below are the details of the meeting.**

Date	Time	Meeting	Location
Wed. Oct. 10, 2013	13:00-15:00	Air Cargo Meeting	Grand Ballroom

→ 아담 씨, 안녕하세요.
내일 저희와의 회의를 상기시켜 드리고자 메일을 보냅니다. **As you are aware, a traffic jam in Seoul can occur at any time of the day so I would recommend that you leave home early to avoid it.** 아래는 회의 관련 세부사항입니다.

날짜	시간	회의	장소
'13.10.10 (수)	13:00-15:00	항공 운송 회의	그랜드 볼룸

pattern 126

as per...
~ 대로

As per는 라틴어와 영어가 결합된 국적 없는 표현인데다가 구식의 느낌을 준다는 이유로 이 패턴을 선호하지 않는 사람들도 있습니다. 하지만 여전히 비즈니스적인 느낌이 강하다고 해서 여러 사람들에 의해 선호되는 패턴이기도 하죠.

유사 패턴 according to... | in accordance with...

---

step 1 패턴 집중 훈련

귀하께서 요청하신 대로 제 이력서 사본을 보내 드립니다.	**As per** your request, I am sending you a copy of my resume.
우리가 합의한 대로 미팅은 다음 주 월요일에 열리게 되었습니다.	The meeting will be held next Monday **as per** our agreement.
어제 이야기한 대로 요청하신 문서를 보내 드립니다.	**As per** our conversation yesterday, I am sending you the documents you requested.
판매 계약서에 명시된 대로 50%의 취소 수수료가 발생합니다.	A 50% cancellation fee will apply **as per** the sales contract.

---

step 2 리얼 영작 연습

○ Hello James,
Hope all is well. 오늘 아침 유선상으로 이야기한 대로, I have listed below everyone's task assignment and deadlines. Please forward this email to anyone who might be interested.
Thank you for your time.

→ 제임스 씨, 안녕하세요.
별일은 없으신지요. As per our conversation on the phone this morning, 각자의 업무 분담과 마감일을 아래에 붙입니다. 이 메일을 관심 있는 다른 직원들에게도 전달해 주시길 부탁합니다.
시간 내어 주셔서 감사드립니다.

○ Dear Jack,
Please find attached our quarterly progress report on the national gas project.
계약서에 명시된 대로 우리는 예정대로 올해 여름까지 프로젝트를 끝낼 수 있을 것입니다. Should you have any comments or questions, please contact me at any time.

→ 잭 씨
천연가스 프로젝트에 대한 저희의 분기별 진행상황 보고서를 첨부해 드립니다.
As per our agreement, we are on schedule to implement the project this summer. 하실 말씀이나 질문이 있으시면 언제든 저에게 연락 주세요.

---

cancellation fee 취소 수수료 **sales contract** 판매 계약서 **task assignment** 업무 분담

Unit 16 배송 · 계약하기

Q 다음 말을 영어로 할 수 있나요?

- 예정대로 물품은 제시간에 배송될 것입니다.

  _____ on time.

- 태풍 때문에 지연되었습니다.

  _____ a storm.

- 물품은 좋은 상태로 수령했습니다.

  Your shipment _____ .

- 주문을 하시려면 다음 양식을 기입해 주십시오.

  _____ place an order.

- 서울사가 계약을 따냈습니다.

  _____ Seoul Corporation.

- 그 계약은 2014년 1월 1일 자로 효력을 가집니다.

  The contract _____ on Jan. 1, 2014.

- 당신은 판매 계약을 어겼습니다.

  _____ the sales contract.

- 귀하의 고용이 끝날 것입니다.

  Your employment _____ .

- 다음의 계약 조건은 모든 상품에 적용됩니다.

  _____ all products.

- 저희 기록상에는 귀하와의 계약이 만료되었다고 되어 있습니다.

  _____ your contract has expired.

pattern 127

As scheduled, your shipment will arrive...

예정대로 물품은 ~에 배송될 것입니다

이 패턴에서 will 대신 should를 쓰면 물품을 수령할 구체적인 날짜를 확신하지 못하는 상태에서 변경 가능성이 있다는 뜻이지만, will을 쓰면 정확한 배송 날짜를 확신하는 말이 됩니다.

유사 패턴 You will receive your shipment...

step 1 패턴 집중 훈련

예정대로 물품은 제시간에 배송될 것입니다.
As scheduled, your shipment will arrive on time.

예정대로 물품이 다음 날 배송될 것입니다.
As scheduled, your shipment will arrive the next business day.

예정대로 물품은 영업일 5일 이내에 배송될 것입니다.
As scheduled, your shipment will arrive within 5 business days.

예정대로 물품은 특별히 명시가 되지 않는 한 목요일에 배송될 것입니다.
As scheduled, your shipment will arrive on Thursday unless otherwise noted.

step 2 리얼 영작 연습

○ Dear Purchasing Manager,
As per your request, we are pleased to send you free samples of our child safety products; 예정대로 물품은 11월 1일 월요일에 도착할 것입니다.
Also, please find attached our best price quotation for the products. We are looking forward to doing business with you in the future.

→ 구매 과장님께
귀하의 요청대로 저희 회사의 어린이 안전 용품 무료 샘플을 보내 드릴 수 있어 기쁘게 생각합니다. as scheduled, your shipment will arrive on Monday, November 1.
또한 제품의 견적서를 첨부합니다. 향후 귀사와 함께 사업을 할 수 있게 되기를 기대합니다.

○ Dear Jack,
I just wanted to inform you that your order has already been delivered. 예정대로 상품은 2013년 5월 10일 금요일 부산항에 도착할 것입니다. Please acknowledge receipt of the shipment at park@abc.com.

→ 잭 귀하
귀하의 주문 상품이 이미 발송되었음을 알려 드립니다. As scheduled, the shipment will arrive on Friday, May 10, 2013 at Busan Harbor. 상품을 수령하시면 park@abc.com로 알려 주세요.

The delay was caused by...

~ 때문에 지연되었습니다

배송이나 대금 결제 등이 지연되는 경우 그 이유를 밝히면서 양해를 구하는 것이 필요합니다. 그럴 때 이 패턴을 쓰죠.

유사 패턴 ... caused a delay

---

step 1 패턴 집중 훈련

태풍 때문에 지연되었습니다.
도로 건설 때문에 지연되었습니다.
보안상의 위반 때문에 지연되었습니다.
파업 때문에 배송이 지연되었습니다.

The delay was caused by a storm.
The delay was caused by road construction.
The delay was caused by a security breach.
The delay in delivery was caused by a labor strike.

---

step 2 리얼 영작 연습

○ Dear Mr. Shaw,
I am writing to offer you our sincere apologies for the late delivery of your order.
저희 회사의 배송 시스템에 기술적인 문제가 생겨 배송이 지연되고 있습니다.
We will ship your order immediately after our system gets back to operating normally. Thank you for your understanding.

→ 쇼 씨께
주문하신 상품의 배송이 늦어져서 정말 죄송합니다. The delay was caused by technical problems with our delivery system.
시스템이 정상화되면 즉시 상품을 배송하겠습니다. 양해를 부탁드립니다.

○ Dear Mike,
Please accept our apology for the late payment for the services you have rendered.
한국의 은행 네트워킹 시스템이 마비가 되어 지연되고 있었으며 이를 막을 수가 없었습니다.
I hope you understand our situation. I will keep you updated on any progress made in this issue.

→ 마이크 씨께
귀사의 서비스에 대한 대금 지급이 늦어진 점에 대해 사과드립니다.
The delay was caused by banking network complications in Korea which were unavoidable.
저희의 사정을 이해해 주셨으면 합니다. 진전 상황이 있으면 연락드리겠습니다.

Tips
'은행전산망 마비'를 banking network complications라고 합니다.

... was delivered in good condition.

pattern **129**

~은 좋은 상태로 수령했습니다.

in good condition은 '몸/상품의 상태가 좋은'이라는 의미입니다. 상품의 상태가 좋지 않다면 in poor/bad condition이라고 하면 됩니다.

유사 패턴 ... was delivered in good condition.

step 1 패턴 집중 훈련

물품은 좋은 상태로 수령했습니다.
Your shipment was delivered in good condition.

첨부된 문서는 좋은 상태로 수령했습니다.
Your attached document was delivered in good condition.

주문한 제품을 좋은 상태로 수령했습니다.
The products we ordered were delivered in good condition.

저희가 좋은 상태로 제품을 수령할 수 있도록 신경을 많이 써 주셔서 감사드립니다.
Thank you for taking every care to ensure our products were delivered in good condition.

step 2 리얼 영작 연습

o **Dear AK International,**
주문한 제품을 2월 10일 좋은 상태로 수령했습니다. **Your promptness in dealing with our first order is greatly appreciated.**
We will certainly use your company next time and recommend you and your high-quality service to all of our clients. Thank you again for your excellent customer service.

 AK 인터내셔널 귀하
All the goods we ordered were delivered on February 10 in good condition. 첫 주문을 빨리 처리해 주셔서 정말 감사드립니다.
저희는 다음번에도 귀사를 이용할 것이며, 귀사와 귀사의 훌륭한 서비스를 저희 고객 모두에게 추천하겠습니다. 다시 한번 귀사의 훌륭한 고객 서비스에 감사드립니다.

o **Dear Rose,**
지난주 발송된 저희 회사의 천연 직물 샘플을 좋은 상태로 잘 수령하셨는지 확인차 연락드립니다. **As far as I know, your offices have more than one address so I was wondering if I used the right delivery address. I eagerly await your reply.**

로즈 씨께
I am writing to confirm that if our natural fabric samples shipped last week were delivered in good order and condition. 제가 아는 한 귀사는 주소가 한 개 이상이어서 제가 맞는 주소로 보냈는지 궁금합니다. 신속히 답변 주시면 감사하겠습니다.

pattern 130

Please complete the following form to...

~ 하시려면 다음 양식을 기입해 주십시오

complete이 form과 함께 쓰이면 '양식을 작성하다'라는 의미가 됩니다.

유사 패턴 Could you please fill out this form to...?

---

step 1 패턴 집중 훈련

주문을 하시려면 다음 양식을 기입해 주십시오.	**Please complete the following form to place an order.**
제안을 하시려면 다음 양식을 기입해 주십시오.	**Please complete the following form to make suggestions.**
제품을 반송하시려면 다음 양식을 기입해 주십시오.	**Please complete the following form to return your item.**
저희와 함께 일하시려면 다음의 지원 양식을 기입해 주십시오.	**Please complete the following application form to join us.**

---

step 2 리얼 영작 연습

○ **Dear Sir/Madam,**
주문을 진행하기 위해서는 다음 양식을 기입해서 제출해 주십시오.
To avoid delay, complete all fields of this form and provide all contact information requested in Section 2. For the same day service, we must receive your request by 12:00 p.m. Requests received after 12:00 p.m. will be processed the following work day. Please contact our Customer Service Department for further assistance.

→ 관계자분께
Please complete and return the following order form to process your order. 본 양식의 모든 칸을 채우시고 2장에서 필요한 연락처를 모두 기재하셔야 빠른 처리가 가능합니다. 당일 배송 서비스의 경우 낮 12시 전까지는 주문을 하셔야 하며, 12시 이후의 주문은 익일에 처리됩니다. 도움이 더 필요하시면 저희 회사의 고객 서비스 부서로 연락 주십시오.

○ **Dear Mr. Samuel,**
주문한 상품을 회사로 배송 받으시려면 다음의 배송 서비스 요청 양식을 기입해 주십시오. **Indicate if the shipment is to be sent via next-day air, two-day air or ground service.**

→ 사무엘 씨께
Please complete this following Request for Mailing Services form to have your order delivered to your business. 상품을 익일 항공, 이틀 소요 항공 혹은 지상 운송 중 어떤 것으로 수령하실지 여부를 기재해 주세요.

The contract was awarded to...

~이 계약을 따냈습니다

award는 상을 받을 때뿐만 아니라 계약을 따낼 때도 사용할 수 있는 동사입니다. 이 패턴의 뒤에는 계약을 따낸 회사명을 쓰면 됩니다.

유사 패턴 ... win the contract.

step 1 패턴 집중 훈련

서울사가 계약을 따냈습니다.

The contract was awarded to Seoul Corporation.

우리가 10년짜리 계약을 따냈습니다.

The 10-year contract was awarded to us.

최저가 입찰자가 계약을 따냈습니다.

The contract was awarded to the lowest bidder.

귀사가 공개 입찰에서 150만 달러의 계약을 따냈습니다.

The $1.5 million contract was awarded to your company through open competition.

step 2 리얼 영작 연습

○ **Dear Ms. Eaterly,**
2012년 5월 1일 자로 귀사와 열에너지 공급 계약이 체결된 바 있습니다. However, it has been determined that your company has not performed in accordance with the requirements of our supply contract. Could you please send us the missing pieces (part number AB-123 and BC-123) as soon as possible? Thank you for your cooperation.

→ 이터리 귀하
The contract for the supply of heat energy was awarded to your company on May 1, 2012. 그러나 귀사는 저희 측과의 공급 계약서에 명시되어 있는 요구 조건을 충족시키지 않은 것으로 드러났습니다. 누락된 부품(부품 번호 AB-123과 BC-123)을 가급적 빨리 보내 주실 수 있으신가요? 협조에 감사드립니다.

○ **Dear Mr. Smith,**
아시다시피, 서울 랜드마크 타워 엘리베이터 교체 프로젝트에 설계 부분 입찰을 귀사가 따게 되었습니다, and I just wanted to clarify the concerns you raised in your email of June 1 regarding the project budget. Although the project is underfunded, a loan is covering the cost of construction. I hope this helps.

→ 스미스 씨께
As you already know, the design contract for the replacement of escalators at the Seoul Landmark Tower was awarded to your company, 그리고 6월 1일 프로젝트 예산과 관련해 보내 주신 이메일에서 당신이 우려하는 점에 대해 명확하게 말씀드리고 싶습니다. 프로젝트 예산이 부족한 것은 사실이지만 대출금으로 건설비를 충당할 것입니다. 도움이 되셨으면 좋겠습니다.

pattern 132

... will go into effect

~은 효력을 가집니다

go into effect 혹은 take effect는 '계약이 발효되다', '효력이 발생하다'의 의미예요.

유사 패턴 ... will take effect

---

step 1 패턴 집중 훈련

그 계약은 2014년 1월 1일 자로 효력을 가집니다.	The contract will go into effect on Jan. 1, 2014.
그 프로그램은 수요일부터 효력을 가집니다.	The program will go into effect on Wednesday.
일·중 간 관세를 절반으로 인하하는 계약은 내일부터 공식적으로 효력을 가집니다.	A deal between Japan and China to slash tariffs by half will officially go into effect tomorrow.
변경된 정책은 내년부터 효력을 가집니다.	Policy changes will go into effect next year.

---

step 2 리얼 영작 연습

○ Dear Mr. Smith,
I am writing to outline the agreement between us. 본 협정은 양사의 서명이 끝난 후 바로 효력을 지니게 됩니다. I am attaching the terms of the agreement in MS word, which includes the rights and responsibilities of each party. Please take a look at it and confirm if it is acceptable.

→ 스미스 씨께
양사 간 협정 내역을 간단히 말씀드리기 위해 메일을 드립니다. This agreement will go into effect immediately after being signed by both parties. MS 워드 파일로 협정의 계약 조건을 첨부합니다. 각 사의 권리 및 의무 사항이 담겨 있으니 한번 보시고 수용 가능하신지 확인해 주십시오.

○ Dear Sales Director,
I am writing to increase my order to 5 million tons of kiwifruit.
수출입 상품에 부여되는 모든 관세를 폐지하는 한국–뉴질랜드 FTA가 6월 3일 체결될 예정임에 따라, I am expecting more demand for New Zealand's fruit crops. Please let me know if your harvest is enough to meet my order quantity.

→ 판매 부장님께
귀사의 키위 상품 주문량을 5백만 톤으로 늘리고 싶습니다.
As Korea-New Zealand FTA will go into effect on June 3 abolishing all tariffs on importing or exporting goods, 뉴질랜드산 농작물에 대한 수요가 높아질 것 같습니다. 출하량이 저의 주문량을 감당할 수 있을지 알려 주세요.

You are in breach of...

당신은 ~을 어겼습니다

비즈니스에서 계약을 어긴 것은 민감한 문제인 만큼 상대방이 계약을 어겼다면 확실하게 짚어 줘야 합니다.

유사 패턴 You break...

step 1 패턴 집중 훈련

당신은 법을 어겼습니다.
You are in breach of the law.

당신은 판매 계약을 어겼습니다.
You are in breach of the sales contract.

당신은 비밀 유지 조항을 어겼습니다.
You are in breach of the confidentiality agreement.

당신은 사생활 보호 지침을 어겼습니다.
You are in breach of guidelines for privacy protection.

step 2 리얼 영작 연습

o **Dear Ms. Arms,**
귀하가 다음과 같은 이유로 우리의 계약을 어겼음을 통보합니다: **The contract states that you should be held responsible for any costs incurred, but you asked us to pay for some of the expenses.**
If this breach of contract is not corrected within 14 days of this notice, we will pursue legal action.

암스 귀하
I hereby give you notice that you are in breach of our contract for the following reason: 계약에 따르면 발생한 모든 비용은 귀하가 부담하게 되어 있는데, 귀하는 비용 중 일부를 저희에게 청구하셨습니다. 만일 이 통지서가 발행된 날로부터 14일 이내에 계약 위반 사항이 고쳐지지 않는다면 저희는 법적인 조치를 취하겠습니다.

o **Dear Ms. Lee,**
유감스럽지만 귀하께서 외국 회사 등록을 신청하지 않아 한국 법을 어겼다는 사실을 알려 드립니다. **To maintain a presence in Korea with offices and employees, company registration is required. Thank you for your immediate attention to this matter.**

이 선생님께
I regret to inform you that you are in breach of Korean law by not applying to register as a foreign national. 한국에서 사무실을 갖고 직원을 고용하며 회사를 운영하려면 회사 등록이 필수적입니다. 이 문제에 즉각적인 관심을 부탁드립니다.

---

confidentiality 비밀   privacy protection 사생활 보호   pursue legal action 법적 조치를 취하다   company registration
회사 등록

178

Your... will be terminated.

귀하의 ~이 끝날 것입니다.

계약이나 서비스 등이 종료됨을 알리는 패턴입니다.

유사 패턴 Your... will be expired.

---

step 1 패턴 집중 훈련

귀하의 고용이 끝날 것입니다.
Your employment will be terminated.

귀하의 계약이 끝날 것입니다.
Your contract will be terminated.

귀하의 서비스는 공지 없이 끝날 것입니다.
Your services will be terminated without notice.

귀하의 초급 직원 훈련 프로그램이 끝날 것입니다.
Your training program for entry-level employees will be terminated.

---

step 2 리얼 영작 연습

○ **Dear John,**
9월 30일부로 서울 은행에서 귀하의 근무 계약이 끝날 것임을 통보하게 되어 유감입니다.
You will receive your severance payment equal to three months of salary. Please also contact Jane Doe in the HR department to discuss any questions or concerns you may have.
I sincerely regret that this action was necessary and wish you every success and happiness in your future career.

→ 존 씨께
I regret to inform you that your employment with Seoul Bank will be terminated effective September 30.
당신에게는 3개월치 월급에 상당하는 퇴직금이 지급될 것입니다. 질문이나 우려 사항이 있으면 인사팀의 제인 도 씨에게 연락하시면 됩니다.
이번 결정이 불가피하게 내려졌음을 알려 드리게 되어 정말 죄송합니다. 앞으로의 커리어에 항상 성공과 행복이 함께하길 바랍니다.

○ **Dear James,**
양사 간 체결된 건설 계약에 따라 계약이 즉시 파기된다는 것을 알려 드립니다.
Neither party has carried out the terms and conditions of the contract, and accordingly our contract is void.

→ 제임스 씨께
I would like to inform you that as per the construction contract made between us, the contract will be terminated effective immediately.
양사는 모두 계약서에 명시된 조건을 이행하지 않았으며 이에 따라 계약은 무효가 되었습니다.

---

severance payment 퇴직금 **void** 법적 효력이 없는

pattern 135

The following terms and conditions apply to...

다음의 계약 조건은 ~에 적용됩니다

apply to...는 '~에 해당 사항이 있다', '~에 적용되다'라는 뜻이고, terms and conditions는 계약 상의 조건 및 조항을 가리킵니다.

유사 패턴 The following terms and conditions govern... | Under the terms and conditions...

---

step 1 패턴 집중 훈련

다음의 계약 조건은 모든 상품에 적용됩니다.	**The following terms and conditions apply to all products.**
다음의 계약 조건은 이 홈페이지를 이용하실 때 적용됩니다.	**The following terms and conditions apply to the use of this website.**
다음의 계약 조건은 eKay를 통해 구매하신 제품에 적용됩니다.	**The following terms and conditions apply to products purchased through eKay.**
다음의 서비스 계약 조건은 저희 회사 서비스를 이용하실 때 적용됩니다.	**The following terms and conditions of service apply to your use of our company's services.**

---

step 2 리얼 영작 연습

○ Dear Sir/Madam,
Please refer to our terms and conditions before ordering any products from our site. 다음의 계약 조건은 모든 제품 구매에 적용됩니다. If you do not agree to these terms and conditions, you may not place an order. Thank you for your cooperation.

→ 관계자 귀하
저희 회사의 홈페이지를 통해 제품을 주문하시기 전에 저희 회사의 계약 조건을 참고해 주십시오. **The following terms and conditions apply to all product orders.** 이 조건에 동의하지 않으시면 주문이 불가능합니다. 귀하의 협조에 감사드립니다.

○ Dear Mr. Johnson,
다음의 계약 조건은 저희 회사 서비스를 이용하시는 모든 분께 적용됩니다. These terms and conditions cannot be changed except in writing signed by us. Any changes to the terms and conditions will be posted on our website at www.abc.com.
Thank you for your cooperation.

→ 존슨 씨께
The following terms and conditions shall apply to all users of our services. 이 조건은 저희가 서명한 서면을 통해서만 변경될 수 있습니다. 조건에 변경이 있으면 저희 회사 홈페이지 www.abc.com에 올리겠습니다.
협조에 감사드립니다.

pattern 136

Our records show that...

저희 기록상에는 ~이라고 되어 있습니다

상대방으로부터 컴플레인을 받았을 때 데이터나 문서로 정확하게 확인시켜 주는 것만큼 확실한 해결책은 없겠죠. 그때 사용하면 유용한 패턴입니다.

유사 패턴 Our records indicate that... | We note from our records that...

---

step 1 패턴 집중 훈련

저희 기록상에는 고객님이 저희 서비스를 이용할 수 없다고 되어 있습니다.	**Our records show that** you are not eligible to use our service.
저희 기록상에는 귀하와의 계약이 만료되었다고 되어 있습니다.	**Our records show that** your contract has expired.
저희 기록상에는 고객님의 신용도가 아주 높다고 되어 있습니다.	**Our records show that** your credit rating is high.
저희 기록상에는 최근 송장에 대한 대금 결제가 아직 이루어지지 않았다고 되어 있습니다.	**Our records show that** we have not received the payment for the last invoice.

---

step 2 리얼 영작 연습

○ Dear Ms. Park,
저희 기록상에는 귀하에게 2013년 3월 13일이 만기일인 1백만 달러의 체불액이 있다고 명시되어 있습니다, **as detailed on the enclosed account statement. Please remit payment in full within 5 days or contact us at 777-8888 to make payment arrangements. Thank you in advance for your prompt attention to this matter.**

→ 박 선생님께
Our records show that you have an outstanding balance in the amount of $1,000,000 with a due date of March 13, 2013, 동봉된 거래 명세서에 자세한 사항이 기입되어 있습니다. 5일 이내에 대금을 완전히 지급해 주시거나 지불 약정을 위해 777-8888로 저희에게 전화 주시기 바랍니다. 이 문제에 대한 빠른 조치를 부탁드립니다.

○ Dear Mr. Samuelson,
I am writing in response to your email of March 15 regarding your outstanding order(order number 1234).
저희 기록에 따르면 잭 사무엘슨 씨의 성함으로 주문이 들어온 것이 없습니다, **so could you please check if there are any mistakes?**

→ 사무엘슨 씨께
3월 15일 자 고객님의 미체결 거래 관련(주문 번호 1234) 문의에 대한 답장입니다.
Our records show that no orders have been placed under the name of Mr. Jack Samuelson, 그러니 착오가 있는지 확인해 주실 수 있으신가요?

Tips outstanding은 '뛰어난', '미지불된', '미처리된'이란 의미를 갖고 있어요. outstanding balance는 '미지불된 잔액', 즉 '갚아야 할 돈'이고, outstanding order는 '처리가 되지 않은 주문'을 가리켜요.

Could you please quote your best price for...?

~의 최저가를 알려 주시겠습니까?

pattern **137**

quote는 '견적을 내다'라는 의미입니다. best price는 제일 좋은 가격이니 '최저 가격'을 뜻하겠지요. 거래처로부터 견적을 받을 때 유용한 패턴이에요.

유사 패턴 I would like to get an estimate for... | Please send your price quotations for...

---

step 1 패턴 집중 훈련

이것의 최저가를 알려 주시겠습니까?

Could you please quote your best price for this?

모델 번호 1234의 최저가를 알려 주시겠습니까?

Could you please quote your best price for model number 1234?

아래 품목의 최저가를 알려 주시겠습니까?

Could you please quote your best price for the below items?

다음 디지털카메라의 최저가를 알려 주시겠습니까?

Could you please quote your best price for the following digital camera?

---

step 2 리얼 영작 연습

○ **Dear Seoul International Inc,**
다음 품목의 최저가를 알려 주시겠습니까?

Description	Model #	Quantity
Baseball Cap	A100B	10,000

Please note that all prices must be F.O.B. Your prompt reply would be highly appreciated.

→ 서울 인터내셔널사 귀하
Could you please quote your best price for the following good?:

설명	모델 번호	수량
야구 모자	A100B	10,000

가격은 모두 FOB 기준이라는 것을 명심해 주십시오. 빨리 회신해 주시면 대단히 감사하겠습니다.

○ **Dear Sales Representative,**
Bali Corporation is an importer of a wide range of agricultural products into the Korean market and would like to show our interest in your dried fruit powders.
We are especially interested in the following products and 최저 가격 견적을 내 주실 수 있으신가요?

→ 영업 담당자께
발리 사는 다양한 종류의 농산품을 한국으로 수입하는 회사이고 귀사의 말린 과일 가루에 관심을 가지고 있습니다.
다음의 제품에 특히 관심이 있는데 **could you please quote your best price for them?**

182

Payment will be made...

대금 결제는 ~으로 하겠습니다

대금 결제 방식을 말할 때 돈을 받는 사람 입장에서는 Payment should be made..., 돈을 지급하는 사람 입장에서는 Payment will be made...라고 말합니다.

유사 패턴 I will make a payment by...

---

step 1 패턴 집중 훈련

대금 결제는 수표로 하겠습니다.	**Payment will be made** via check.
대금 결제는 늦지 않게 하겠습니다.	**Payment will be made** in a timely manner.
대금 결제는 송장 날짜로부터 14일 이내에 하겠습니다.	**Payment will be made** 14 days from the date of invoice.
대금 결제는 상품 수령 이후 30일 이내에 계좌 이체로 하겠습니다.	**Payment will be made** by transfer within 30 days after receiving goods.

---

step 2 리얼 영작 연습

● Dear Seoul Hotel,
I would like to reserve a non-smoking double room for two people under the name of Jim Richardson from May 1 to May 10, 2013.
호텔 홈페이지에 보니 가격이 하루에 100달러부터 시작하고 결제는 현금이나 신용 카드로 체크아웃할 때 할 수 있다고 되어 있습니다. Please correct me if I am wrong, and at your earliest convenience, inform me of possible availability.

→ 서울 호텔 담당자 귀하
2013년 5월 1일부터 5월 10일까지 짐 리차드슨 이름으로 2명 비흡연 더블룸을 예약하고 싶습니다. On your website, I found that prices start at $100 per night and payment will be made on departure by either cash or credit card. 제가 잘못 알고 있으면 고쳐 주시고 가급적 빨리 예약 가능 여부를 알려 주세요.

● Dear Emily,
This is to inform you that the items you ordered were shipped on Monday Oct. 10. Please find enclosed our invoice no. 1234 for your order number 1234.
We trust that you will send your payment promptly. 우리의 계약서에 따르면 대금 결제는 상품 수령 후 30일 이내에 저희 회사의 계좌로 입금이 되어야 한다고 명시되어 있습니다.

→ 에밀리 씨께
귀하가 주문한 상품은 10월 10일 월요일 선적되었음을 알려 드립니다. 주문 번호 1234에 대한 송장 번호 1234를 첨부합니다.
대금 결제는 조속히 해 주시기를 부탁드립니다. As per our contract, payment will be made into our bank account within 30 days after receiving goods.

pattern 139

Please make checks payable to...

~의 앞으로 수표를 발행해 주십시오

이 패턴의 뒤에는 수표를 수령할 사람이나 기관을 기입하면 됩니다. 수표에 받는 사람의 이름을 기입하라는 것은 수표 수령자의 이름을 기입해 달라는 의미입니다.

유사 패턴 Please make a payment to...

---

step 1 패턴 집중 훈련

마크 클라이드 앞으로 수표를 발행해 주십시오.
Please make checks payable to: Mark Clide.

서울 재단 앞으로 수표를 발행해 주십시오.
Please make checks payable to: Seoul Foundation.

9월 1일까지 시카고 협회 앞으로 수표를 발행해 주십시오.
Please make checks payable to Chicago Association no later than September 1.

SF대학교 앞으로 미 달러 수표나 우편환을 발행해 주십시오.
Please make your checks or money order payable to SF University in U.S. dollars.

---

step 2 리얼 영작 연습

○ **Dear Ms. Sato:**
9월 5일까지 서울 회사 앞으로 수표를 발행해 주십시오.
Please complete the attached form, include it with your check and mail it to the following address:
    123 Seoul Corporation, Seochogu, Seoul
If you have any questions, do not hesitate to contact me at one of the numbers below.

→ 사토 씨,
Please make checks payable to Seoul Corporation no later than September 5. 첨부된 양식을 완성하셔서 수표와 함께 다음의 주소로 보내 주세요.
  서울 서초구 서울회사 123
질문이 있으시면 아래 전화번호 중 하나로 제게 연락 주시면 됩니다.

○ **Hello Jack,**
I am writing to let you know our methods of payment. We accept e-checks with paypal. Payment can also be made in cash or checks. 수표로 지급하시려면 잭슨 사 앞으로 발행해 주십시오.

→ 잭 씨, 안녕하세요.
저희 회사의 대금 결제 지급 방식에 대해 알려 드리겠습니다. 저희는 온라인 결제를 통한 전자 수표를 받습니다. 대금 결제는 또한 현금이나 수표로도 가능합니다. **If you are paying by check, please make the check payable to Jackson Corporation.**

Please open a Letter of Credit for...

~에 대한 신용장을 개설해 주세요

'신용장을 개설하다'라고 할 때는 동사 open을 씁니다.

유사패턴 Could you open a Letter of Credit for...?

step 1 패턴 집중 훈련

주문 번호 123에 대한 신용장을 개설해 주세요.	**Please open a Letter of Credit for** order No.123.
ABC 사 앞으로 10만 달러짜리 신용장을 개설해 주세요.	**Please open a Letter of Credit for** $100,000 in favor of ABC Corporation.
서울 은행을 통해서 50만 달러짜리 취소 불능 신용장을 개설해 주세요.	**Please open an irrevocable Letter of Credit through Seoul Bank for** the amount of $500,000.
귀사의 거래 은행을 통해 20만 달러짜리 신용장을 더 늦지 않게 개설해 주세요.	**Please open a Letter of Credit for** $200,000 **through your bank without any further delay.**

step 2 리얼 영작 연습

○ **Dear Chicago Exports,**
2012년 3월 1일 주문한 상품의 10만 달러짜리 신용장을 개설해 주십시오. **The Letter of Credit must be in English and specify the shipping method as per our conversation last Monday. Please email me back when you open it. Thank you in advance for your prompt response to this matter.**

→ 시카고 수출 회사 앞,
Please open a Letter of Credit for $100,000 for the order placed on March 1, 2012. 지난 월요일에 이야기한 바와 같이 신용장은 영어로 작성해야 하며 배송 방식을 구체적으로 서술하셔야 합니다. 신용장 개설 후에 답장 주십시오. 빠른 처리 부탁드립니다.

○ **Dear Lisa,**
주문 번호 100에 대한 신용장을 개설해 주십시오, **and submit an original bill of lading and other shipping documents.**
Please hurry because we are in urgent need of the goods.

→ 리사 씨께
Please open a Letter of Credit for order number 100, 그리고 선하 증권 및 다른 선적 서류들도 제출해 주십시오. 저희는 지금 급하게 상품을 수령해야 하는 입장이니 서둘러 주시기를 부탁드립니다.

---

irrevocable Letter of Credit 취소 불능 신용장 **shipping method** 배송 방식 **bill of lading** 선하 증권

It is our usual practice to...

~하는 것은 저희 회사의 통례입니다

pattern **141**

문화나 관습 등의 차이로 인해 외국 바이어들로부터 괜한 오해를 불러일으키지 않으려면 이 패턴을 써서 미리 양해를 구하는 것이 좋습니다.

유사 패턴 It is an ordinary thing for us to...

---

step 1 패턴 집중 훈련

고객 정보를 수집하는 것은 저희 회사의 통례입니다.
It is our usual practice to collect customer information.

금요일에 캐주얼 의상을 입는 것은 저희 회사의 통례입니다.
It is our usual practice to have casual Friday.

직원 복지를 높은 우선 사항으로 두는 것은 저희 회사의 통례입니다.
It is our usual practice to put a high priority on employee benefits.

처음 회의를 시작하기 전에 명함을 교환하는 것은 저희 회사의 통례입니다.
It is our usual practice to exchange business cards at the beginning of the first meeting.

---

step 2 리얼 영작 연습

○ Dear Jim,
As a consortium partner for a nuclear plant construction project, we warmly welcome you to our company.
During your stay in Seoul, a special networking dinner will be organized on July 1 to introduce you to our project managers.
사업 파트너에게 저녁을 대접하는 것은 저희 회사의 통례이니 부담 갖지 말아 주십시오.
I look forward to meeting you in Korea.

> 짐 씨께
> 원자력 발전소 건설 프로젝트의 컨소시엄 파트너로서 당사 방문을 환영합니다.
> 서울에 머무르시는 기간 중 7월 1일에는 저희 회사의 프로젝트 매니저에게 당신을 소개하는 네트워킹 만찬 자리를 특별히 마련하였습니다. It is our usual practice to treat our partners to dinner so please don't feel burdened by it.
> 한국에서 뵙게 되기를 기대합니다.

○ Hello Natalie,
I am writing with regard to your email of November 4. 죄송하지만 바이어로부터 오픈 계정으로 대금을 수령하는 것은 저희 회사의 통례가 아닙니다.
Instead, we normally ask our buyers to obtain a letter of credit. We hope this policy will be acceptable to you.

> 나탈리 씨, 안녕하세요.
> 11월 4일 자 이메일에 대한 답장입니다. I am afraid it is not our usual practice to accept a payment from our buyers on open account.
> 대신 저희는 바이어에게 신용장을 개설하도록 하고 있습니다. 이 정책을 수용하실 수 있으시면 합니다.

186

It depends on...

pattern 142

~에 따라 다릅니다

비즈니스를 하다 보면 속어처럼 '케바케' 혹은 '케이스 바이 케이스'란 말을 들어봤을 겁니다. 이 말은 경우에 따라 달라진다는 의미로, 영어로는 이 패턴을 써서 표현하면 됩니다.

유사패턴 It is based on... | It differs according to...

---

step 1 패턴 집중 훈련

사람에 따라 다릅니다.	It depends on the person.
상황에 따라 다릅니다.	It depends on the situation.
성별에 따라 다릅니다.	It depends on your gender.
주문하시는 품목에 따라 다릅니다.	It depends on what you order.

step 2 리얼 영작 연습

○ Dear Sir,
Thank you for your interest in our products. To answer your question, 예상 배송 날짜는 선택하신 배송서비스의 종류에 따라 달라집니다. We offer several different types of shipping options for your convenience. For further details of the choices available, please refer to our website, www.abcd.com.

→ 담당자분께
저희 회사의 제품에 보여 주신 관심에 대해 감사드립니다. 귀하의 질문에 답변을 해 드리자면 the estimated delivery date depends on the shipping service selected. 저희는 귀하의 편의를 위해 여러 종류의 배송 옵션을 제공하고 있습니다. 가능한 옵션에 대한 더 자세한 정보를 위해서는 저희 회사의 홈페이지 www.abcd.com을 참고해 주십시오.

○ Dear Jesse,
I am writing in response to your inquiry regarding the estimated delivery date of the goods ordered. 질문에 대한 저의 답변은, 그것은 대금 결제 지급 방식에 따라 달라진다는 것입니다. If you choose to purchase on an open account, you will receive goods 90 days before having to pay. Hope it helps.

→ 제시 씨께
주문한 상품의 예상 배송일과 관련된 질문에 대한 답장입니다. My answer to your question is that it depends on the payment method. 만일 오픈 계정으로 지불을 하신다면 대금 지급 90일 전에 상품 수령이 가능하게 됩니다. 제 답변이 도움이 되셨으면 좋겠습니다.

---

shipping option 배송 옵션 **estimated delivery date** 예상 배송일 **open account** 오픈 계정

pattern 143

... is/are subject to change.

~은 변경될 수 있습니다.

'be subject to+동사'는 '~하기 쉽다', '~할 수 있다'라는 의미예요. 스케줄이나 가격처럼 항상 변동될 여지가 있는 것을 가리켜 쓸 수 있어요.

유사 패턴 ... may change.

step 1 패턴 집중 훈련

강의 안내서는 변경될 수 있습니다.
The syllabus is subject to change.

프로그램은 공지 없이 변경될 수 있습니다.
The program is subject to change without notice.

다음의 문서는 변경될 수 있다는 것을 숙지하십시오.
Please note that the following document is subject to change.

카탈로그의 가격은 5일간의 공지와 함께 변경될 수 있습니다.
Catalog prices are subject to change with a five-day notice.

step 2 리얼 영작 연습

○ Dear Mr. Pollini,
Regarding your visit to Korea, I have prepared a tentative itinerary for the upcoming business conference in July. I would also like to take this opportunity to inform you that I will be contacting you on behalf of all concerned organizations regarding the event. 참고로 다음의 일정표는 임시이며, 변경될 수 있습니다.

→ 폴리니 귀하
귀하의 한국 방문과 관련해, 7월에 있을 비즈니스 컨퍼런스 임시 일정표를 만들어 보았습니다. 더불어 이 기회를 통해 제가 본 행사와 관련된 모든 기관을 대표하여 제가 폴리니 씨께 연락을 하게 되었다는 점을 알려 드립니다. **For your reference, the following itinerary is tentative and subject to change.**

○ Hello Emma,
Please find attached a list of Korean importers of musical instruments in alphabetical order as of December 11. 이 목록은 바뀔 수 있다는 것을 유념하십시오. I hope you find the right business partner in Seoul.

→ 엠마 씨, 안녕하세요.
12월 11일 현재 알파벳 순서로 정리한 한국의 악기 수입상 목록을 첨부합니다. **Please note that the list may be subject to change.** 서울에서 마음에 드는 비즈니스 파트너를 찾으셨으면 좋겠습니다.

tentative itinerary 임시 일정표 **on behalf of** ~을 대표하여

pattern 144

There is a change in...

~에 변동 사항이 있습니다

변동 사항을 통보할 때 쓸 수 있는 패턴이에요. 막판에 마지막 변동 사항이 생긴 것은 a last minute change라고 합니다.

유사 패턴 We changed...

step 1 패턴 집중 훈련

우리 계획에 변동 사항이 있습니다.
There is a change in our plans.

수출 규제책에 변동 사항이 있습니다.
There is a change in these export regulations.

문서에 변동 사항이 있었습니다.
There is a change in the document.

프로젝트 스케줄에 최종 변동 사항이 있었습니다.
There is a last minute change in the project schedule.

step 2 리얼 영작 연습

○ Dear Mr. Kim,
저희 회사 제품의 가격에 변동 사항이 있었음을 알려 드리게 되어 유감으로 생각합니다.
As you are aware, the Korean won has fallen substantially against the Japanese yen and we have suffered from a significant increase in our production costs.
Attached is our new price list effective immediately. We hope that you understand our difficulties in keeping prices low.

→ 김 선생님께
I regret to inform you that there is a change in our prices.
아시다시피 한국 원화가 일본 엔화 대비 급락했기 때문에 저희 회사로서는 생산 비용의 증가를 감당하기 어려운 상황입니다.
지금부터 적용되는 새로운 가격표를 첨부합니다.
가격을 낮게 유지할 수 없는 저희의 고충을 이해해 주시기 바랍니다.

○ Dear Mr. Kim,
양사 간 기술 개발 계약서에 바뀐 점이 있는데 제가 어제 있었던 회의에서 말씀드리는 것을 깜빡했습니다. Sorry for the inconvenience and Mr. John Doe, Director will contact you today by phone regarding this.
Questions about the contract change may be directed to Mr. Doe, 200-3000, abc@abc.com.

→ 김 선생님께
I am afraid there was a change in our technology development contract, which I forgot to mention during our last meeting yesterday. 불편을 끼쳐 드려 죄송합니다. 존 도 이사님이 오늘 이와 관련해 전화로 선생님께 연락하실 거예요.
계약 변경 사항과 관련된 질문은 도 이사님께 200-3000 혹은 abc@abc.com으로 해 주시면 됩니다.

export regulation 수출 규제책 **production cost** 생산 비용

pattern 145

There will be no immediate effects on...

~에는 즉각적인 영향이 없을 것입니다

어떤 조건에 변동이 있더라도 당분간 기존의 상황은 유지될 것이라고 알리기 위해 쓰는 패턴입니다.

유사 패턴 ... won't be affected immediately.

step 1 패턴 집중 훈련

저희의 판매 전략에는 즉각적인 영향이 없을 것입니다.	**There will be no immediate effects on our sales strategy.**
저희 회사 제품의 가격 및 품질에는 즉각적인 영향이 없을 것입니다.	**There will be no immediate effects on the prices and quality of our products.**
직원 복지에는 즉각적인 영향이 없을 것입니다.	**There will be no immediate effects on employee's benefits.**
우리 일상 근무에는 눈에 띌 만한 즉각적인 영향이 없을 것입니다.	**There will be no immediate visible effects on our everyday work.**

step 2 리얼 영작 연습

○ Dear Client,
I am pleased to inform you that effective January 1, 2013, Seoul Card has officially merged with Busan Card. 그렇지만 귀하가 소속된 회사와는 관계없이 귀하의 신용 카드 계좌에는 즉각적인 영향이 없을 것입니다. We are looking forward to serving you more efficiently.

→ 고객님께
2013년 1월 1일 자로 서울 카드사가 부산 카드사와 공식적으로 합병하게 되었다는 사실을 알려 드리게 되어 기쁩니다. However, there will be no immediate effects on your credit card accounts regardless of the institution in which you are affiliated. 저희는 고객님을 더 효율적으로 모시겠습니다.

○ To Whom It May Concern,
Mike Corporation regrets to inform you that the Korean government will provide us with loans of $1,000,000 and the money will be paid out in installments over the next six months.
그러나 저희는 이 점이 사업 파트너들에게 어떠한 즉각적인 영향을 끼치지 않을 것이라는 점을 확신시켜 드릴 수 있습니다. We will do business as usual and supply products of good quality as we did in the past.

→ 관계자분께
마이크 사는 한국 정부가 저희 회사에 6개월에 걸쳐 1백만 달러에 해당하는 구제 금융을 지원할 계획이라는 것을 알려 드리게 되어 유감입니다. However, we can assure you that there will be no immediate effects on our business partners. 저희는 정상적으로 영업을 하게 되고 이전과 같은 고품질의 상품을 공급해 드릴 것입니다.

190

Unit 17 시간 표기하기

Q 다음 말을 영어로 할 수 있나요?

- 다음 주 월요일 자로 당신은 승진을 할 것입니다.

  _____ next Monday, you will be promoted.

- 영업일 5~7일 이내에 처리될 것입니다.

  It will be processed _____ 5 to 7 _____.

- 내일 이전에 발송이 되어야 합니다.

  It must be sent _____ tomorrow.

- 귀하의 대금 결제 만기일은 2주 후입니다.

  _____ in 2 weeks.

- 지금 즉시, 그리고 추후 통지가 있을 때까지 저희 회사 운영을 중단합니다.

  _____ , our company will be closed.

- 당신이 서울을 방문하신 이후 시간이 꽤 지났습니다.

  _____ you visited Seoul.

pattern 146

as of...

~(날짜/시점) 자로

as of 뒤에 날짜나 요일을 쓰면 '~일 자로', '~때부터'라는 의미를 나타냅니다. as of now라고 하면 '지금 현재로서는'이라는 의미가 되죠.

유사 패턴 effective...

---

step 1 패턴 집중 훈련

다음 주 월요일 자로 당신은 승진을 할 것입니다.
As of next Monday, you will be promoted.

내일 자로 서비스 이용이 변경됩니다.
Your use of the service will change as of tomorrow.

내일 아침 자로 우리는 세일을 시작합니다.
As of tomorrow morning, we are on sale.

3월 5일 자로 저는 퇴사합니다.
I will be leaving this company as of March 5.

---

step 2 리얼 영작 연습

○ **Dear Chicago Group,**
유감스럽지만 2013년 10월 5일 자로 모든 고객님들께 월간 요금을 인상하게 되었음을 알려 드리게 되어 죄송합니다.
Please see attached for more details. If the change is not acceptable to you, please call our Customer Service Department prior to Friday September 30, 2013 to either change your service plan or cancel it.

→ 시카고 회사 귀하
We regret to inform you of an increase in the monthly service fee that applies to all customers as of October 5, 2013. 더 자세한 내용을 위해서는 첨부된 파일을 참고하십시오. 만일 이 변경 사항을 용인할 수 없으시면 2013년 9월 30일 금요일 전에 저희 회사의 고객 서비스 부서로 연락해 요금제를 변경하시거나 취소해 주십시오.

○ **Dear all,**
유감이지만 베어 사는 2013년 11월 30일 자로 문을 닫고 상품 및 서비스 공급을 중단하게 되었음을 알려 드립니다.
Thank you for your past business and please forward any questions to Mr. Sam Wilson at sw@bear.com before the date of closing.

→ 모두에게
We regret to inform you that Bear Corporation will be closing and no longer supplying goods and services as of November 30, 2013. 그동안의 거래에 감사드립니다. 영업 종료일 전까지는 샘 월슨 씨에게 sw@bear.com으로 질문을 해 주십시오.

---

monthly service fee 월간 요금   **Customer Service Department** 고객 서비스 부서   **prior to** ~ 전에   **date of closing** 영업 종료일

pattern 147

within... business days

영업일 ~일 이내에

business day는 주말과 공휴일을 제외한 주중의 날짜를 가리켜요. business day로 날짜를 셀 때는 평일만 카운팅해야 한다는 것을 주의하세요.

유사 패턴 within... working days

step 1 패턴 집중 훈련

다음 영업일 3일 이내에 환불 금액이 귀하가 지정한 은행으로 송금됩니다.

Within the next 3 business days, your refund will be sent to your chosen bank.

영업일 5~7일 이내에 처리될 것입니다.

It will be processed within 5 to 7 business days.

영업일 2일 이내에 귀하의 주문 상품이 배송될 것입니다.

Your order will be shipped within 2 business days.

이 송장을 받으신 후 영업일 10일 이내에 대금 지급을 해 주십시오.

Please send your payment within 10 business days of receiving this invoice.

step 2 리얼 영작 연습

○ Dear Mr. Bell,
I am writing to let you know that we have received your Purchase Order #9809, and started processing your order. After your order ships, you will receive a confirmation email with your tracking information. 반품이나 교환은 상품이 배송된 후 영업일 5일 이내에 가능합니다. Thank you for your business.

→ 벨 귀하
귀하의 발주서 번호 9809번이 잘 접수되었으며 주문이 처리되고 있다는 것을 알려 드립니다. 물품이 배송된 후 배송 추적 번호와 확인 메일을 보내 드리겠습니다. All returns or exchanges must be completed within 5 business days from the day your order is shipped. 거래에 감사드립니다.

○ Dear Mr. Smith,
We are pleased to inform you that our fabric samples were aboard a direct flight from Incheon to New York. 영업일 2일 이내에 JFK공항에서 박스 하나를 받으실 수 있을 거예요. We are looking forward to hearing from you.

→ 스미스 씨께
저희 회사의 옷감 샘플이 인천발 뉴욕행 직항으로 배송되었음을 알려 드립니다. You will receive them in a single box at JFK Airport within 2 business days. 연락 기다리겠습니다.

Purchase Order 발주서   confirmation email 확인 메일   direct flight 직항

no later than...

~ 이전에

'늦어도 ~까지는 …하겠다'라는 의미를 전달할 때 쓸 수 있는 표현입니다.

유사 패턴 by...

step 1 패턴 집중 훈련

내일 이전에 발송이 되어야 합니다.	**It must be sent no later than tomorrow.**
5월 10일 이전에 답장을 주십시오.	**Please reply no later than May 10.**
오는 금요일 이전에 이 일을 처리하겠습니다.	**I will have this taken care of no later than this coming Friday.**
4월 30일 이전에 이 양식을 완성해서 제게 보내 주세요.	**Please complete and return this form no later than April 30.**

step 2 리얼 영작 연습

○ Dear Sir/Madam,
Please accept this information with this purchase order:
  i. Purchase Order Number: abc 1234
  ii. Delivery Address: 123 Seoul Ave., Seoul
  iii. Contact Details
    • Contact Name: Mr. James Levine
    • Telephone: +82-2-123-4567
    • E-mail: james@seoul.com
2013년 6월 20일 이내에 배송해 주십시오. Terms of payment shall be "Net 30 Days." Please contact us at 456-7890 with any questions regarding this order.

→ 관계자분께
다음의 정보를 기재하니 동 구입 주문을 승인해 주십시오.
  i. 구입 주문 번호: abc 1234
  ii. 배송 주소: 서울시 서울길 123
  iii. 연락처
    • 담당자: 제임스 레바인
    • 전화: 82-2-123-4567
    • 이메일: james@seoul.com
Please ship no later than June 20, 2013. 지불 조건은 정확히 30일 후입니다. 본 주문과 관련해 질문이 있으시면 456-7890으로 연락 주십시오.

○ Dear Jack,
We have shipped the goods along with all the necessary documents to you today. Since we agreed upon an open account transaction, 상품을 수령하시고 2014년 12월 10일까지 저희의 송장에 대금 결제를 해 주십시오.

→ 잭 씨께
저희는 오늘 귀사로 상품 및 모든 필요 서류를 발송했습니다. 양사는 오픈 계정으로 거래하는 데 동의했으므로, **please accept the shipment and pay our invoice no later than December 10, 2014.**

Your payment is due...

귀하의 대금 결제 만기일은 ~입니다

due는 '예정되어 있는', '돈을 지불해야 하는'이라는 의미로, 마감을 알려 줄 때 쓰는 단어예요. 뒤에는
시간을 나타내는 단어가 따라와 '언제까지 ~해야 한다'는 의미가 됩니다.

유사 패턴 Please make payment no later than...

---

step 1 패턴 집중 훈련

귀하의 대금 결제 만기일은 5월 3일 월요일입니다.	**Your payment is due** on Monday May 3.
귀하의 대금 결제 만기일은 2주 후입니다.	**Your payment is due** in 2 weeks.
귀하의 첫 번째 대금 결제 만기일은 9월 1일 이전입니다.	**Your first payment is due** no later than September 1.
귀사의 대금 결제 만기일은 선적 후 10일 이내입니다.	**Your payment is due** within 10 days of delivery.

---

step 2 리얼 영작 연습

○ Dear Purchasing Manager,
Thank you for your business.
송장에 특별히 명시가 되어 있지 않다면 귀하의 대금 결제 만기일은 송장을 수령하는 날이 됩니다. **You will be assessed a $5 late fee if your payment is not received in a timely manner.**
Any questions regarding this should be directed to:
Jennifer Kim at 111-2222 ext. 342.

→ 구매 부장님께
거래에 감사드립니다.
Your payment is due upon receipt of your invoice unless stated otherwise on the invoice.
결제일까지 대금 결제가 이루어지지 않으면 5달러의 연체료를 내셔야 합니다.
이와 관련된 질문은 111-2222. 내선 번호 342로 제니퍼 김 씨에게 연락해 주십시오.

○ Dear Steve,
귀하의 대금 결제 지급 만료일이 어제였다는 것을 알려 드립니다, **and we will begin to charge interest on the overdue payment as of today.**
Please note that if you do not respond to our request for payment, we will take legal actions against you.

→ 스티브 씨께
I am writing to inform you that your payment was due yesterday, 그리고 저희 회사는 오늘 자로 연체된 대금에 대해 이자를 부과할 것이라는 점을 알려 드립니다.
저희의 대금 지급 요청에 답변을 하지 않으시면 법적인 조치를 취할 것이라는 점을 유념하십시오.

---

late fee 연체료   charge interest 이자를 부과하다   overdue payment 연체된 대금

pattern 150

Effective immediately and until further notice...

지금 즉시, 그리고 추후 통지가 있을 때까지

effective는 '(~일 자로) 시행되는', '발효되는'이라는 뜻으로, effective immediately는 '지금 당장 적용되는'이라는 의미예요.

유사 패턴 From now on... until further notice.

---

step 1 패턴 집중 훈련

지금 즉시, 그리고 추후 통지가 있을 때까지 직원들은 모두 야근 수당을 받게 됩니다.
Effective immediately and until further notice, all employees are entitled to overtime pay.

지금 즉시, 그리고 추후 통지가 있을 때까지 휴가를 쓰실 수 없습니다.
Effective immediately and until further notice, no vacation time will be granted.

지금 즉시, 그리고 추후 통지가 있을 때까지 저희 회사 운영을 중단합니다.
Effective immediately and until further notice, our company will be closed.

지금 즉시, 그리고 추후 통지가 있을 때까지 저희 제품은 모두 단돈 10달러입니다.
Effective immediately and until further notice, all our products are only $10.

---

step 2 리얼 영작 연습

○ Dear Seoul Bank,
Thank you for recommending our company to your customers as the best accounting firm.
감사의 표시로 지금 즉시, 그리고 추후 공지가 있을 때까지 저희 회사의 서비스를 무료로 제공해 드리겠습니다. We look forward to a continuous and more fruitful business relationship with your company.

→ 서울 은행 귀하
저희 회사를 귀사의 고객들에게 최고의 회계 법인으로 추천해 주신 점에 대해 감사드립니다.
To show our appreciation, we will offer you our service free of charge effective immediately and until further notice. 앞으로 귀사와 지속적이고 더 유익한 거래를 할 수 있기를 기대합니다.

○ Dear All,
유감스럽지만 경제의 불확실한 상황으로 인해 1백만 달러짜리 두바이 대량 수송 시스템 프로젝트가 지금부터, 그리고 추후 공지가 있을 때까지 연기될 예정입니다.
I can imagine how frustrated you feel on this matter but we'll have other projects so let's concentrate on them.

→ 모두에게
I regret that the $1 million mass transit project in Dubai has been put on hold because of economic uncertainty effective immediately and until further notice.
이로 인해 여러분들이 느낄 좌절감이 얼마나 클지 잘 알고 있습니다. 그렇지만 다른 프로젝트도 있으니 그 프로젝트에 집중합시다.

It's been a long time since...

~한 이후 시간이 꽤 지났습니다

이 패턴 뒤에는 'since+주어+과거형 동사'를 사용합니다.

유사패턴 It took so long to...

---

step 1 패턴 집중 훈련

당신을 본 이후 시간이 꽤 지났습니다.
It's been a long time since I saw you.

당신이 퇴사한 이후 시간이 꽤 지났습니다.
It's been a long time since you left.

당신으로부터 소식을 못 들은 이후 시간이 꽤 지났습니다.
It's been a long time since I have heard from you.

당신이 서울을 방문하신 이후 시간이 꽤 지났습니다.
It's been a long time since you visited Seoul.

---

step 2 리얼 영작 연습

○ Dear Steffy,
우리가 대화를 나눈 이후 시간이 꽤 지났지요. I hope you are doing well.
I just wanted to ask you if you have terminated existing supply contracts. We are always ready to supply our products and look forward to your reply.

→ 스테피에게
It's been a long time since we talked. 잘 지내셨으면 좋겠습니다.
기존의 공급 계약을 만료하셨는지 궁금해서 메일을 보냅니다. 저희 회사는 항상 물품을 공급할 준비가 되어 있으며 당신으로부터의 답장을 기다리고 있습니다.

○ Dear Angie,
연락을 못한 지 오래되었지요. I just wanted to touch base with you and your team and say hello. For me, nothing has changed except that I am now in charge of overseas projects. I wish I could work with you again in the near future. Let's keep in touch.

→ 앤지 씨께
It's been a long time since we have been in touch. 당신과 당신 회사의 직원들에게 연락하고 안부를 전하고 싶었어요. 저는 해외 프로젝트를 담당하게 되었다는 것을 제외하고는 바뀐 점이 없어요. 가까운 시일 내 다시 당신과 함께 일할 수 있으면 좋겠습니다. 연락하고 지내요.

---

terminated 만료된 **be in charge of** ~을 담당하다

PART
4

요청 및 약속 잡기

Unit 18 문의하기

Q 다음 말을 영어로 할 수 있나요?

- 회의 시간을 변경하는 것이 가능한지 말씀해 주십시오.

  [   ] it would be possible to change the meeting time.

- 제가 잘못한 것이 있는지 궁금합니다.

  [   ] something's wrong with me?

- 우리 회사에 대해 어떻게 생각하십니까?

  [   ] our company?

- 참석해 주시면 감사하겠습니다.

  [   ] presence [   ] .

- 당신이 나라면 어떻게 하시겠습니까?

  [   ] you were me?

- 제 주문의 세부 내역을 확인하고 싶습니다.

  [   ] my order.

- 이 두 용어의 차이점은 무엇인가요?

  [   ] the two terms?

Please let me know if...

~인지 말씀해 주십시오

Let someone do something은 '…에게 ~을 하도록 허락/승인해 주다'라는 뜻입니다. Please let me know if...는 내가 알 수 있도록 해 달라, 즉 '내게 말을 해 주세요'라는 의미로 사용되죠.

유사 패턴 Please report...

step 1 패턴 집중 훈련

회의 시간을 변경하는 것이 가능한지 말씀해 주십시오.
Please let me know if it would be possible to change the meeting time.

DHL로 배송 받기를 원하시는지 말씀해 주십시오.
Please let me know if you would like us to ship an order via DHL.

다음 주 월요일에 시간이 가능한지 말씀해 주십시오.
Please let me know if you are available next Monday.

저희 사무실을 방문할 수 있으신지 말씀해 주십시오.
Please let me know if you can come over to our office.

step 2 리얼 영작 연습

○ Hello Jeniffer,
I just wanted to remind you of the meeting we have scheduled with the HR department on Monday May 9, regarding new recruiting rules.
It's at 10:00 a.m. and being held in Conference Room C. 혹시 참석 불가능하시면 말씀해 주십시오.

→ 제니퍼 씨, 안녕하세요.
5월 9일 월요일 새로운 채용 규정에 관한 인사팀과의 회의 일정에 대해 확인차 메일 드립니다. 회의는 오전 10시에 컨퍼런스룸 C에서 열립니다. Please let me know if you cannot make it.

○ Dear Mr. Sato,
I am Sam Choi, Project Manager at Venice Corporation. I will be presenting our hydropower project description during our meeting next Monday.
However, since I have a strong Korean accent, it might be difficult to understand. 알아듣지 못하시면 제게 말씀해 주십시오.

→ 사토 씨께
저는 베니스 사의 프로젝트 매니저인 샘 최입니다. 다음 주 월요일에 있을 회의에서 제가 수력 프로젝트의 자세한 내역에 대해 발표를 하게 되었습니다. 그렇지만 저의 한국식 억양이 강해서 듣기 힘드실 수도 있습니다. Please let me know if you don't understand me.

Could you tell me if...?

~인지 궁금합니다

pattern
153

같은 표현이라도 현재형 Can you tell me if...?보다 Could you tell me if...?와 같은 과거형이 더욱 정중한 어조를 담고 있어요. 같은 이유에서 I wonder if...보다 I was wondering if...가 더 정중하고 덜 공격적인 느낌을 줍니다.

유사 패턴 I was wondering if... | I wanted to know whether...

---

step 1 패턴 집중 훈련

제가 잘못한 것이 있는지 궁금합니다.	**Could you tell me if** something's wrong with me?
제 부탁을 들어 주실 수 있는지 궁금합니다.	**Could you tell me if** you could do me a favor?
저희가 추가 비용을 부담해야 하는지 궁금합니다.	**Could you tell me if** we should pay an extra cost?
저희의 주문 진행 사항을 체크하셨는지 궁금합니다.	**Could you tell me if** you have reviewed our order status?

---

step 2 리얼 영작 연습

○ Dear Mr. Jones,
귀사가 주문장 78698번에 대해 신용장을 개설하셨는지 궁금합니다. Also, please send your signed purchase order as an attachment to the following email address: abc@kjh.com. Adobe PDF is the preferred file format but standard electronic documents will be accepted. Thank you for your cooperation.

→ 존스 귀하
Could you tell me if you have opened a letter of credit for your purchase order #78698? 또 다음의 이메일 주소 abc@kjh.com으로 귀하의 서명이 담긴 주문장을 첨부로 보내 주시기를 부탁드립니다. 어도비 PDF 파일이 가장 좋지만 일반적인 전자 문서라도 괜찮습니다. 협조에 감사드립니다.

○ Hello James,
My name is Sujin Lee with Seoul Corporation. I will follow up with you regarding our plan to implement a Memorandum of Understanding from now on.
이와 관련, 진전 사항이 있었는지 궁금합니다. I also must confess that I am not a fluent English speaker although I will try to be clear when writing.

→ 제임스 씨, 안녕하세요.
저는 서울사의 수진 리입니다. 이제부터 양해 각서 체결 관련 양사의 계획과 관련해 제가 귀하께 연락을 취할 것입니다.
Could you please tell me if you have made any progress on this? 또한 글을 쓸 때 분명히 뜻을 전달하려고 노력은 하겠지만 제가 영어를 능숙하게 하지는 못한다는 점을 양해해 주시기 바랍니다.

202

What do you think of...?

~에 대해 어떻게 생각하십니까?

pattern **154**

상대방의 의견을 구할 때 쓰는 패턴입니다. 우리말로 '어떻게'라고 번역된다고 해서 what 대신 how를 쓰면 안 된다는 것을 주의하세요.

유사 패턴 **What is your opinion about...?**

우리 회사에 대해 어떻게 생각하십니까?
What do you think of our company?

와트 씨에 대해 어떻게 생각하십니까?
What do you think of Mr. Watt?

우리의 새로운 로고에 대해 어떻게 생각하십니까?
What do you think of our new logo?

신상품의 디자인에 대해 어떻게 생각하십니까?
What do you think of the new product's design?

---

step 2 리얼 영작 연습

- Dear Jesse,
  We at Jackson Ltd. pride ourselves on providing quality services to you and would like to take this opportunity to get some feedback from long term partners like you. 귀사가 저희 회사, 저희 제품 및 서비스의 품질과 가격에 대해서 어떻게 생각하시는지에 대해 첨부한 문서 양식을 작성해 주십시오. Any comments or suggestions would be greatly appreciated.

  → 제시 귀하
  저희 잭슨 사는 귀사에 수준 높은 서비스를 제공하는 것을 자랑스럽게 생각합니다. 그리고 이 기회를 빌어 오랜 사업 파트너인 귀사의 의견을 경청하고자 합니다.
  Please complete the attached form regarding what you think of our company, the quality and cost of our products and services. 어떤 의견이나 제안도 감사히 받겠습니다.

- Dear Customer,
  Jack Corporation has prepared the brief survey below to get a better understanding of our customers. 저희 회사의 미션, 비전 그리고 가치에 대해 어떻게 생각하십니까?
  If you could change something about our company, what would it be? Overall, how would you rate our company?
  Once you complete your survey, click 'send survey' button below.

  → 고객님께
  잭 사는 아래와 같이 고객님들을 더 잘 이해하기 위해 간단한 설문 조사를 마련하였습니다.
  What do you think of our company's mission, vision and values?
  저희 회사가 변했으면 하는 것이 있다면 무엇입니까? 전체적으로 저희 회사에 점수를 주신다면 몇 점입니까?
  설문을 마치셨으면 아래에 있는 보내기 버튼을 눌러 주십시오.

Your... would be appreciated.

~해 주시면 감사하겠습니다.

상대방에게 부탁을 할 때 아주 공손한 어조로 말할 수 있는 패턴이에요.

유사 패턴 ... would do us great honor. | I would appreciate it if...

---

step 1 패턴 집중 훈련

참석해 주시면 감사하겠습니다.
Your presence would be appreciated.

제안을 해 주시면 감사하겠습니다.
Your suggestions would be appreciated.

도움을 주시면 정말 감사하겠습니다.
Your help would be highly appreciated.

조언을 해 주시면 정말 감사하겠습니다.
Your advice would be greatly appreciated.

---

step 2 리얼 영작 연습

○ Dear Mr. Smith:
You are cordially invited to our 5th Trade Facilitation Conference. We would be grateful if you could give a welcome speech before a formal opening.
귀하가 저희 컨퍼런스에 참석해 주신다면 정말 감사하겠습니다. I look forward to your reply.

→ 스미스 씨께
제5회 무역 활성화 컨퍼런스에 귀하를 정중하게 초대합니다. 공식적인 개막식 전에 환영 연설을 해 주실 수 있으신지요.
Your presence and participation at our conference would be greatly appreciated. 답장 기다리겠습니다.

○ Dear Sir/Madam,
Busan Corporation is looking for a suitable business partner for the gas transmission projects in Russia and would like to establish an advisory committee system to develop recommendations for a successful proposal and eventual project.
If you know someone who is the best man for the job, please recommend one. 어떤 말이나 제안도 감사히 받겠습니다.

→ 관계자분께
부산사는 러시아 가스 배송 프로젝트를 위한 적합한 사업 파트너를 구하고 있으며, 자문 위원회를 설립해 성공적인 사업 계획서 작성과 최종 프로젝트 작업에 대한 추천을 받고자 합니다.
이 일에 꼭 맞는 사람을 알고 있으면 추천해 주시기 바랍니다. **Any comments or suggestions would be greatly appreciated.**

What would you do if...?

pattern 156

~이라면 어떻게 하시겠습니까?

가정법 과거형인 이 패턴은 if 뒤에 동사 과거형을 사용해서 특정 상황을 가정한 후 이 상황에서 어떻게 할지를 물어보는 뜻으로 쓰여요. 이에 대한 대답은 「I would/wouldn't+동사원형」으로 하면 됩니다.

유사 패턴 **If you were in my shoes,...**

---

step 1 패턴 집중 훈련

당신이 나라면 어떻게 하시겠습니까?
What would you do if you were me?

예산이 충분하지 않다면 어떻게 하시겠습니까?
What would you do if you ran out of money?

처음부터 모두 다시 시작해야 한다면 어떻게 하시겠습니까?
What would you do if you had to start all over again?

지금 하고 있는 일이 적성에 맞지 않는다면 어떻게 하시겠습니까?
What would you do if you were not cut out for the position you were in?

---

step 2 리얼 영작 연습

○ Dear John,
I hope this email finds you in the best of health and spirits.
I am writing to ask for your advice on a personal matter. I have wanted to change my job and recently got a job offer that pays a little more but it is a temporary position. 당신 같으면 급여와 안정성 사이에서 선택을 해야 할 때 어떻게 하시겠습니까? I would appreciate it if you could give me some advice on this.

→ 존 씨께
건강하시지요.
개인적인 문제로 조언을 구하고자 메일 드립니다. 이직을 하려고 하는데 최근에 급여는 좀 더 높은 임시직 자리를 제안 받았습니다. What would you do if you had to decide between a paycheck and job security? 이 문제에 대해 조언을 해 주시면 감사하겠습니다.

○ Hello Jim,
I regret to inform you that we have decided to discontinue the accounting software projects after spending USD 10,000. The projects might be up for reconsideration later, but it is less likely. We are still not sure if we made the right decision.
당신이 우리의 상황이었다면 어떻게 하셨겠어요? Thank you for the time and consideration.

→ 짐 씨, 안녕하세요.
유감이지만 저희는 1만 달러를 지출한 이후에 회계 소프트웨어 프로젝트를 중단하기로 결정했습니다. 본 프로젝트는 추후에 재고해 볼 수 있으나 그럴 가능성은 극히 낮습니다. 저희가 내린 결정이 잘한 것인지 아직도 확신이 서지 않습니다. What would you do if you were in our shoes? 저희에게 시간을 내어 주시고 배려해 주신 점에 감사드립니다.

I would like to confirm the details of...

~의 세부 내역을 확인하고 싶습니다

would like to...는 '~하고 싶다'라는 뜻으로, 뒤에 동사원형을 쓸 수 있어요.

유사 패턴 I would like to double-check...

step 1 패턴 집중 훈련

제 주문의 세부 내역을 확인하고 싶습니다.	**I would like to confirm the details of my order.**
제 비행 스케줄의 세부 내역을 확인하고 싶습니다.	**I would like to confirm the details of my flight schedule.**
우리 프로젝트의 세부 내역을 확인하고 싶습니다.	**I would like to confirm the details of our projects.**
현재 제 재정 상태의 세부 내역을 확인하고 싶습니다.	**I would like to confirm the details of my current financial status.**

step 2 리얼 영작 연습

○ **To Whom It May Concern,**
2월 10일 유선상으로 예약한 사항의 세부 내역을 다음과 같이 확인하고 싶습니다.
  Confirmation Number: 12345
  Arrival/Departure Date: May 1 to May 5
  Room Type: Deluxe room
  Rate: $100 per day
The total balance of $500 will be paid on arrival by credit card.

> 담당자님께
> I would like to confirm the details of my reservation made over the phone on February 10 as follows:
> 예약 확인 번호: 12345
> 도착/출발일: 5월 1일부터 5월 5일까지
> 객실 유형: 디럭스룸
> 요금: 하루에 100 달러
> 총 요금인 500 달러는 도착하는 날 신용 카드로 결제하겠습니다.

○ **Dear Mr. Smith,**
My name is Jane Keller with PR Corporation. 12월 1일 금요일 네트워킹 만찬과 관련해 귀하가 선택하신 식사의 세부 내역을 확인해 보고 싶습니다.
In your last email, you mentioned that you follow a strict vegan diet and are allergic to garlic.
Please tell me if I am wrong and I look forward to meeting you soon.

> 스미스 씨께
> 저는 PR사의 제인 켈러입니다. Regarding our networking dinner on Friday, December 1, I'd like to confirm the details of your meal selection.
> 지난번 메일에서 엄격한 채식 식단을 따른다고 하셨고 마늘 알레르기가 있다고 하셨지요.
> 제가 잘못 알고 있는 것이라면 말씀해 주십시오.
> 곧 만나 뵙길 기대하겠습니다.

pattern 158

What differences are there between...?

~의 차이점은 무엇인가요?

이메일을 주고받다 보면 각각의 차이점이 확실히 구분가지 않는 경우가 있죠. 그럴 땐 이 패턴을 사용해서 분명히 해 두면 좋습니다.

유사 패턴   What are the differences between...?

---

step 1   패턴 집중 훈련

이 두 용어의 차이점은 무엇인가요?
What differences are there between the two terms?

CIF와 FOB 계약의 차이점은 무엇인가요?
What differences are there between CIF and FOB contract?

단위당 가격과 단위당 비용의 차이점은 무엇인가요?
What differences are there between price per unit and cost per unit?

이 데이터 두 개의 차이점은 무엇인가요?
What differences are there between these two pieces of data?

---

step 2   리얼 영작 연습

- Dear Steve,
  In your last email of August 1, you mentioned that your products come in two versions: a standard model and a customized model.
  I am afraid I wasn't quite clear on this. Could you please provide a few more details and 두 모델의 차이점은 무엇인가요? **Thank you in advance for your reply.**

  → 스티브 씨,
  8월 1일 보낸 메일에서 귀사의 제품이 기준 모델과 맞춤 모델 두 가지 종류로 출시된다고 말씀하셨지요.
  확실하게 이해가 가지 않아서 그러는데 좀 더 자세히 설명해 주실 수 있으신가요? what differences are there between these two models? 답변에 미리 감사드립니다.

- Dear Mr. Tylor,
  Thank you for your email of June 10, but I am still not clear on the suggested payment terms. 오픈 계정 결제 방식과 다른 대금 결제 방식의 차이점은 무엇인가요? **Your prompt reply would be appreciated.**

  → 타일러 씨께
  6월 10일 자 귀하의 이메일은 잘 받아 보았습니다. 그렇지만 제안하신 대금 결제 방식에 대해 아직 이해가 안 갑니다. What differences are there between open account payment terms and other payment methods? 빨리 답장해 주시면 감사하겠습니다.

Unit
19 부탁 · 당부하기

Q 다음 말을 영어로 할 수 있나요?

- 제시간에 도착해야 한다는 것을 명심하십시오.

  _____ to be on time.

- 문서 전체를 수정해야 한다는 점을 양해해 주시기 바랍니다.

  _____ that we need to revise the whole document.

- 허락해 주신다면 제가 그 프로젝트를 진행하겠습니다.

  _____ work on the project.

- 제가 보고서 작성하는 것을 도와주셨으면 합니다.

  _____ my report.

- 너무 실례가 되지 않는다면, 부탁 하나 들어주시겠어요?

  _____ , could you do me a favor?

- 이 초대장을 가지고 오십시오.

  _____ this invitation _____ .

- 우리가 맺은 계약의 연장을 부탁드립니다.

  _____ our contract.

- 이 문서를 즉시 처리해 주시기 바랍니다.

  This document _____ .

pattern 159

Please make sure...

~ 해야 한다는 것을 명심하십시오

make sure는 '반드시 ~하다', '~를 명심하다'라는 의미로, 정말 중요한 일을 강조할 때 이 패턴을 쓰면 됩니다.

유사 패턴 Please be sure...

step 1 패턴 집중 훈련

제시간에 도착해야 한다는 것을 명심하십시오.	**Please make sure** to be on time.
이 세미나에 등록을 해야 한다는 것을 명시하십시오.	**Please make sure** you are enrolled in the seminar.
요구 사항을 숙지해야 한다는 것을 명심하십시오.	**Please make sure** you understand the requirements.
당신의 업무는 내일까지 끝나야 한다는 것을 명심하십시오.	**Please make sure** your assignment is done by tomorrow.

step 2 리얼 영작 연습

○ **To Whom It May Concern,**
We warmly welcome all the participants to the 5th International conference on computer science. 본 컨퍼런스는 2013년 8월 11일 월요일에 시작되며, 등록은 오전 9시부터 가능하다는 것을 명심하십시오. **We wish all the participants a pleasant and productive visit to Seoul and look forward to meeting you all soon.**

→ 관계자분께
제5회 컴퓨터 과학 국제 컨퍼런스에 참석하시는 모든 분들을 환영합니다. **Please make sure that the conference starts on Monday, August 11, 2013 and registration opens at 9 a.m.** 모든 참가자분들이 서울에서 즐겁고 생산적인 시간을 보냈으면 합니다. 곧 뵙겠습니다.

○ **Dear Mr. Lucas,**
Tamtam Corporation welcomes your decision to sign a Memorandum of Understanding with us agreeing to build on our long-lasting relationship.
양해 각서는 2012년 12월 1일부터 2013년 11월 31일까지 유효하다는 것을 명심하십시오.

→ 루카스 씨께
탐탐 사는 양사의 오랜 관계 구축을 위해 양해 각서를 체결하기로 한 귀사의 결정을 환영합니다. **Please make sure the memorandum shall commence on December 1, 2012 and shall continue in force for a period of November 31, 2013.**

---

registration 등록 **participant** 참가자 **productive visit** 생산적인 방문 **Memorandum** 각서

pattern 160

Please understand that...

~이라는 점을 양해해 주시기 바랍니다

이 패턴은 상대방에게 좋지 않은 일을 언급하면서 사과와 함께 양해를 구할 때 사용합니다.

유사 패턴 Thank you for your understanding that... | Please take into account...

---

step 1 패턴 집중 훈련

문서 전체를 수정해야 한다는 점을 양해해 주시기 바랍니다.

Please understand that we need to revise the whole document.

고의가 아니었다는 점을 양해해 주시기 바랍니다.

Please understand that it was not deliberate.

귀사와는 비즈니스 파트너십을 체결할 수 없다는 점을 양해해 주시기 바랍니다.

Please understand that we cannot be your business partner.

우리가 계속해서 귀하를 더 잘 모시기 위해 노력하고 있다는 점을 양해해 주시기 바랍니다.

Please understand that we are constantly working to serve you better.

---

step 2 리얼 영작 연습

○ Dear Seoul Corporation,
I regretfully inform you that we are hereby canceling our order (order number 1234) placed on May 10.
저희 회사가 현재의 생산 계획을 변경하면서 귀사가 생산하는 제품을 사용하지 않게 되었음을 양해해 주시기 바랍니다.
I hope that this does not affect our long-standing relationship.

→ 서울사 귀하
유감스럽게도 5월 10일에 접수된 주문 번호 1234의 주문을 취소하고자 함을 알려 드립니다. Please understand that we may not need the items you provide as our company has decided to change our current manufacturing plan. 이 일로 귀사와의 오랜 사업 관계가 틀어지지 않았으면 좋겠습니다.

○ Dear Angie,
5월 1일 자 당신의 이메일과 관련해 저의 상사인 존 도 씨는 출장으로 부재 중이라는 것을 양해해 주십시오, and
I am not in a position to comment on your request. However, I have forwarded your email to Mr. Doe so that he responds to it upon his return.

→ 앤지 씨,
With regard to your email of May 1, please understand that my boss, Mr. John Doe has been out of town on a business trip, 또한 저는 당신의 요청에 답변을 할 위치가 아닙니다. 그렇지만 제가 당신의 이메일을 도 씨에게 전달했으니 그가 돌아오면 답장드릴 겁니다.

Tips
• deliberate는 '고의의', '계획적인'이란 뜻이에요.

210

With your permission, I will...

허락해 주신다면 제가 ~하겠습니다

상대방의 허락을 받았다면 with your permission, 허락을 구하지도 않았다면 without your permission이라고 할 수 있어요.

유사 패턴 I need to get your permission to...

step 1 패턴 집중 훈련

허락해 주신다면 제가 그 프로젝트를 진행하겠습니다.	**With your permission, I will work on the project.**
허락해 주신다면 제가 지원 양식을 제출하겠습니다.	**With your permission, I will submit the application form.**
허락해 주신다면 제가 그 분께 정책 변화를 알려 드리도록 하겠습니다.	**With your permission, I will notify him of any changes to the policy.**
허락해 주신다면 제가 인사팀에 저의 부재를 보고하겠습니다.	**With your permission, I will report my absence to the HR department.**

step 2 리얼 영작 연습

○ Dear Mr. Kim,
As you are aware, I am leaving this company effective May 1.
허락해 주신다면 제 후임을 제가 지정하겠습니다. Please let me know if you have someone in mind who is a good candidate for this position.

→ 김 선생님께
당신도 아시겠지만, 제가 5월 1일 자로 회사를 그만두게 되었습니다. **With your permission, I will designate someone to take over my job.** 혹시 제 자리에 꼭 맞는 사람을 생각하고 계셨다면 제게 알려 주세요.

○ Dear Mr. Wilson,
Thank you for your suggestion on how to improve business relationships. Like you said, the key to success in any business is building long-lasting and sustainable relationships.
허락해 주신다면 당신의 이메일을 저희 팀원들과 공유하고 싶어요.

→ 윌슨 씨께
비즈니스 관계를 향상시키기 위한 제안에 감사드립니다. 당신이 말씀하신 대로 어떤 비즈니스든 성공으로 가는 열쇠는 장기적이고 지속 가능한 관계를 구축하는 것이에요.
I will forward your email to our team members with your permission.

---

submit 제출하다 **application form** 지원 양식 **HR department** 인사팀 **sustainable relationship** 지속 가능한 관계
permission 허락

pattern 162

I hope you can help me with...

~을 도와주셨으면 합니다

상대방에게 도움을 요청할 쓰는 패턴으로, with 뒤에는 도움을 받고자 하는 사안을 넣으면 됩니다.

유사 패턴 Could you help me with...?

---

step 1 패턴 집중 훈련

제가 보고서 작성하는 것을 도와주셨으면 합니다.	I hope you can help me with my report.
제 문제를 도와주셨으면 합니다.	I hope you can help me with my issues.
데이터 수집을 도와주셨으면 합니다.	I hope you can help me with data collection.
저의 일본 출장을 도와주셨으면 합니다.	I hope you can help me with my business trip to Japan.

---

step 2 리얼 영작 연습

○ Hello Justine,
With regard to my visit to Paris, I am scheduled to visit there for 5 days from August 1 to August 5 and looking for a single room with an en suite bathroom. 실례가 되지 않는다면 숙박 장소를 고르는 것을 도와주셨으면 합니다. Thank you in advance for your help.

→ 저스틴 씨, 안녕하세요.
파리 방문과 관련해서, 제가 8월 1일부터 8월 5일까지 5일간 머무르게 되어 화장실이 있는 싱글룸을 알아보고 있어요.
I hope you can help me with arranging my accommodations if it isn't too much of an inconvenience. 당신의 도움에 미리 감사드립니다.

○ Dear Ms. Anderson,
I am writing to you to ask for a favor. As you know, I am going to present our company's product line in front of American buyers next week. Since I am not very fluent in English, I am having difficulties making the presentation in English. 제 발표 준비를 도와주셨으면 합니다.

→ 앤더슨 씨께
도움을 요청하려고 글을 씁니다. 당신도 아시겠지만 저는 다음 주 미국인 바이어들 앞에서 저희 회사의 상품군에 대한 발표를 합니다. 제 영어 실력이 좋지 않아서 발표를 영어로 하는 데 애를 먹고 있어요.
I hope you can help me with the preparation of my presentation.

Tips 미국에서 호텔을 예약할 때 en suite라는 문구가 있으면 방 안에 화장실이 딸려 있다는 뜻이에요.

212

pattern 163

If it isn't too much of an inconvenience,...

너무 실례가 되지 않는다면, ~

부탁을 할 때는 정중할수록 좋습니다. 이 패턴을 사용하면 상대방에게 '압박'을 주는 느낌 없이 정중하게 요청을 할 수 있어요.

유사 패턴 I hope… isn't too much of an inconvenience. | If you don't mind…

step 1 패턴 집중 훈련

너무 실례가 되지 않는다면, 부탁 하나 들어주시겠어요?	**If it isn't too much of an inconvenience, could you do me a favor?**
너무 실례가 되지 않는다면, 질문 하나 해도 될까요?	**If it isn't too much of an inconvenience, may I ask you a question?**
너무 실례가 되지 않는다면, 제가 부재 중일 때 온 연락에 대해 메모 남겨 주시겠어요?	**If it isn't too much of an inconvenience, could you take my messages while I am out?**
너무 실례가 되지 않는다면, 당신이 결정한 바를 제게 알려 주세요.	**If it isn't too much of an inconvenience, please let me know your decision.**

step 2 리얼 영작 연습

○ Hello, Jack.
I'm writing to let you know that we have express-mailed you a small sample of our products via Seoul Express (www. seoulexpress.com) with a tracking number 120000.
실례가 되지 않는다면, 이 샘플에 대한 당신의 의견을 말씀해 주실 수 있으신가요? I look forward to your reply.

→ 잭 씨, 안녕하세요.
저희 회사의 조그만 샘플 제품을 서울 익스프레스 (www.seoulexpress.com)를 통해 특급 우편으로 보냈으며 배송 추적 번호는 120000이라는 것을 알려 드립니다.
If it isn't too much of an inconvenience, could you give me some feedback on the sample? 답장 기다리겠습니다.

○ Dear Mr. Mankiw,
I appreciate your acceptance of our offer to attend next week's seminar, and taking time out of your busy schedule.
I am making an attendee list containing personal information. 너무 실례가 되지 않는다면, 회사에서 직급이 어떻게 되시는지 여쭤 봐도 괜찮을까요?

→ 맨큐 씨께
다음 주에 있을 세미나에 참석해 달라는 저희 측의 요청을 수락해 주시고 바쁜 스케줄 속에서도 시간을 내어 주셔서 감사드립니다.
저는 개인 정보를 포함한 참석자 리스트를 만들고 있습니다. If it isn't too much of an inconvenience, could you tell me what your position at work is?

Unit 19 부탁·당부하기 **213**

pattern 164

Please bring with you...

~을 가지고 오십시오

bring은 '가지고 가다'라는 의미예요. 모임에 참석하기 전에는 Should I bring anything?(지참해야 하는 것이 있나요?)라고 물어보는 것이 좋겠죠.

유사패턴 Please make sure you have...

step 1 패턴 집중 훈련

이 초대장을 가지고 오십시오.	**Please bring** this invitation **with you.**
다음의 물품을 가지고 오십시오.	**Please bring with you** the following items:
이것을 가져오셔서 저희와 공유해 주세요.	**Please bring** this **with you** and share it.
이곳을 방문하실 때는 이 책을 가지고 오세요.	**Please bring** this book **with you** when you come over.

step 2 리얼 영작 연습

○ Dear Sales Team,
I would like to notify you that the meeting scheduled on Monday has been rescheduled to Thursday March 1.
영업 보고서를 작성 중이신 분은 회의 전날까지 완성해서 회의에 가지고 오세요. Also, please notify me of your attendance or absence at your earliest convenience.

→ 영업 팀원 여러분께
월요일에 잡혔던 회의가 3월 1일 목요일로 변경되었음을 알려 드립니다.
If you are working on your sales report, please complete it before the meeting date and bring it with you to the meeting.
또 가급적 빨리 참석 여부를 알려 주세요.

○ Dear Ms. Tylor,
Smith Corporation would like to invite you to attend an interview for the position of Research Engineer on November 1 at 2 p.m. at our office in Seoul.
The interview will be with Mr. John Doe, Director of the HR Department and last approximately 30 minutes. 면접 때 성적표 사본 두 장을 가지고 오십시오.

→ 타일러 씨께
스미스 사는 11월 1일 오후 2시 서울 사무소에서 리서치 엔지니어 직급 채용에 대한 면접을 제의드립니다.
면접은 인사팀의 존 도 이사님과 함께 하게 될 것이며 약 30분간 진행될 예정입니다. **Please bring two copies of your official academic transcript with you to the interview.**

---

sales report 영업 보고서   **academic transcript** 성적표

214

pattern 165

I would like to request an extension of...

~의 연장을 부탁드립니다

마감일(deadline)을 연장할 때는 extend the deadline이라고 해요. 흔히 '연기하다'의 뜻으로 postpone이나 put off를 떠올리기 쉬운데 원어민들은 이메일을 쓸 때 extend를 쓴다는 것 주의하세요.

유사 패턴 Could we postpone...?

step 1 패턴 집중 훈련

우리가 맺은 계약의 연장을 부탁드립니다.
I would like to request an extension of our contract.

판매세의 지급 기한 연장을 부탁드립니다.
I would like to request an extension of our sales tax.

제안서 제출 기한의 연장을 부탁드립니다.
I would like to request an extension of the proposal submission deadline.

본 프로그램의 추가적인 연장을 부탁드립니다.
I would like to request an additional extension of this program.

step 2 리얼 영작 연습

○ Dear Mr. Farrel,
I hope all is well with you. 12월 31일 만료되는 저의 고용 계약을 연장할 수 있을지 여쭤 보고 싶습니다.
Please advise me of your decision no later than November 10, so I will have enough time to look for other employment. Thank you for taking your time to read this email.

→ 패럴 씨께
잘 지내시는지요. I would like to request an extension of my employment contract which expires on December 31. 다른 일자리를 구하는 데 시간이 필요하므로 11월 10일까지는 당신의 결정 사항에 대해 제게 알려 주세요. 제 이메일을 읽어 주셔서 감사드립니다.

○ Dear Mark,
This is with regard to the water supply project proposals due on this coming Friday. MJ Corporation is rushing to complete the proposal for submission, but I am afraid we are running short on time. 2주 후로 마감일 연장을 부탁드립니다, as that would allow us to turn in a better prepared proposal. I really appreciate your consideration in this matter.

→ 마크 씨에게
이번 주 금요일 마감인 물 공급 프로젝트 사업 계획서와 관련해 메일 드립니다. MJ 사는 사업 계획서 제출을 위해 마무리를 서두르고 있지만 시간이 부족한 것 같습니다. 저희가 더 완벽한 사업 계획서를 제출하기 위해 I would like to request a two-week extension of the submission deadline. 이 점을 고려해 주시면 감사하겠습니다.

pattern 166

... requires your immediate attention.

~을 즉시 처리해 주시기 바랍니다.

비즈니스를 할 때 시간에 쫓기는 경우가 정말 많죠. 상대방에게 급한 용무를 독촉할 때 이 패턴을 씁니다.

유사 패턴 Please give... your urgent attention. | I wish to draw your immediate attention to...

---

step 1 패턴 집중 훈련

이 문서를 즉각 처리해 주시기 바랍니다.

This document requires your immediate attention.

이 문제를 즉각 처리해 주시기 바랍니다.

This matter requires your immediate attention.

이것은 중요하니 즉각 처리해 주시고 행동에 옮겨 주시기 바랍니다.

This is important and requires your immediate attention and action.

본 회람문을 제대로 그리고 즉각적으로 처리해 주시기 바랍니다.

This circular requires your full and immediate attention.

---

step 2 리얼 영작 연습

○ Dear James,
I wish to contact you today by phone to discuss a possible sales contract with your company. I tried to call you many times this morning, but unfortunately, we were not able to connect.
이 문제를 즉각 처리해 주시기 바랍니다, and contact me as soon as you receive this email.

→ 제임스 씨께
귀사와의 판매 계약 건 때문에 오늘 전화를 드렸습니다. 오늘 아침에 몇 차례 통화를 시도했는데, 유감스럽게도 연락이 닿지 않았습니다.
Please note that this matter requires your immediate attention, 그리고 이메일을 받는 즉시 제게 연락 주십시오.

○ To Whom It May Concern,
I am writing with regard to the bill of lading you issued. It is missing some details such as the manner of presenting claims.
이 문제를 즉시 처리해 주시기를 부탁드립니다, and thank you for prompt reply.

→ 관계자분께
당신이 발행한 선하 증권과 관련해 글을 씁니다. 서류에 불만 제기 방식과 같은 세부 내역이 빠져 있는 것 같습니다.
Please note that this matter requires your immediate attention. 빨리 답장 주시면 감사하겠습니다.

Tips 이메일 제목에 [urgent]라고 쓰면 급한 용건이니 빨리 처리해 달라는 뜻이 돼요. 정말 급한 건이라면 [URGENT]라고 모두 대문자로 제목을 쓰면 되죠.

216

Q 다음 말을 영어로 할 수 있나요?

- 파트너십 체결이 가능한지 논의해 보고 싶습니다.

  ⬚⬚⬚⬚⬚⬚⬚⬚⬚⬚⬚⬚⬚⬚⬚⬚ partnership.

- 우리의 향후 관계를 논의하기 위한 회의를 할 수 있을까요?

  ⬚⬚⬚⬚⬚⬚⬚⬚⬚⬚⬚⬚⬚⬚⬚⬚ to discuss our future

  relations?

- 우리의 연례 회의에 귀하를 정중하게 초대합니다.

  ⬚⬚⬚⬚⬚⬚⬚⬚⬚⬚⬚⬚ attend our annual meeting.

- 당신을 직접 뵈어서 아주 즐거웠습니다.

  It was a great pleasure to be able to ⬚⬚⬚⬚⬚⬚⬚⬚⬚⬚ .

- 언제 물품 배송이 가능하신가요?

  ⬚⬚⬚⬚⬚⬚⬚⬚⬚⬚⬚⬚⬚ ship the order?

- 월요일이 괜찮으신지 말씀해 주세요.

  ⬚⬚⬚⬚⬚⬚⬚⬚ Monday ⬚⬚⬚⬚⬚⬚⬚⬚ .

- 이 회의의 주된 목적은 그 프로젝트 계획을 마무리하는 것입니다.

  ⬚⬚⬚⬚⬚⬚⬚⬚⬚⬚⬚⬚⬚ finalize the project plan.

- 기꺼이 세미나에 참석하겠습니다.

  ⬚⬚⬚⬚⬚⬚⬚⬚⬚⬚⬚ the seminar.

I would like to discuss a possible...

~이 가능한지 논의해 보고 싶습니다

discuss는 타동사이기 때문에 뒤에 전치사 없이 바로 명사가 온다는 점을 유념하세요.

유사패턴 We would be interested in exploring a possible...

 step 1 패턴 집중 훈련

파트너십 체결이 가능한지 논의해 보고 싶습니다.
I would like to discuss a possible partnership.

공급 계약 체결이 가능한지 논의해 보고 싶습니다.
I would like to discuss a possible supply contract.

공동 벤처 사업이 가능한지 논의해 보고 싶습니다.
I would like to discuss a possible joint venture.

채용이 가능한지 논의해 보고 싶습니다.
I would like to discuss possible employment opportunities.

step 2 리얼 영작 연습

○ Dear Jason,
As you are aware, our company is actively considering a merger with Seoul Bank. 이번 주에 당신을 포함한 합병 위원회 회원들과 합병이 가능한지에 대해 논의해 보고 싶습니다. Could you please let us know when would be convenient for you? Thank you for your cooperation.

→ 제이슨 씨께
당신도 알고 계시겠지만, 우리 회사는 서울 은행과의 합병을 진지하게 검토하고 있습니다. I would like to discuss a possible merger sometime this week with you and the other committee members. 언제 시간이 괜찮은지 말씀해 주시겠어요? 협조에 감사드립니다.

○ Dear Daisy,
JK Corporation does not agree with some of the terms in our export contract. If the contract is in a foreign currency, we will be exposed to foreign exchange rate risk. 저는 당신을 직접 만나 양사가 모두 수용 가능한 계약서가 되도록 조건 변경이 가능한지를 논의해 보고 싶습니다.

→ 데이지 씨에게
JK 사는 양사의 수출 계약서에 명시된 계약 조건 일부에 동의할 수 없습니다. 계약이 외화로 이루어지면 저희는 외환 위험에 처하게 됩니다. I would like to meet you in person and discuss possible changes to the terms and conditions of our contract so that it becomes mutually agreeable to all parties.

merger 합병

218

pattern 168

Could we arrange a meeting to...?

~하기 위한 회의를 할 수 있을까요?

파티나 회의, 만남 등의 일정을 조율하는 것을 arrange라고 합니다. 그리고 상대방에게 질문하는 문장에서 can 대신 could를 쓰면 더 정중하고 프로페셔널한 어조를 풍길 수 있죠.

유사 패턴 Please schedule a meeting to...

---

step 1 패턴 집중 훈련

우리의 향후 관계를 논의하기 위한 회의를 할 수 있을까요?
Could we arrange a meeting to discuss our future relations?

글로벌화의 영향을 살펴보기 위한 회의를 할 수 있을까요?
Could we arrange a meeting to examine the effects of globalization?

우리 회사의 온라인 판매 증가 방안을 논의하기 위한 회의를 당신과 할 수 있을까요?
Could we arrange a meeting with you to discuss how to increase our online sales?

당신이 편한 시간에 저희의 정책 변화를 설명하기 위한 온라인 회의를 할 수 있을까요?
Could we arrange an online meeting to explain some changes to our policy at a time that suits you?

---

step 2 리얼 영작 연습

○ Dear Ms. Lim,
I am Jennifer Choi with Seoul Corporation. We recently launched a new clothing line and would like to place an advertisement in your newspaper's classified section. 광고료와 게재 일정을 조율하기 위한 회의를 할 수 있을까요? Please let me know when would be convenient for you.

→ 임 선생님께
저는 서울사의 제니퍼 최입니다. 저희 회사는 최근에 새로운 의류 라인을 론칭하였고, 귀 신문사의 광고면에 광고를 실으려고 합니다. **Could we arrange a meeting to negotiate advertising rates and schedule?** 언제 시간이 괜찮은지 알려 주시기 바랍니다.

○ Hello Ryan,
다음 주 월요일 서울 거리 재건 프로젝트와 관련된 회의를 소집할 수 있을까요? I will call you tomorrow to see if you are available on that day or you may leave a message for me about your availability using my information below. Thank you so much and I am looking forward to meeting with you.

→ 안녕하세요, 라이언.
Could we arrange a meeting to discuss the Seoul street reconstruction project next Monday? 내일 제가 당신에게 전화를 드려서 그날 시간이 되는지 여쭤 보겠습니다. 아니면 아래에 있는 제 연락처를 이용해서 가능한 시간을 메시지로 남기셔도 됩니다. 감사드리며 당신을 만나기를 기대하겠습니다.

pattern 169

We cordially invite you to...

우리의 ~에 귀하를 정중하게 초대합니다

이 패턴은 누군가를 초청하는 문구에서 정말 자주 볼 수 있습니다. cordially를 넣으면 '진심으로', '정중하게'라는 의미를 더 강조할 수 있어요.

유사 패턴 You are cordially invited to... | Please accept our invitation to...

step 1 패턴 집중 훈련

우리의 라이브 음악회에 귀하를 정중하게 초대합니다.	We cordially invite you to our live music performance.
우리의 연례 회의에 귀하를 정중하게 초대합니다.	We cordially invite you to attend our annual meeting.
귀하와 귀하의 가족을 우리의 자선 만찬회에 정중하게 초대합니다.	We cordially invite you and your family to our fundraising dinner.
귀하를 12월 18일 오전 11시부터 오후 3시까지 저희 회사의 송년회에 정중하게 초대합니다.	We cordially invite you to our company's year-end party on December 18 from 11:00 a.m. to 3:00 p.m.

step 2 리얼 영작 연습

○ **Dear Sir/Madam,**
저희는 2013년 2월 14일 서울 컨퍼런스 센터에서 열리는 제5회 FDI 컨퍼런스에 귀하를 정중하게 초대합니다. **To ensure a successful conference this year, we are asking you to please consider being a sponsor for the conference.**
I would really appreciate it if you could give me a call after you have decided on your level of support and participation at your earliest convenience at (82)3000-7000.

담당자분께
We cordially invite you to join us for our 5th FDI Conference on February 14, 2013 in the Seoul Conference Center. 올해 컨퍼런스의 성공적인 개최를 위해 귀사가 본 컨퍼런스의 스폰서를 해 주실 수 있는지 문의드립니다. 지원 및 참여 정도를 결정하신 후 가급적 빨리 82-3000-7000으로 전화 주시면 감사하겠습니다.

○ **Dear Ryan,**
저희는 2013년 11월 20일 월요일 저희 회사의 서울 지사에서 열릴 10대 사장이신 저스틴 윌슨 씨의 취임식에 귀하를 정중하게 초대합니다.
Please find attached a map showing the location of our office. Looking forward to your favorable response.

라이언 씨께
We cordially invite you to an inauguration ceremony for our 10th president Justin Wilson on Monday November 20, 2013 at our Seoul office. 저희 사무실의 위치를 담은 지도를 첨부해 드립니다. 초대를 수락해 주셨으면 좋겠습니다.

... meet you in person

당신을 직접 뵙고 ~

meet someone in person은 이메일을 보내거나 유선상으로 이야기하는 것이 아닌, '직접 얼굴을 보고 만나다'라는 의미입니다.

유사 패턴 ... meet you face to face

---

step 1 패턴 집중 훈련

당신을 직접 뵙고 싶습니다.	I would like to **meet you in person**.
당신을 직접 뵈어서 아주 즐거웠습니다.	It was a great pleasure to be able to **meet you in person**.
이 문제를 더 논의하기 위해 당신과 당신 회사의 직원들을 직접 뵙고 싶습니다.	I will be glad to **meet you** and your colleagues **in person** to discuss this further.
오랜 시간 끝에 드디어 우리가 직접 만나게 되었어요.	We are finally going to **meet each other in person** after all these years.

---

step 2 리얼 영작 연습

○ Dear Ms. Mankiw,
I hope this email finds you well. 저희 회사의 소프트웨어 문제를 논의하기 위해 귀하와 담당 직원을 직접 뵙고 싶습니다.
Please let me know when would be a convenient time at your earliest convenience. I may be reached by phone at 111-2222 or email at abc@abc.com.

→ 맨큐 귀하
건강하신지요. I would like to meet you and the appropriate staff in person to discuss our company's software issues. 가급적 빨리 언제 시간이 가능한지를 알려 주세요. 전화번호 111-2222나 이메일 주소 abc@abc.com으로 연락 주시면 됩니다.

○ Hello Roy,
Fred Holding Inc. has recently released an ERP software program and 귀하를 직접 뵙고 이 프로그램이 어떻게 작동하고 귀사의 회계 시스템의 효율성을 얼마나 증진시킬 수 있는지를 보여 드리고 싶습니다.
If you are interested, please let us know by email at abc@abc.com.

→ 로이 씨, 안녕하세요.
프레드 지주 회사는 최근 ERP 소프트웨어 프로그램을 출시했습니다. 그리고 would like to meet you in person to show you how it works and how much it can help to increase efficiency in your accounting system. 관심 있으시면 이메일 abc@abc.com으로 알려 주세요.

---

appropriate staff 담당 직원 **in person** 직접 **release** 출시하다

When would you be able to...?

언제 ~이 가능하신가요?

약속을 잡을 때 유용하게 사용하는 패턴입니다.

유사 패턴 Please let me know what time would be convenient for you to...

---

step 1 패턴 집중 훈련

언제 물품 배송이 가능하신가요?	**When would you be able to ship the order?**
언제 점심 먹으러 나가는 것이 가능하신가요?	**When would you be able to go out for lunch?**
언제 우리 회사에서 일하는 것이 가능하신가요?	**When would you be able to start working at our company?**
언제 행사에 참석이 가능하신가요?	**When would you be able to join us for the event?**

---

step 2 리얼 영작 연습

○ Dear Sarah,
We would like to invite you and your team to lunch sometime in the near future. This is just a small token of our appreciation for your outstanding service.
We sincerely hope that you will accept our invitation. 만일 받아 주신다면, 주중에 언제 저희와 점심 약속이 가능하신지요? We look forward to meeting you soon.

→ 사라 씨께
가까운 시일 내에 귀하와 귀하의 팀을 점심 식사에 초대하고 싶습니다. 이것은 귀사의 뛰어난 서비스에 대한 작은 감사의 표시입니다.
저희의 초대를 받아 주셨으면 합니다. **If you do, when would you be able to have lunch with us during the week?** 곧 만나 뵈었으면 좋겠습니다.

○ Dear Emma,
I am glad to hear that you are willing to be my interpreter during my business meetings. I would like to have a preparatory meeting with you to ensure the agenda and materials are designed to best meet the objective of the meeting.
언제 가능하실지 말씀해 주실 수 있으신가요?

→ 엠마 씨께
제가 회의에 참석할 때 당신이 제 통역사가 되어 주신다니 기쁩니다. 사전에 미리 만나 안건과 자료가 회의의 목적에 잘 부합하는지를 체크해 보고 싶은데요.
Could you tell me when you would be able to attend the meeting with me?

pattern 172

Please respond if... is good for you.

~이 괜찮으신지 말씀해 주세요.

만남을 위한 시간이나 장소 등을 정할 때는 상대방에게 가능 여부를 물어보는 것이 예의겠죠. 이때 사용할 수 있는 패턴입니다.

유사패턴 Please let me know if... suits you.

---

step 1 패턴 집중 훈련

월요일이 괜찮으신지 말씀해 주세요. **Please respond if Monday is good for you.**

그 장소가 괜찮으신지 말씀해 주세요. **Please respond if the venue is good for you.**

8월 20일이 괜찮으신지 말씀해 주세요. **Please respond if August 20 is good for you.**

수정된 규칙이 괜찮으신지 말씀해 주세요. **Please respond if the revised rule is good for you.**

---

step 2 리얼 영작 연습

○ Hello Mr. Kim,
I have attached my powerpoint presentation on next year's economic outlook.
I would greatly appreciate it if I could arrange a meeting with you and get some feedback on this.
3월 1일 금요일이 괜찮으신지 말씀해 주세요. I look forward to hearing from you soon.

→ 안녕하세요, 김 선생님.
내년의 경제 전망에 대한 파워포인트 파일을 첨부했습니다.
괜찮으시다면 회의를 해서 이 파일에 대한 피드백을 받았으면 합니다.
Please respond if Friday, March 1 is good for you. 조만간의 답변 기다리겠습니다.

○ Hello Abigail,
As you are aware, we have prepared a business networking luncheon next week and are thinking of serving traditional Korean food.
Please indicate if you have another preference and, 3월 10일 토요일이 괜찮으신지 회신 주세요. If it isn't, please let us know.

→ 아비가일 씨, 안녕하세요.
당신도 아시다시피 저희는 다음 주 네트워킹 오찬을 준비하고 있으며 한국 전통 요리를 대접하는 것을 고려 중에 있습니다.
다른 선호 음식이 있으면 말씀해 주시고, **respond if Saturday, March 10 is good for you.** 괜찮지 않으시면 언제 가능한지를 알려 주십시오.

The main purpose of this meeting is to...

이 회의의 주된 목적은 ~하는 것입니다

회사 내에서, 혹은 외부의 사업 파트너와 회의를 할 때는 그 회의의 목적에 대해 확실히 명시를 해 줘야 합니다.

유사 패턴 The reason why we are holding this meeting is to...

step 1 패턴 집중 훈련

이 회의의 주된 목적은 판매세에 대한 정보를 교환하는 것입니다.

The main purpose of this meeting is to exchange information on sales tax.

이 회의의 주된 목적은 그 프로젝트 계획을 마무리하는 것입니다.

The main purpose of this meeting is to finalize the project plan.

이 회의의 주된 목적은 새 과장님을 소개하는 것입니다.

The main purpose of this meeting is to introduce the new manager.

이 회의의 주된 목적은 우리 회사의 두 번째 고객 만족도 조사 결과를 발표하고 이에 대해 논의해 보는 것입니다.

The main purpose of this meeting is to present and discuss the result of our second customer satisfaction survey.

step 2 리얼 영작 연습

○ Dear Research Team,
  You are invited to attend a meeting which is going to be held on Wednesday July 1 from 2:00 p.m. to 3:00 p.m. in Meeting Room A. 이 회의의 주된 목적은 올해 프로젝트 예산을 재확인해 보는 것입니다.

→ 연구팀 일동에게
  7월 1일 수요일 오후 2시부터 3시까지 미팅룸 A에서 회의가 있습니다. **The main purpose of this meeting is to double-check this year's project budget.**

○ Dear Sarah,
  I am writing to ask you to take minutes at the next week's meeting with Hawaii Corporation. Since the minutes will serve as an official record of the meeting, make sure they are accurate.
  이 회의의 주된 목적은 시장 정보를 교환하는 것입니다, **and there will be 10 attendees overall.**

→ 사라 씨에게
  하와이 사와 가질 다음 주 회의에서 회의록을 작성해 주실 수 있으신가요? 회의록은 그날 회의의 공식적인 기록이 될 것이기 때문에 정확해야 합니다. **The main purpose of this meeting will be to share market information,** 그리고 총 10명이 참석합니다.

pattern 174

I would be pleased to attend...

기꺼이 ~에 참석하겠습니다

상대방이 참석 여부를 물어봤을 때 승낙하는 경우 I would be pleased to attend... 패턴을 쓸 수 있습니다.

유사 패턴 I would be delighted to attend...

---

step 1 패턴 집중 훈련

기꺼이 세미나에 참석하겠습니다.	**I would be pleased to attend** the seminar.
기꺼이 면접에 참석하겠습니다.	**I would be pleased to attend** an interview.
기꺼이 신상품 론칭 이벤트에 참석하겠습니다.	**I would be pleased to attend** the launch event for a new products.
기꺼이 개업식과 환영 연회에 참석하겠습니다.	**I would be pleased to attend** the opening ceremony and welcome reception.

---

step 2 리얼 영작 연습

○ Dear Mr. Young:
I am writing to express my interest in the position of Marketing Director with your company. I have ten year experience in Sales with Washington Ltd. and my responsibilities included the development of mobile marketing strategies and plans. I have attached my resume for more detailed information about my experience and 저는 귀사가 편하실 때에 언제든 면접을 볼 용의가 있습니다.

→ 영 씨

저는 귀사의 마케팅 부장 채용 건에 관심 있습니다. 워싱턴사의 영업직에서 10년간의 경력을 쌓았고 휴대전화 마케팅 전략 및 계획을 수립하는 업무를 담당했습니다. 저의 경력에 관한 상세한 정보를 담은 이력서를 첨부합니다. **I would be pleased to attend an interview at your convenience.**

○ Dear Natalie,
11월 10일 당신의 이메일과 관련, 12월 1일에 열릴 회의에 기꺼이 참석하겠습니다. I heard that there are a few organized evening events after the meeting and would like information on the dress code.

→ 나탈리 씨께

With regard to your email of November 10, I would be pleased to attend the meeting scheduled on December 1. 회의가 끝나고 저녁에 행사 몇 개가 계획되어 있다고 들었는데 저녁에는 드레스 코드가 어떻게 되는지 궁금합니다.

PART
5

마무리하기

Unit 21 추후에 연락하기

Q 다음 말을 영어로 할 수 있나요?

- 제안할 것이 있으시면 제게 말씀해 주세요.

  _____ suggestions, please inform me.

- 관심 있으신 분들께는 저희가 소책자를 드리겠습니다.

  _____ are interested, we have a brochure.

- 정보가 더 필요하시면, 제게 연락 주세요.

  _____ don't hesitate to contact me.

- 부담 갖지 마시고 전화 주세요.

  _____ call me anytime.

- 제가 도움을 드릴 수 있다면 말씀해 주세요.

  Let me know _____ .

- 변동사항이 있으면 24시간 이내에 이메일로 제가 연락드리겠습니다.

  _____ within 24 hours via email _____

  there is any change.

pattern 175 Should you have any...

~가 있으시면

If you should have any...의 문장에서 if를 생략한 후 주어와 조동사가 도치된 형태의 패턴입니다.

유사 패턴 If you have any...

step 1 패턴 집중 훈련

제안할 것이 있으시면 제게 말씀해 주세요.
Should you have any suggestions, please inform me.

하실 말씀이 있으시면 저희에게 연락 주세요.
Should you have any comments, please contact us.

추가 정보가 있으시면 제게 알려 주세요.
Should you have any additional information, please let me know.

질문이나 걱정거리가 있으시면 저희 웹사이트에 올려 주세요.
Should you have any questions or concerns, please put them up on our website.

step 2 리얼 영작 연습

○ Dear Jennifer,
We thank you for your interest in becoming a supplier for the Korean government and submitting your bid on October 10. Each stage of the procurement process will be reported to you via email. 질문이 있거나 추가로 정보가 필요하시면, please visit Seoul's procurement website at www.spws.org.

→ 제니퍼 씨께
한국 정부의 이번 납품 업체 선정에 관심을 가져 주시고 10월 10일 입찰서를 제출해 주신 것에 대해 감사드립니다.
조달 과정의 모든 진행 상황은 귀사에 이메일로 통보될 것입니다. **Should you have any questions or require any further information,** 서울시의 조달 웹사이트인 www.spws.org를 방문해 주십시오.

○ Dear Ms. Parker,
My name is Steve Choi with Eric Corporation and I will be accompanying you during your business trip to Korea. If you have a meal preference, please let me know. Otherwise, we would like to treat you to a traditional Korean dinner. 한국 출장 및 스케줄에 대해 요청 사항이나 질문이 있으시면, please call me at 100-2000 and ask for Steve.

→ 파커 씨께
저는 에릭 사의 스티브 최입니다. 저는 귀하의 한국 출장 기간 동안 파커 씨를 수행하게 되었습니다. 선호하는 음식 취향이 있으시면 알려 주세요. 없으시면 저희가 전통적인 한식 저녁을 대접하고 싶습니다. **Should you have any requests or questions regarding your trip or your schedule in Korea,** 100-2000으로 연락하셔서 스티브를 찾으시면 됩니다.

supplier 납품 업체 **bid** 입찰서 **procurement process** 조달 과정 **further information** 추가 정보

pattern 176

For those who...

~하신 분들께는

특정 성향이나 특징을 가진 사람들을 한정해서 가리킬 때 쓰는 패턴이에요.

유사패턴 If you would like to...

step 1 패턴 집중 훈련

관심 있으신 분들께는 저희가 소책자를 드리 겠습니다.

For those who are interested, we have a brochure.

이미 ABC 사의 회원인 분들께는 모든 제품을 30% 할인해 드립니다.

For those who are already a member of ABC Corporation, we offer 30% off all merchandise.

프로젝트에 대해 더 알고 싶으신 분들께는 저 희가 신뢰할 수 있는 정보를 제공해 드립니다.

For those who want to learn more about the project, we provide reliable information.

이 최신 정보를 놓치고 싶지 않은 분들께는 저 희 회사의 뉴스레터 구독을 추천해 드립니다.

For those who don't want to miss any updates, please subscribe to our newsletter.

step 2 리얼 영작 연습

○ **To Whom It May Concern,**
사업 운영을 위한 더 나은 방법을 모색하시는 분들께는,
Young & Kim has the right solution to meet your needs.
We are attaching herewith our company information and client list for your reference and would be pleased to serve you in the future.

→ 관계자분께
For those who want to find better ways to improve your business, 영 앤 김이 고객님의 필요에 맞춘 솔루션을 제공해 드립니다.
참고로 저희 회사의 정보와 고객 명단을 첨부합니 다. 앞으로 귀하를 고객으로 모실 수 있으면 좋겠 습니다.

○ **Dear Staffs,**
As you are aware, our company has announced a corporate restructuring plan to reduce operating costs and drive sustainable growth and innovation.
이 계획의 세부 내역을 알고 싶으신 분들은 abc@abc.com 으로 제게 알려 주세요. **I will send you a 10-page long report that specifies our future plan.**

→ 직원 여러분께
여러분도 아시다시피 우리 회사는 회사 구조 조정 계획을 발표하고 운영 비용을 줄이고 지속 가능한 성장과 혁신을 도모하고자 합니다.
For those who want more details about the plan, please let me know by email at abc@ abc.com. 우리 회사의 미래 계획을 구체적으 로 명시한 10페이지짜리 보고서를 보내 드리겠습 니다.

corporate restructuring 구조 조정   operating cost 운영 비용

pattern 177

For further information, please...

정보가 더 필요하시면, ~해 주세요

이메일은 한정된 지면 관계상 많은 정보를 담기 어렵죠. 그럴 때는 이 패턴을 이용해서 더 많은 정보를 제공 받는 경로 혹은 방법을 알려줄 수 있습니다.

유사패턴 If you want to find out more...

step 1 패턴 집중 훈련

정보가 더 필요하시면, 제게 연락 주세요.

For further information, please don't hesitate to contact me.

정보가 더 필요하시면, 첨부된 파일을 참고해 주세요.

For further information, please find attached file.

정보가 더 필요하시면, 전화 주세요.

For further information, please feel free to call me.

정보가 더 필요하시면, 저희 회사의 홈페이지 www. abcd.com을 방문해 주세요.

For further information, please visit our website at www.abcd.com.

step 2 리얼 영작 연습

○ Dear Seoul International,
Are you curious about how service businesses can survive and prosper in tough times? Whether your interest is domestic or global, Hampshire & Jackson can provide you with in-depth knowledge and practical experience to help you achieve your goals.
정보가 더 필요하시면 저희에게 연락 주세요.

→ 서울 인터내셔널 사 귀하
서비스 업체들이 힘든 시기에 어떻게 살아남고 성 공하는지가 궁금하지 않으신가요? 내수 기업이든 수출 기업이든 관계없습니다. 햄프셔 앤 잭슨이 고객님의 목표 달성을 위해 깊이 있는 정보와 실무 경험을 제공해 드립니다.
Please contact us for further information.

○ Dear Mr. Thomson,
As you requested, I am attaching some presentation files from this year's marketing seminar. They were presented by Dr. John Smith, a professor at Wong University.
이 발표 자료와 관련해 더 많은 정보가 필요하시면 스미스 교수님의 이메일 smith@wong.edu로 연락 주십시오.

→ 톰슨 씨께
톰슨 씨께서 부탁하신 대로 올해 마케팅 세미나의 발표 자료를 첨부합니다. 이 자료는 웡대학교 교수 인 존 스미스 박사가 발표했습니다.
For further information regarding the presentation materials, please contact Dr. Smith at smith@wong.edu.

Unit 21 추후에 연락하기 **231**

Please feel free to...

부담 갖지 마시고 ~하세요

상대방에게 어떤 부탁이나 행동을 주저 말고 마음껏 하라는 의미로 사용되며, 뒤에는 동사원형이 따라 옵니다.

유사 패턴 Don't hesitate to...

---

step 1 패턴 집중 훈련

부담 갖지 마시고 제게 연락 주세요.	**Please feel free to contact me.**
부담 갖지 마시고 전화 주세요.	**Please feel free to call me anytime.**
질문이 있으시면 부담 갖지 마시고 이메일을 주세요.	**Please feel free to email me if you have any questions.**
한국 시간으로 오전 7시에서 오후 4시까지 수신자 부담 전화 123-4567로 부담 갖지 마시고 연락 주세요.	**Please feel free to contact me at our toll free number, 123-4567 between the hours of 7 a.m. and 4 p.m. Korean Time.**

---

step 2 리얼 영작 연습

○ Dear Jack,
This is in regard to the start of a new team project.
As discussed, I will be assigning this project to you as soon as the position becomes available.
질문이 있으시면 제 내선 번호 123으로 부담 갖지 마시고 연락 주세요.

→ 잭 씨에게
새로운 팀 프로젝트의 시작과 관련해 메일을 드립니다.
논의된 대로 자리가 나는 즉시 당신에게 이 프로젝트를 맡기겠습니다.
Please feel free to call me at ext.123 with any questions you may have.

○ Dear Sir/Madam,
My name is Jon Smith and I work for Brown Corporation as a sales representative.
We would like to lease a retail space in your shopping mall if the rent is reasonable. 저희와 사업 거래를 체결하는 데 관심이 있으시면 부담 갖지 마시고 이메일 smith@abc.com로 연락 주십시오. Thank you for your time.

→ 관계자분께
저는 존 스미스이고 브라운 사에서 영업 담당자로 일하고 있습니다.
저희 회사는 임대료만 합리적이라면 당신의 쇼핑몰에 있는 소매 공간을 임대하고 싶습니다.
If you're interested in signing a business agreement with us, please feel free to contact me via email: smith@abc.com. 시간을 내 주셔서 감사드립니다.

pattern 179

if I can be of assistance...

제가 도움을 드릴 수 있다면~

이 표현은 상대방에게 도움을 주고 싶을 때 쓰는 패턴이에요.

유사 패턴 if I may be of help... | if I can provide any further assistance...

---

step 1 패턴 집중 훈련

제가 도움을 드릴 수 있다면 말씀해 주세요.
Let me know if I can be of assistance.

제가 당신에게 도움을 드릴 수 있다면 전화 또는 이메일로 연락 주세요.
If I can be of assistance to you, please call or send an email.

이 문제에 제가 도움을 드릴 수 있다면 기탄없이 전화 주세요.
If I can be of assistance regarding this matter, please feel free to call me.

제가 도움을 더 드릴 수 있다면, 기꺼이 당신이 있는 곳으로 가겠습니다.
If I can be of further assistance, I would be happy to visit your place.

---

step 2 리얼 영작 연습

○ All:
I am writing to ask each of you to give a 10-minute presentation at our monthly meeting. Agendas will be posted on our company's website by this coming Friday and sent to you via email as well.
어떤 방법으로든 제가 도움을 드릴 수 있다면 전화 혹은 이메일로 제게 연락 주세요.

→ 모두에게
팀원 모두 월례회의에서 10분가량의 발표를 해 주셨으면 합니다. 안건은 이번 주 금요일까지 회사 홈페이지에 올라올 것이고 여러분께 이메일로도 통보가 될 것입니다.
Please call or email me if I can be of assistance in any way possible.

○ Dear Ms. Tylor,
On behalf of Seoul's office staff, I am glad you have been deployed here and will be working with us as of January 1, 2014.
한국에서 정착하시는 데 제가 도울 것이 있다면 알려 주십시오.
It would be an honor for me.

→ 타일러 씨께
서울 지점 직원을 대표하여 2014년 1월 1일 자로 이곳으로 발령되어 저희와 함께 일하게 된 것을 환영합니다.
If I can be of assistance to help you settle down in Korea, please let me know. 제게는 영광일 것입니다.

---

agenda 안건

I will contact you if...

pattern 180

~ 하면 제가 연락드리겠습니다

이 패턴에 쓰인 '연락하다'라는 뜻의 contact는 같은 뜻의 get in touch에 비해 더 프로페셔널한 느낌을 줘서 비즈니스 이메일을 쓸 때 선호되는 동사입니다.

유사 패턴 I will call or email you if... | I will get back to you if...

---

step 1 🅔 패턴 집중 훈련

귀하가 인터뷰 대상자가 되시면 제가 연락드리겠습니다.

I will contact you if you are invited to an interview.

귀하가 추가 지원 대상자이시면 곧 제가 연락드리겠습니다.

I will contact you shortly if you are eligible to receive extra help.

변동 사항이 있으면 24시간 이내에 이메일로 제가 연락드리겠습니다.

I will contact you within 24 hours via email if there is any change.

회의 일정을 잡아야 한다면 제가 연락드리겠습니다.

I will contact you if we need to arrange a meeting.

---

step 2 🅔 리얼 영작 연습

○ Hello John,
I am writing to confirm our meeting regarding the LNG project.
As discussed, it has been scheduled for Monday, October 5, 9 to 10:30 at the Seoul Community Center.
Please note that this schedule may be subject to change. 만일 변동 사항이 있으면 제가 연락드리겠습니다. Looking forward to a successful outcome.

→ 존 씨, 안녕하세요.
LNG 프로젝트와 관련해서 우리 회의 일정을 확인하기 위해 연락드립니다. 논의된 바 대로, 회의는 10월 5일 월요일 9시부터 10시 30분까지 서울 커뮤니티 센터에서 열릴 예정입니다.
이 일정은 변경될 수도 있습니다. I will contact you if any changes are made. 결과가 성공적으로 잘 나왔으면 합니다.

○ Dear Steve,
Thank you for the business plan outlining our company's expansion by additional mergers and acquisitions. 저는 지금 기획안을 검토 중이며 추가 정보가 필요하거나 질문이 있으시면 직접 연락드리겠습니다.

→ 스티브 씨께
추가적인 인수 및 합병을 통해 회사를 확장하는 내용을 골자로 하는 사업 기획안을 보내 주셔서 감사드립니다. I am in the process of reviewing the plan and will contact you if we need additional information or have questions.

merger and acquisition 인수 합병

234

Unit

22 부재 알리기

Q 다음 말을 영어로 할 수 있나요?

- 제가 부재 중일 때는 존 스미스 씨가 대신 업무를 맡아 주실 것입니다.

  [   ] , John Smith will be filling in for me.

- 더 이상 그 회사에서 일하지 않습니다.

  [   ] the company.

- 출장으로 부재 예정입니다.

  [   ] a business trip.

- 다음 주까지 회사에 복귀하겠습니다.

  [   ] next week.

In my absence,...

제가 부재 중일 때는 ~

absence는 '부재', '결석', '결근' 등을 가리키는 단어에요. 부재 중일 때는 꼭 이를 알리는 자동 응답 메시지를 작성하는 것을 잊지 마세요.

유사 패턴 When I am not in the office...

step 1 패턴 집중 훈련

제가 부재 중일 때는 안건이나 중요 사항을 저의 상사인 제인 도 씨에게 보내 주세요.	**In my absence, please direct any issues or concerns to my boss, Jane Doe.**
제가 부재 중일 때는 존 스미스 씨가 대신 업무를 맡아 주실 것입니다.	**In my absence, John Smith will be filling in for me.**
제가 부재 중일 때는 급한 사항은 고객 서비스 부서로 문의해 주세요.	**In my absence, please address urgent inquiries to our Customer Service Department.**
제가 부재 중일 때 제인 켈리 씨에게 연락 주시면 빨리 처리될 것입니다.	**In my absence, please contact Jane Kelly for immediate assistance.**

step 2 리얼 영작 연습

○ Hello to all:
Thank you for your email. I am currently out of the office and will be back on Monday March 5. Please note that your email will be neither read nor forwarded during this time.
제가 부재 중일 때 급한 도움이 필요하시면 토마스 햄슨 tom@abc.com로 연락 주세요. Thank you for your understanding.

→ 모두들 안녕하세요.
이메일을 보내 주셔서 감사드립니다. 저는 현재 부재 중이며 3월 5일 월요일에 회사로 복귀할 예정입니다. 그 전까지는 보내신 이메일을 읽지도, 답하지도 못한다는 점을 양해 부탁드립니다.
Should you need an immediate assistance, please contact Tomas Hampson at tom@abc.com in my absence. 양해해 주셔서 감사합니다.

○ All:
I just wanted to tell you that I will be away on a business trip to Chicago from June 1 to June 9.
제가 부재 중일 때는 제 전화번호에 다른 숫자를 덧붙이지 마시고 그냥 010-900-8000으로 전화 주십시오.

→ 모두에게
6월 1일부터 6월 9일까지 시카고로 출장을 가게 되어 부재 중이라는 것을 알려 드립니다.
In my absence, it will not be necessary to add any digits to my number but just dial 010-900-8000.

Customer Service Department 고객 서비스 부서　business trip 출장

pattern 182

I will be no longer with...

더 이상 ~에서 일하지 않습니다

no longer with...는 회사나 팀에서 나왔을 때 쓰는 패턴입니다. 연인과 헤어졌을 때도 쓸 수 있죠.

 I will not be working with...

---

step 1 패턴 집중 훈련

더 이상 그 회사에서 일하지 않습니다.	**I will be no longer with the company.**
더 이상 영업팀에서 일하지 않습니다.	**I will be no longer with the sales team.**
더 이상 귀하와 함께 일하지 않습니다.	**I will be no longer working with you.**
내일부터 더 이상 서울 소프트웨어 솔루션 사에서 일하지 않습니다.	**I will be no longer employed with Seoul Software Solutions as of tomorrow.**

---

step 2 리얼 영작 연습

○ Hello to All:
다들 알고 계시겠지만 저는 4월 30일 이후로는 더 이상 ABC 사에서 일하지 않습니다. **Please consider this email my sincere goodbye to each and every one of you.**
Thank you so much for making my time at ABC Corporation enjoyable and memorable. Please keep in touch and my best wishes to you.

모두 안녕하세요:
As you are aware, I will be no longer working with ABC Corporation effective April 30. 모두에게 이 이메일로 작별 인사를 대신하겠습니다. ABC 사에서의 시간을 즐겁고 소중하게 만들어 주신 여러분께 감사의 말씀을 드립니다. 연락을 계속하고 지냈으면 좋겠네요. 모두에게 행운을 빕니다.

○ Hello Emma,
유감스럽지만 저는 8월 1일 이후 더 이상 인사팀에서 일하지 않습니다, **and will be reassigned to the London office as a marketing director.**
Mr. John Doe hasn't decided who will be assuming my duties and when he does, I will let you know and refer you to him or her.

엠마 씨에게
I regret to inform you that I will be no longer with the Human Resources Department as of August 1, 그리고 런던 지사에 마케팅 부장으로 발령이 났습니다.
존 도 씨는 저의 후임자를 아직 결정하지 않으셨는데, 결정을 내리시면 제가 당신에게 알려 드리고 후임자에게도 당신에 대해 말씀드려 놓을게요.

Human Resources Department 인사팀

I will be away on...

~으로 부재 예정입니다

이 패턴의 뒤에는 부재의 이유를 명시하면 돼요. 휴가나 출장 등이 뒤따라오면 되겠죠.

유사 패턴 I will be out of office...

step 1 패턴 집중 훈련

출장으로 부재 예정입니다.

I will be away on a business trip.

병가로 한 달 동안 부재 예정입니다.

I will be away on sick leave for a month.

월요일부터 휴가로 부재 예정입니다.

I will be away on vacation starting on Monday.

여름휴가로 부재 예정이며, 돌아오는 즉시 귀하에게 연락드리겠습니다.

I will be away on summer vacation and will get back to you on my return.

step 2 리얼 영작 연습

○ Dear All:

다들 아시겠지만, 제가 2013년 7월 1일부터 2014년 6월 31일까지 출산 휴가로 부재 예정입니다. **As for the projects I have been working on, please forward any concerns/questions to Steve Chen at 123-4567 or at steve@abc.com.**
I would like to express my gratitude and appreciation for your support. Looking forward to seeing you again.

→ 모두에게
As you all know, I will be away on maternity leave from July 1, 2013 until June 31, 2014. 제가 담당하던 프로젝트와 관련된 일이나 질문은 123-45670나 steve@abc.com으로 스티브 첸 씨께 연락 주시면 됩니다.
그동안 저를 도와주셔서 정말 감사했습니다. 다음에 다시 뵙게 되길 바랍니다.

○ Dear Natalie,

저는 다음 주 도쿄 출장으로 부재 예정입니다, **and I am afraid I cannot make the decision to launch a new project by next week. Please advise if you can await my decision upon my return. I would very much appreciate an extension.**

→ 나탈리 씨에게
I will be away on a business trip to Tokyo next week, 그래서 죄송하지만 새로운 프로젝트를 시작할지에 대한 결정을 다음 주까지 내릴 수가 없을 것 같습니다. 그래서 출장을 다녀온 이후에 답변을 드려도 될지 문의드립니다. 기다려 주신다면 정말 감사하겠습니다.

Tips ' '아프다'라는 뜻의 단어인 sick과 ill은 구분 없이 쓰이기도 하지만 보통 sick은 가벼운 병에, ill은 중병에 사용돼요. 하지만 '병가'는 ill leave가 아닌 sick leave라고 합니다. '출산 휴가'는 maternity leave라고 하죠.

pattern **184**

I will return to work by...

~까지 회사에 복귀하겠습니다

return to work는 '직장으로 복귀하다'라는 뜻으로, 뒤에는 구체적인 시간이나 날짜를 적어 줍니다.

유사 패턴 I will get back to work by...

---

step 1 패턴 집중 훈련

다음 주까지 회사에 복귀하겠습니다.

I will return to work by next week.

출산 휴가를 끝내고 2월 1일 월요일까지 회사에 복귀하겠습니다.

I will return to work by Monday February 1 after maternity leave.

저는 그가 회사를 그만두기 전에는 회사에 복귀하겠습니다.

I will return to work by the time he leaves.

1년간의 휴직을 마치고 2014년 3월 1일까지 회사에 복귀하겠습니다.

I will return to work by March 1, 2014 after a year-long absence.

---

step 2 리얼 영작 연습

○ Dear Mr. Lee,
I am writing to acknowledge receipt of your email of August 10.
유감스럽게도 9월 1일부터 저는 워싱턴에 출장을 가서 9월 10일에 회사에 복귀 예정입니다. **I would be very grateful if we could reschedule our meeting, preferably after September 10.**

→ 이 선생님께
8월 10일 당신의 이메일을 잘 받았습니다.
Unfortunately, I will be away on a business trip to Washington starting September 1 and will return to work by September 10. 9월 10일 이후로 회의 일정을 재조정해 주시면 감사하겠습니다.

○ Dear Team,
I have a business meeting regarding our sales contract with Keico Corporation at 10:00 a.m. today. 오전 중에는 사무실을 비울 예정이며 오후 2시까지 복귀하겠습니다.
Please note that during the meeting, I will not be able to take calls so please text me for urgent issues. I will get back to you as soon as possible.

→ 팀원들에게
오늘 오전 10시 케이코 사와의 판매 계약 건에 대해 회의가 있습니다. **I will be out of the office this morning and will return to work by 2 p.m.**
회의 중에는 전화를 받을 수 없으니 급한 일이 있으시면 문자를 남겨 주십시오. 가능하면 빨리 연락 드리겠습니다.

Tips

• text는 '(휴대전화의) 문자메시지를 보내다'라는 뜻이에요.

Unit 23

답장 촉구하기

Q 다음 말을 영어로 할 수 있나요?

- 오는 금요일까지 회신 주세요.

  [   ] this coming Friday.

- 2013년 2월 5일까지 참석 여부를 알려 주시기 바랍니다.

  [   ] February 5, 2013.

- 이 이메일의 수신 여부를 알려 주시기 바랍니다.

  [   ] this email.

- 상기 내용의 승인 여부를 알려 주세요.

  [   ] the above.

- 아래 전화번호 중 하나로 연락 주세요.

  [   ] one of the numbers below.

- 500-2600로 수표의 복사본을 팩스로 보내 주세요.

  [   ] a copy of your check [   ] 500-2600.

- 편하실 때에 이메일 주세요.

  [   ] , please email me.

- 가급적 빨리 제게 이메일을 보내 주세요.

  [   ] , please email me.

- 저희는 당신의 답장을 기다리고 있습니다.

  [   ] hear from you.

Please respond by...

~까지 회신 주세요

이메일을 보냈는데 상대방이 묵묵부답일 때만큼 답답한 것이 없죠. 회신을 언제까지 달라는 것을 구체적으로 명시해야 보내는 사람 입장에서도, 받는 사람 입장에서도 일 처리가 편해질 수 있어요.

유사패턴 Please get back to us by...

---

step 1 패턴 집중 훈련

오는 금요일까지 회신 주세요.
Please respond by this coming Friday.

1월 20일 목요일 오후까지 회신해 주세요.
Please respond by Thursday afternoon January 20.

회의 날짜까지 다음의 내용에 대해 회신 주세요.
Please respond to the following by the meeting date.

금요일 오후 3시까지 저의 초청에 회신 주세요.
Please respond to my invitation by 3 p.m. on Friday.

---

step 2 리얼 영작 연습

○ Dear Kate,
Thank you for choosing Seoul Distributors. As per our agreement, our task will be to distribute your products and services to large retailers.
계약 내용을 변경하고 싶으시면 4월 10일까지 이 메일에 회신해 주세요. Thank you again for your business.

→ 케이트 씨께
서울 디스트리뷰터를 선택해 주신 것에 대해 감사드립니다. 협의한 대로 저희 회사의 임무는 귀사의 상품 및 서비스를 대형 소매상에 유통시켜 주는 것이 될 것입니다.
Please respond to this email by April 10 if you want to make a change to our contract. 다시 한번 거래에 감사드립니다.

○ Dear Sharon,
I hope all is well with you.
I tried to contact you regarding our technology contract, but Jesse, your colleague told me you called in sick today. Since your confirmation is of utmost importance for the early implementation of the contract, 출근하시면 내일 오후 6시까지 제 요청에 답변을 해 주시기를 부탁드립니다.

→ 샤론 씨께
잘 지내고 계시지요.
저희와의 기술 계약 건과 관련해 연락을 드리려고 했는데 팀 동료인 제시가 당신이 오늘 아파서 출근을 못했다며 전화했다고 하더군요. 계약을 빨리 마치려면 귀하께서 확정을 꼭 해 주셔야 하므로, **please respond to my request by tomorrow at 6 p.m. when you arrive at your office.**

---

large retailers 대형 소매상

Please RSVP by...

pattern **186**

~까지 참석 여부를 알려 주시기 바랍니다

RSVP는 프랑스 어인 Répondez S'il Vous Plaît의 앞 글자를 따서 만든 용어예요. 참석 여부를 알려 달라는 뜻으로, 초대장에서 자주 볼 수 있는 패턴입니다.

유사 패턴 Please indicate whether you will be able to attend...

---

step 1 패턴 집중 훈련

2013년 2월 5일까지 참석 여부를 알려 주시기 바랍니다.

Please RSVP by February 5, 2013.

다음 주 금요일까지 참석 여부를 알려 주시기 바랍니다.

Please RSVP by next Friday.

3월 1일까지 존 도 씨에게 참석 여부를 알려 주시기 바랍니다.

Please RSVP by March 1 to John Doe.

에리카에게 수요일까지 참석 여부를 알려 주시기 바랍니다.

Please RSVP your attendance to Erica by Wednesday.

---

step 2 리얼 영작 연습

○ Dear Employees,
I am pleased to announce our year-end party at Conference Hall B on Friday December 20 from 10 a.m. to 3 p.m. All employees and their families are welcome to join.
12월 10일까지 인사팀의 케이시 박 씨에게 123-2345, 내선 번호 123으로 참석 여부를 알려 주시기 바랍니다.

→ 직원 여러분,
12월 20일 금요일 오전 10시부터 오후 3시까지 컨퍼런스 홀 B에서 우리 회사 송년회를 개최하게 되었음을 알려 드립니다. 직원 및 직원 가족이라면 누구든 환영합니다.
Please RSVP by December 10 to Casey Park in the Human Resources at 123-2345, extension 123.

○ Dear Team:
As you are aware, Jack is preparing to leave our company soon. We are giving him a farewell party to make his last day at work memorable. Please join us to wish him all the best.
    When: November 1 from 10 a.m. to 11 a.m.
    Where: Meeting Room C
오늘 오후 5시까지 저에게 참석 여부를 알려 주시기 바랍니다.

→ 팀원들에게
여러분도 아시겠지만 잭이 곧 우리 회사를 퇴사하게 되었어요. 직장에서의 마지막 날을 추억으로 남겨 주기 위해 그를 위한 작별 파티를 열게 되었습니다. 부디 참석해서 잭의 성공을 빌어 주세요.
    언제: 11월 1일 오전 10시부터 11시까지
    어디서: 미팅룸 C
Please RSVP to me by 5 p.m. today.

---

year-end party 송년회   **extension** 내선 번호   **farewell party** 작별 파티, 송별회

Please acknowledge receipt of...

~의 수신/수령 여부를 알려 주세요

acknowledge는 흔히 '인정하다'라는 뜻이지만, '편지나 문서 등을 받았다는 것을 알려 주다'라는 의미로도 사용됩니다.

유사 패턴 Please send me an acknowledgement upon the receipt of... | Please confirm your receipt of...

---

step 1 패턴 집중 훈련

이 이메일의 수신 여부를 알려 주시기 바랍니다.	**Please acknowledge receipt of this email.**
이메일로 이 문서의 수신 여부를 알려 주시기 바랍니다.	**Please acknowledge receipt of the document via email.**
부디 대금의 수령 여부를 알려 주시기 바랍니다.	**Please kindly acknowledge receipt of payment.**
이 양식을 작성하시고 저희에게 보내 주셔서 물품의 수령 여부를 알려 주시기 바랍니다.	**Please acknowledge receipt of the shipment by completing this form and returning it to us.**

---

step 2 리얼 영작 연습

○ **Dear Marketing Department:**
I regret to inform you that our meeting scheduled today at 3:00 p.m. has been canceled and will be rescheduled for a later date. Please advise your colleagues about this cancellation and also 가급적 빨리 이 이메일의 수신 여부를 회신해 주시기 바랍니다.

→ 마케팅 부서 여러분께
유감스럽지만 오늘 오후3시에 예정되어 있던 회의가 취소되었습니다. 회의 일정은 추후에 재조정될 예정입니다. 다른 직원들에게도 회의 취소에 대해 알려 주시기 바라며, **please acknowledge receipt of this email at your earliest convenience.**

○ **Dear Steve,**
I am writing to inform you that payment for invoice number 1234 was made today with our check payable to you in the amount of $1,000,000. 은행 예금 내역을 확인해 보시고 abc@abc.com으로 대금 수령 여부를 알려 주세요.

→ 스티브 씨께
귀사 앞으로 1백만 달러 상당의 수표를 발행해 송장 번호 1234에 대한 대금 지급이 오늘 완료가 되었다는 것을 알려 드립니다. **Please review your bank deposits and acknowledge your receipt of payment by email at abc@abc.com.**

---

invoice number 송장 번호 **bank deposits** 은행 예금 내역

pattern 188

Please indicate your approval of...

~의 승인 여부를 알려 주세요

나의 제안에 상대방이 승인할 의향이 있는지를 알고 싶다면 이 패턴을 사용하세요.

유사 패턴 Please let me know whether... has been approved.

---

step 1 패턴 집중 훈련

상기 내용의 승인 여부를 알려 주세요.
Please indicate your approval of the above.

저의 요청 사항의 승인 여부를 알려 주세요.
Please indicate your approval of my request.

첨부된 제안서의 승인 여부를 알려 주세요.
Please indicate your approval of the proposals attached.

다음의 서술 사항에 대해 승인 및 동의 여부를 일일이 알려 주세요.
Please indicate your approval and acceptance of each of the following statements.

---

step 2 리얼 영작 연습

○ Dear Daniel,
I am writing to request an amendment to our gas supply agreement, since gas prices will increase by 10 cents next week. We cannot help but to raise our price to $5 per gallon and Article 1, paragraph 6-H of the Agreement should be revised accordingly. 아래 문서에 서명을 하시고 작성 완료된 협약서 원본을 저희에게 보내시고 이 변경의 승인 여부를 알려 주세요.

→ 대니얼 씨께
다음 주에 유가가 10센트 가량 오를 예정이어서 우리의 가스 공급 계약서도 수정이 불가피할 것 같습니다.
저희로서는 갤런 당 5달러로 가격을 올릴 수밖에 없으며, 이에 따라 우리의 협약서 제1조 6-H절도 수정되어야 할 것으로 보입니다. **Please indicate your approval of this amendment by signing below and returning a fully executed original copy of the agreement to us.**

○ All:
I have a suggestion with regard to our weekly team meeting. I think it would be good for one team member to act as a meeting chair on a rotating schedule. The member will also rotate taking minutes for each meeting. 오늘 오후 6시까지 저의 제안에 대한 승인 여부를 알려 주십시오.

→ 모두에게
주간 팀 회의와 관련해 건의할 사항이 있습니다. 팀원들이 돌아가면서 의장을 맡으면 좋을 것 같아요. 그 사람이 회의가 열릴 때마다 회의록 작성도 돌아가면서 하는 거죠. **Please indicate your approval of my suggestion by 6 p.m. today.**

244

You can reach us at...

~로 연락 주세요

'(목적지에) 도착하다'라는 뜻의 reach는 '~와 연락이 되다'라는 의미로도 쓰여요. at의 뒤에는 전화번호나 이메일 주소와 같은 연락처를 쓰면 됩니다.

유사패턴 Please call us at....

step 1 패턴 집중 훈련

567-8900으로 연락 주세요.	You can reach us at 567-8900.
jkim@seoul.org로 연락 주세요.	You can reach us at jkim@seoul.org.
언제든 연락 주세요.	You can reach us at anytime.
아래 전화번호 중 하나로 연락 주세요.	You can reach us at one of the numbers below.

step 2 리얼 영작 연습

○ Dear Chris,
As per our conversation yesterday, we have an interest in supplying car engine parts to your company. Attached is a competitive bid for the items you requested. 질문이 있으시면 123-1999로 연락 주세요.

→ 크리스 씨께
어제 논의한 대로 저희 회사는 귀사에 자동차 엔진 부속품을 공급하고 싶습니다. 귀사가 요청하신 품목에 대한 경쟁 입찰서를 첨부합니다. You can reach us at 123-1999 if you have any questions.

○ Dear Emily,
Sorry I missed your call this morning. I am working the night shift nowadays and often out of the office for a business meeting. Please understand that I might be difficult to get a hold of by the office telephone.
I prefer to be reached by email at jim@abc.com, 급한 일이 있으시면 휴대폰 010-200-3000으로 연락하셔도 괜찮습니다.

→ 에밀리 씨께
오늘 아침 전화를 못 받아서 죄송합니다. 요즘 야간 근무를 하고 회의 때문에 사무실에 부재 중인 경우가 많아요. 사무실 전화로는 연락이 힘들 수 있다는 것을 양해 부탁드립니다.
저는 이메일 jim@abc.com으로 연락 받는 것을 선호하지만 but you can reach me on my cell phone at 010-200-3000 for urgent issues.

competitive bid 경쟁 입찰서   night shift 야간 근무

Please fax us ~ at...

~을 … 팩스로 보내 주세요

fax는 '팩스'라는 명사로 쓰기도 하고 '팩스를 보내다'라는 동사로 쓰기도 합니다. 그리고 팩스 번호의 앞에는 전치사 at을 쓰죠.

유사 패턴 Please send us a fax at...

---

step 1 패턴 집중 훈련

500-2600로 수표의 복사본을 팩스로 보내 주세요.	**Please fax us a copy of your check at 500-2600.**
500-6060으로 대급 결제 영수증을 팩스로 보내 주세요.	**Please fax us a receipt of your payment at 500-6060.**
120-4500로 보험 증서 복사본을 팩스로 보내 주세요.	**Please fax us a copy of your insurance certificate at 120-4500.**
한국에 계시는 분들은 02-4567-4567, 외국에 계시는 분들은 82-2-4567-4567로 자세한 내역을 저희에게 팩스로 보내 주세요.	**Please fax us the details at 02-4567-4567 if within Korea or 82-2-4567-4567 if you are outside Korea.**

---

step 2 리얼 영작 연습

○ **Dear Ms. Smith,**
We at Seoul Electronics haven't received a confirmation email for the money transfer. 다음의 팩스 번호 02-200-5000로 8월 10일 목요일까지 송금 증서를 팩스로 보내 주세요. **We would appreciate your immediate attention to this matter.**

→ 스미스 귀하
서울 일렉트로닉스 사는 송금 확인 이메일을 아직 받지 못했습니다. Please fax us your confirmation of the money transfer to the following fax number: 02-200-5000 by Thursday August 10. 이 문제를 빨리 처리해 주시기를 부탁드립니다.

○ **Dear Customer,**
New feature request form is now available online on our website www.abc.com and can be printed for your convenience. 이 요청 양식을 완성하셔서 02-400-5000으로 팩스를 보내 주시면 됩니다. **We will read each and every message and send you personal replies.**

→ 고객님께
고객님의 편의를 위해 저희 회사 홈페이지 www. abc.com에서 새로운 사양을 요청하는 양식을 온라인으로 받으실 수 있으며 출력도 가능합니다. Please complete the request form and fax us at 02-400-5000. 메시지 하나하나를 읽고 개인적으로 답변도 해 드리겠습니다.

---

receipt payment 대금 결제 영수증   **money transfer** 송금   **request form** 요청 양식

pattern 191

at your convenience...

편하실 때에 ~

'편한 때에'라는 뜻으로, 상대방을 배려하는 느낌을 줄 수 있습니다. for your convenience라고 하면
'당신이 편하시도록 ~한 편의를 제공해 드리겠다'라는 의미가 되니 주의하세요.

유사패턴 When you have the time, please...

step 1 패턴 집중 훈련

편하실 때에 이메일 주세요.	**At your convenience, please email me.**
당신이 편하실 때에 회의 스케줄을 잡겠습니다.	**I'll arrange a meeting at your convenience.**
당신이 편하실 때에 제가 시간을 내겠습니다.	**I will make myself available at your convenience.**
편하실 때에 언제든 제게 연락 주세요.	**I can be reached anytime at your convenience.**

step 2 리얼 영작 연습

○ Hello Casey,
I am developing ideas for a presentation on how to increase our market share and need some basic statistics regarding our competitors' consumer base.
편하실 때에 이메일로 엑셀 파일을 보내 주세요. Should you encounter any difficulties, please contact me immediately at ext.123.

→ 케이시 씨, 안녕하세요.
저는 시장 점유율 증가를 주제로 발표를 하게 되어 아이디어를 내는 중인데, 경쟁사의 소비자층에 대한 기초적인 데이터가 있으면 좋겠어요.
At your convenience, please send an Excel attachment to me by email. 어려운 점이 있으시면 내선 번호 123으로 즉시 연락 주세요.

○ Dear Dr. Levine,
We at Emma Holding Inc. has just started doing business in China and are seeking legal advice on tax law and policy. Dr. James Smith, president and CEO of our company has acknowledged that you are the most renowned law professor capable of providing deep insight and knowledge on China's tax system.
In this regard, we would like to meet you in person. 편하실 때에 저희가 시간을 내겠습니다.

→ 레바인 박사님께
저희 엠마 지주 회사는 중국에서 막 사업을 시작했으며 세금법과 정책에 대한 법적인 자문을 구하고 있습니다. 저희 회사의 사장님이자 CEO이신 제임스 스미스 박사는 레바인 박사님을 중국의 세금 시스템에 대한 깊은 통찰력과 지식을 줄 수 있는 가장 유명한 법학 교수님으로 생각하고 계십니다.
따라서 저희는 박사님을 직접 만나 뵙고자 합니다.
We are available for the meeting at your convenience.

market share 시장 점유율 **basic statistics** 기초 데이터 **consumer base** 소비자층 **legal advice** 법적 자문

at your earliest convenience...

가급적 빨리 ~

at your convenience는 '당신이 편하신 때에'라는 뜻이지만 at your earliest convenience는 '가급적 빨리'라는 뜻이 돼요. 하지만 비즈니스 이메일에서는 '가급적 빨리'라는 모호한 표현보다는 몇 월 며칠 몇 시까지라고 구체적인 시기를 언급해 주는 것이 좋습니다.

유사 패턴 as soon as possible...

---

step 1 패턴 집중 훈련

가급적 빨리 제게 이메일을 보내 주세요.	**At your earliest convenience, please email me.**
가급적 빨리 당신이 시간이 되는지를 알려 주세요.	**Please notify me of your availability at your earliest convenience.**
가급적 빨리 저희 사무실을 방문해 주세요.	**Please visit our office at your earliest convenience.**
가급적 빨리 제게 팩스를 다시 보내 주세요.	**Please fax it back to me at your earliest possible convenience.**

---

step 2 리얼 영작 연습

○ Dear Mr. Johnson,
I am writing to request a wire transfer in the amount of $100,000 from our account No. 12312365 to the following bank account :
Financial Institution Name: Seoul Bank
Account Number: 45645645
Name of Account Holder(s): John Doe
가급적 빨리 처리해 주시기를 바랍니다.

→ 존슨 귀하
저희 회사의 계좌 12312365에서 다음의 은행 계좌로 10만 달러의 전신 송금을 부탁드립니다.
금융 기관명: 서울 은행
계좌 번호 : 45645645
수령인 : 존 도
I would greatly appreciate the execution of this request at your earliest convenience.

○ Dear Jack,
I have received your email of June 1, but I am afraid the information you gave me is missing some details regarding the project. The missing info includes the construction time frame, details of the budget and financing for the project. 가급적 빨리 모든 정보를 제게 보내 주십시오.

→ 잭 씨께
6월 1일 자 이메일을 잘 받아 보았습니다. 그런데 제게 주신 정보 중에서 프로젝트 관련 세부 내역 중 일부가 빠져 있습니다. 빠져 있는 내용은 시공 기간, 예산 세부 내역, 프로젝트 자금원입니다.
Please send me the complete information at your earliest convenience.

wire transfer 전신 송금   **budget** 예산

pattern 193

We are waiting to/for...

저희는 ~을 기다리고 있습니다

이 표현은 상대방의 대답을 원할 때 쓰는 패턴입니다. 무턱대고 대답을 달라고 이야기하기보다 「We are waiting to+동사」, 「We are waiting for+명사/동명사」를 사용해 부드럽게 대답을 유도할 수 있어요.

유사 패턴 We are awaiting...

---

step 1 패턴 집중 훈련

저희는 당신의 답장을 기다리고 있습니다.

We are waiting to hear from you.

저희는 당신의 승인을 기다리고 있습니다.

We are waiting for your approval.

저희는 현재 이 사항에 대해 당신의 확인을 기다리고 있습니다.

We are now waiting for your confirmation on this.

현재 저희는 그 계획을 실행에 옮기기 위해 당신의 허가가 떨어지기를 기다리고 있습니다.

Currently we are waiting for your permission to put the plan into action.

---

step 2 리얼 영작 연습

○ Dear Mr. Blake:
I am writing with regard to your order. 귀하의 주문장 9000번에 대한 지급을 아직 기다리고 있습니다. **Your order will be shipped within 5 business days of payment.** Thank you.

→ 블레이크 귀하
귀하의 주문과 관련하여 연락을 드립니다. **We are still waiting for the payment on your purchase order #9000.** 결재가 완료되면 영업일 기준 5일 이내에 상품을 발송해 드리겠습니다. 감사합니다.

○ To Whom It May Concern,
Thank you for informing us that announcement date of the winner for the hydropower project has been postponed. 저희는 새로 정해질 발표일을 아직도 기다리고 있는데, **so could you tell us when it will be?**

→ 관계자분께
수력 프로젝트 수주 기업 발표일이 연기되었다는 것을 알려 주셔서 감사드립니다. **We are still waiting for a new date for the announcement,** 언제가 될지 말씀해 주실 수 있으신가요?

---

purchase order 주문장　**business days** 영업일

Unit 24 마무리하기

Q 다음 말을 영어로 할 수 있나요?

- 빠른 답변을 들을 수 있게 되기를 고대하고 있습니다.

  _____ your prompt reply.

- 우리가 계속해서 함께 잘해 나갈 수 있으면 좋겠습니다.

  _____ work well together.

- 귀하의 무궁한 건강을 기원합니다.

  _____ good health.

- 당신의 성공을 빕니다.

  _____ to you.

- 시험에 행운을 빕니다.

  _____ the test.

- 그녀에게 안부를 전해 주세요.

  _____ her.

- 우리와 연락하고 지내요.

  _____ us.

pattern 194

I look forward to...

~하게 되기를 고대하고 있습니다

look forward to...의 to는 전치사여서 뒤에 명사나 동명사가 따라온다는 것을 주의하세요.

유사 패턴 I can't wait to...

  step 1 패턴 집중 훈련

귀하의 긍정적인 답변을 듣게 되기를 고대하고 있습니다.	I look forward to your positive response.
빠른 답변을 들을 수 있게 되기를 고대하고 있습니다.	I look forward to your prompt reply.
곧 당신으로부터 소식을 들을 수 있게 되기를 고대하고 있습니다.	I look forward to hearing from you soon.
그 전시회에서 당신을 만나게 되기를 고대하고 있습니다.	I look forward to meeting you at the exhibition.

step 2 리얼 영작 연습

○ Dear Customer,
Thank you for the opportunity to serve you.
귀하와 함께 일할 수 있기를 고대하고 있습니다.
Please complete our service agreement
and email or fax it back to us at our email:
ert@abcd.com or by fax: 888-9999. Thank
you for your cooperation.

→ 고객님께
귀하를 고객으로 모실 수 있게 되어 감사드립니다.
We look forward to working with you.
저희 회사의 서비스 동의서를 작성하셔서 이메일 주소 ert@abcd.com 혹은 팩스 번호 888-9999로 보내 주시기 바랍니다. 협조해 주셔서 감사합니다.

○ Dear Tomas,
Thank you very much for taking the time to
meet with me today.
면접 때 말씀드린 바와 같이 저는 앞으로 당신과 함께 일할 수 있게 되기를 고대하고 있습니다. and I am ready to
accept an offer from you immediately.
I can be reached at 200-3000 or by email at
tom@abc.com should you need additional
information.

→ 토마스 씨께
오늘 시간을 내어 저를 만나 주셔서 정말 감사드립니다.
As mentioned during the interview, I look forward to working with you in the future,
그리고 입사 제의를 즉시 수락할 준비가 되어 있습니다.
추가적으로 정보가 필요하시면 200-3000 혹은 이메일 tom@abc.com으로 연락하시면 됩니다.

---

prompt reply 빠른 답변 **service agreement** 서비스 동의서 **accept an offer** 제안을 받아들이다

pattern 195

I hope we continue to...

우리가 계속해서 ~했으면 좋겠습니다

I hope... 다음에 '주어+동사'로 이어지는 절에서는 의미상으로는 미래이더라도 현재 시제를 사용합니다.

유사 패턴 Hopefully, we can keep...

---

step 1 패턴 집중 훈련

우리가 계속해서 함께 잘해 나갈 수 있으면 좋겠습니다.

I hope we continue to work well together.

우리가 계속해서 사업을 같이 할 수 있으면 좋겠습니다.

I hope we continue to do business with you.

우리가 계속해서 귀하를 모실 수 있는 즐거움을 누리면 좋겠습니다.

I hope we continue to have the pleasure of serving you.

우리가 계속해서 미래를 위한 튼튼한 토대를 구축할 수 있으면 좋겠습니다.

I hope we continue to build a stronger foundation for the future.

---

step 2 리얼 영작 연습

○ Dear Employees,
I am pleased to inform everyone that our advertisement revenue in the first quarter of the year has increased 10 percent to $1 billion.
I commend you and your team for your hard work and your outstanding results
and 다음 분기에도 계속해서 더 큰 성공을 이뤄냈으면 합니다.

→ 직원 여러분께
올해 1/4분기 광고 수입이 10퍼센트가 증가한 10억 달러를 기록했다는 기쁜 소식을 전합니다.
여러분의 노고와 좋은 성과를 이뤄낸 것을 치하하고 싶습니다. 더불어 I hope we continue to gain more success in the coming quarter.

○ All:
Today is my last day at JK Corporation.
I would like to thank you for all the good times we have had over the last three years and the wonderful farewell party and gifts.
I can be reached at my personal email address at abc@abc.com or on my cell phone at 010-2000-3000. 우리가 계속 연락하면서 지냈으면 합니다.

→ 모두에게
오늘은 JK 사에서의 제 마지막 날입니다. 지난 3년 동안 우리가 함께 했던 좋은 시간들과 멋진 송별 파티, 선물에 대해서 여러분께 감사를 드리고 싶습니다.
제 개인 이메일 주소 abc@abc.com 혹은 휴대폰 010-2000-3000으로 연락 가능합니다.
I hope we continue to keep in touch.

---

outstanding result 좋은 성과, 눈에 띄는 결과

pattern 196

We wish you continued...

귀하의 무궁한 ~을 기원합니다

상대방에게 앞으로의 행운을 빌어 줄 때 쓰는 패턴입니다.

유사 패턴 We give you our warmest wishes to...

step 1 패턴 집중 훈련

귀하의 무궁한 건강을 기원합니다.

We wish you continued good health.

귀하에게 개인적으로나 업무적으로나 무궁한 성공이 함께하기를 기원합니다.

We wish you continued success both personally and professionally.

귀하의 인생에 무궁한 행복이 함께하기를 기원합니다.

We wish you continued happiness in your life.

생신 축하드리고, 앞으로 무궁한 번영이 함께하기를 기원합니다.

We wish you happiness on your birthday and much continued prosperity in the year ahead.

step 2 리얼 영작 연습

○ Dear Mr. Brown,
We appreciate your taking the time and effort to participate in the procurement process. Despite failure to win tender this time, we were very impressed with the quality of your products.
우리는 귀하와 귀사에 무궁한 성공이 함께하기를 바랍니다, **and look forward to working with you in the future.**

→ 브라운 씨께
저희는 시간과 노력을 들여 조달 절차에 참여해 주신 귀사에게 감사의 말씀을 전합니다. 이번에는 귀사가 입찰을 따내지는 못했지만, 귀사 제품의 높은 품질 수준은 아주 인상적이었습니다. **We wish you and your company continued success,** 아울러 다음 기회에 귀사와 함께 일할 수 있기를 바랍니다.

○ Dear Tomas,
We appreciate your dedication and contributions you have made towards our company over the past 30 years.
앞으로도 항상 성공과 번영이 함께 하길 기도합니다.

→ 토마스 님께
지난 30년 동안 당신이 저희 회사에 보여 주신 헌신과 공헌에 감사드립니다. **We wish you continued success and prosperity in the future.**

Best wishes...

pattern 197

~의 성공을 빕니다

상대방의 미래의 성공을 믿어 의심치 않는다는 뉘앙스로 쓰입니다.

유사 패턴 I wish you...

step 1 패턴 집중 훈련

당신의 성공을 빕니다.
Best wishes to you.

당신의 새로운 출발에 성공을 빕니다.
Best wishes for your new start.

향후 커리어를 향한 당신의 노력에 성공을 빕니다.
Best wishes in your future career endeavors.

귀사 신상품의 성공을 빕니다.
Best wishes for the success of your new products.

step 2 리얼 영작 연습

○ Dear Rich,
We at Yellow Ltd. would like to wish you a very merry Christmas and a happy New Year. We would also like to thank you for all the help and support you have given us so far. We hope we can continue doing business with you. 다시 한번 새해에는 당신의 성공을 빕니다.

→ 리치 씨
저희 옐로우 사는 당신의 기쁜 크리스마스와 행복한 새해를 기원합니다. 또한 당신이 지금까지 제게 보내 주신 도움과 지원에 감사드립니다. 앞으로도 저희 회사는 당신과 계속 비즈니스를 할 수 있으면 합니다. **Once again best wishes for the new year.**

○ Dear Adrian,
Congratulations on opening your own business. Your business is off to a great start and I am sure your experience at KATE Corporation and warm-hearted personality will attract even more clients and build even stronger relationships with them in the future.
앞으로의 노력에 행운을 빕니다.

→ 애드리언 씨께
새로 사업을 하게 되신 것 축하드립니다. 사업 출발이 좋으시네요. 케이트 사에서 쌓은 경험과 당신의 훌륭한 인성으로 앞으로 더 많은 고객을 끌어모으고 더 끈끈한 사업 관계를 형성하실 수 있을 것이라고 믿어요.
Best wishes for your future endeavors.

Tips

● get/be off to a start는 '시작하다'라는 뜻이에요.

pattern 198

Good luck with...

~에 행운을 빕니다

Good luck with...은 시험, 취업 면접 등을 앞두고 있는 사람에게 행운을 빌 때 쓰는 패턴이에요.

유사패턴 Break a leg on...

---

step 1 패턴 집중 훈련

시험에 행운을 빕니다.	**Good luck with** the test.
앞으로의 당신 경력에 행운을 빕니다.	**Good luck with** your future career.
다음 회의에 행운을 빕니다.	**Good luck with** your next meeting.
그 자리에 꼭 맞는 사람을 채용하는 것에 행운을 빕니다.	**Good luck with** finding the right person for the job.

---

step 2 리얼 영작 연습

○ Hello Jane,
I was sad to receive your email that you are no longer with Kyungbokgung Company.
I will miss your smile and kind words.
If you need a letter of recommendation or referrals, please let me know. 새 직장을 찾는 데 행운을 빕니다.

→ 제인 씨, 안녕하세요.
당신이 경복궁사에서 퇴사한다는 이메일을 받고 아쉬웠어요. 당신의 미소와 사려 깊은 말이 그리울 것 같아요.
추천서가 필요하시면 말씀해 주세요. Good luck with finding a new job.

○ Dear Jesse,
Thank you for the extra time and effort you have put into our work while I was away.
You have done a great job.
Although your contract of employment will be terminated soon, all the hard work will pay off and you will be offered an interview soon. 앞으로의 경력에 행운을 빕니다.

→ 제시 씨께
제가 없는 동안 회사에 추가 시간과 노력을 쏟아 주신 것에 대해 감사드립니다. 정말 잘하셨어요.
곧 회사와의 고용 계약이 끝나지만 제시 씨가 쏟은 노력은 보상받게 될 것이고 곧 면접도 하게 되실 거예요. Good luck with your future career.

Tips
앞서 배운 best wishes와 good luck은 같은 뜻으로도 쓰이기도 하고 다른 뜻으로 쓰이기도 해요.
새로운 출발을 앞둔 사람에게는 best wishes나 good luck 둘 다써도 무방하지만, 결혼이나 출산을 앞둔 사람이라면 무조건 잘될 것이라는 격려를 불어넣어 주는 표현인 best wishes를 써야합니다.
반면 good luck은 시험, 승진 등과 같이 일이 잘 풀리지 않을 수도 있는 가능성을 염두하고 행운을 빈다는 의미죠.

Please give my regards to...

~에게 안부를 전해 주세요

'안부를 전하다'라는 뜻의 Please give my regards to...는 같은 뜻인 Please say hello to...보다 더 격식을 차린, 비즈니스 이메일에 알맞은 패턴입니다.

유사 패턴 Please say hello to...

step 1 패턴 집중 훈련

그녀에게 안부를 전해 주세요.
Please give my regards to her.

야마다 씨에게 안부를 전해 주세요.
Please give my regards to Mr. Yamada.

당신의 팀원들에게 안부를 전해 주세요.
Please give my regards to your team members.

당신과 당신의 가족, 그리고 팀에게 안부를 전해 주세요.
Please give my regards to you, your family and your team.

step 2 리얼 영작 연습

o Dear Jim,
Thank you for treating me to dinner when I attended the Social Marketing conference last week. It gave me a chance to get acquainted with key players in this industry and I hope I didn't take up too much of your time.
Thank you again for your warm hospitality and 회사 동료분들에게도 저의 안부를 전해 주세요.

짐 씨에게
지난주 소셜 마케팅 컨퍼런스에 참석했을 때 제게 저녁을 대접해 주셔서 정말 감사했습니다. 덕분에 이 분야의 핵심 인물들과 얼굴을 익힐 기회를 잡았어요. 제가 당신의 시간을 너무 많이 뺏은 건 아닌지 모르겠네요.
다시 한번 제게 보여 주신 따뜻한 환대에 감사드리며 please give my regards to your colleagues.

o Dear Jason,
Thank you for your support during the entire process of the national gas project. I was honored to get to know you and your staff and to be part of your dream team.
매리, 톰, 제이슨, 젠 그리고 애드리언에게 안부 전해 주시고 제가 많이 보고 싶어 한다고 말씀해 주세요.

제이슨 씨에게
천연가스 프로젝트가 진행되는 내내 지원을 해 주신 점 감사드립니다. 당신과 당신의 직원들을 알게 되고 드림팀의 일원이 될 수 있어서 영광이었어요.
Please give my regards to Mary, Tom, Jason, Jen and Adrian and tell them I missed them a lot.

warm hospitality 따뜻한 환대

256

pattern 200

Please keep in touch with...

~와 연락하고 지내요

연락하고 지내는 것을 keep in touch라고 합니다. 뒤에 'with+사람'을 붙여 '~와 연락하고 지내다'라고 표현할 수도 있죠.

유사 패턴 Let's stay in touch with...

---

 step 1 패턴 집중 훈련

우리와 연락하고 지내요.	**Please keep in touch with us.**
우리 동문과 연락하고 지내요.	**Please keep in touch with our alumni.**
이 블로그 www.abc.com를 통해서 우리 회사의 직원들과 연락하고 지내요.	**Please keep in touch with our staff through this blog at www.abc.com.**
페이스북과 트위터를 통해 우리와 연락하고 지내요.	**Please keep in touch with us on Facebook and Twitter.**

---

step 2 리얼 영작 연습

○ Dear Sue,
I hope you enjoyed your stay in Seoul and I trust our meeting last week was productive. 저는 당신을 만나게 되어 정말 좋았고 앞으로도 연락하면서 지냈으면 합니다. I think we can provide each other with mutually beneficial information. My number is 82-2-300-4000 and you can contact me at jason@abc.com as well. Drop me a line and let me know that you arrived safely.

→ 수 씨께
서울에서 지내는 동안 즐거우셨는지요. 지난주 열렸던 우리 회의가 생산적이었다고 생각됩니다. **It was really nice meeting you and please keep in touch.** 제 생각에는 우리가 서로에게 유익한 정보를 교환할 수 있을 거 같아요. 제 전화번호는 82-2-300-4000이고 jason@abc.com으로 연락하셔도 됩니다. 잘 도착하셨는지 메일 보내 주세요.

○ Dear Jesse,
I hope all is well with you.
I just accepted your friend request on Facebook and posted some photos taken at the last year's conference. We seem to have a really good time together back then. 앞으로도 연락하면서 지내요. 트위터가 있으시면 @abcde로 저를 팔로우해 주세요.

→ 제시에게
잘 지내고 계시지요. 페이스북에서 당신의 친구 요청을 수락했어요. 그리고 지난해 컨퍼런스에서 찍은 사진을 올려 놓았어요. 그땐 정말 재밌는 시간을 보냈던 것 같아요. **Please keep in touch and if you have a twitter account, follow me @abcde.**

accept your friend request 친구 요청을 수락하다

복습문제편

패턴훈련편에서 공부한 내용을 제대로 이해하였
는지 실력을 확인해 보는 코너이다. 24개 Unit에
대한 문제를 수록하였다. 〈보기〉를 참고로 하여
문제를 풀어 보자.

빈칸에 들어갈 말을 〈보기〉 중에서 골라 넣으세요.

> **보기**
>
> **My name is...** 제 이름은 ~입니다 | **I am... for/at ~** 저는 ~에서 …으로 일합니다 | **I am working for...** 저는 ~사에서 일합니다 | **I have worked with...** 저는 ~와 함께 일해 왔습니다 | **I am taking over...** 저는 ~의 후임입니다 / 저는 ~을 물려받았습니다 | **I am responsible for...** 저는 ~를 담당하고 있습니다 | **We met at...** 우리는 ~에서 만났습니다 | **I was one of...** 저는 ~ 중 한 명이었습니다 | **I was referred to you by...** ~로부터 귀하를 소개받았습니다 | **I would like to introduce you to...** 당신을 ~에게 소개해 드리고 싶어요

01 저는 그녀의 일을 물려받았습니다.

→ _____ her job.

02 저는 서울 전자의 영업 과장입니다.

→ _____ a sales manager _____ Seoul Electronics.

03 존스 씨로부터 귀하를 소개받았습니다.

→ _____ Mr. Jones.

04 모든 잘못에 대한 책임은 제게 있습니다.

→ _____ any errors.

05 제 이름은 박지나이고 서울 인터네셔널에서 근무합니다.

→ _____ Jina Park with Seoul International.

06 저는 다양한 회사와 함께 일했습니다.

→ _____ many different companies.

07 우리는 부산의 직업 박람회에서 만났습니다.

→ _____ the Career Fair in Busan.

08 저는 당신에게 가장 큰 소셜 네트워킹 사이트 중 한 곳인 ABC.com을 소개해 드리고 싶어요.

→ _____ ABC.com, one of the largest social networking websites.

09 저는 서울 푸드 사에서 일합니다.

→ _____ Seoul Foods.

10 저는 가장 자질 있는 영업 과장 중 한 명이었습니다.

→ _____ the qualified sales managers.

빈칸에 들어갈 말을 〈보기〉 중에서 골라 넣으세요.

> **보기**
>
> **We are...** 저희 회사는 ~입니다 | **We specialize in...** 저희 회사는 ~을 전문으로 합니다 | **We produce...** 저희는 ~을 생산합니다 | **Our clients include...** 저희 회사의 고객으로는 ~이 있습니다 | **You can rely on our...** 저희 회사의 ~을 기대하셔도 좋습니다 | **Our product range includes...** 저희 제품의 범위는 ~입니다 | **Our products are made from...** 저희 회사의 제품은 ~으로 만들어집니다 | **Our products come with...** 저희 제품을 구매하시면 ~를 드립니다 | **Our products come in...** 저희 제품은 (종류가) ~으로 나옵니다 | **Compared to other...** 다른 ~과 비교해서 | **Our products are specifically designed for...** 저희 제품은 특별히 ~을 위해 고안되었습니다 | **Our products are available...** 저희 제품은 ~에서 구매하실 수 있습니다

01 저희 제품은 빨간색, 흰색, 검은색, 갈색의 4가지 색상으로 나옵니다.

→ _____ 4 different colors including red, white, black and brown.

02 저희 제품은 www.abcmarket.com에서 구매하실 수 있습니다.

→ _____ now _____ at www.abcmarket.com.

03 저희 제품은 최고 품질의 재료만으로 만들어집니다.

→ _____ the highest quality material.

04 저희 회사의 고객으로는 여러 기관, 회사 및 개인이 있습니다.

→ _____ many different organizations, companies and individuals.

05 저희 제품의 범위는 말린 음식과 냉동식품입니다.

→ _____ dry products and frozen food.

06 저희 회사의 다년간에 걸친 경험을 기대하셔도 좋습니다.

→ _____ years of experience.

07 저희는 배관용 스테인레스 강관을 생산합니다.

→ _____ stainless steel pipes.

08 저희 회사의 전 제품은 12개월간 품질 보증이 보장됩니다.

→ All of _____ a 12-month warranty.

09 저희 회사는 세계적인 식품 서비스 소매 업체입니다.

→ _____ a global food service retailer.

10 저희 제품은 특별히 암 환자를 위해 고안되었습니다.

→ _____ cancer patients.

11 다른 제품과 비교해서, 저희 회사의 제품은 에너지를 10%는 적게 사용합니다.

→ _____ products, our products use 10% less energy.

12 우리 회사는 안드로이드 어플 개발을 전문으로 합니다.

→ _____ Android application development.

빈칸에 들어갈 말을 〈보기〉 중에서 골라 넣으세요.

> **보기**
>
> **I am writing to...** ~하기 위해 이메일을 드립니다 | **I just wanted to...** ~하려고 합니다 | **with regard to...** ~과 관련해서 | **on behalf of...** ~을 대리/대표하여 | **This is for... purposes only.** 이것은 오로지 ~용입니다. | **in response to...** ~에 대한 답으로 | **in accordance with your request...** 귀하의 요청에 따라 ~ | **I would like to express my...** ~의 마음을 전하고 싶습니다 | **I hope this email finds you...** ~하게 지내고 계신지요

01 이것은 오로지 통계용입니다.

➡ _____ statistical _____.

02 귀하가 2013년 3월 30일에 보내신 메일에 대한 답장입니다.

➡ This is _____ your email dated March 30, 2013.

03 잘 지내고 계신지요.

➡ _____ doing well.

04 영업 과장의 자리에 저의 관심을 전하고 싶습니다.

➡ _____ interest in the position of Sales Manager.

05 향후 파트너십 체결에 대해 논의하고 싶어 이메일을 드립니다.

➡ _____ discuss a potential partnership with you.

06 2주 전에 보내 드린 제 이메일 내용의 업데이트 사항을 알려 드리고 싶었습니다.

➡ _____ follow up on my email from two weeks ago.

07 귀하의 요청에 따라 양사의 서명이 담긴 계약서 한 부를 동봉합니다.

➡ _____, I have enclosed a copy of our signed contract.

08 저희 회사를 대표해 제가 이메일을 드립니다.

➡ I am writing to you _____ my company.

09 3월 2일에 보내신 귀하의 이메일과 관련해 몇 가지 질문이 있습니다.

➡ _____ your previous email of March 2, we have a few questions.

빈칸에 들어갈 말을 〈보기〉 중에서 골라 넣으세요.

> **보기**
>
> **We can offer...** 저희는 (가격 할인 서비스를) 제공해 드립니다 | **We can provide you with...** 저희는 (제품이나 상품을) 제공해 드립니다 | **Would you like me to...?** 제가 ~를 해 볼까요? | **As part of our continuing efforts to...** 저희 회사의 ~하기 위한 지속적인 노력의 일환으로 | **I highly recommend...** ~을 적극 추천합니다 | **My advice to you is to...** 당신에게 드리는 저의 조언은 ~입니다 | **We can reach an agreement on...** 우리는 ~에 대해 합의점을 찾을 수 있을 것입니다 | **It appears to me that...** 제 생각에는 ~인 것 같습니다 | **Another option would be to...** 다른 선택 사항으로는 ~이 있습니다

01 우리는 그 프로젝트에 합의점을 찾을 수 있을 것입니다.

➡ _____ the project.

02 영업 과장 자리에 이 씨를 강력 추천합니다.

➡ _____ Mr. Lee for the position of Sales Manager.

03 김 선생님께 제가 전화를 할까요?

➡ _____ call Mr. Kim?

04 다른 선택 사항으로는 당신의 일을 마무리해 줄 사람을 고용하는 것이 있습니다.

➡ _____ hire someone to help you get things done.

05 저희는 대량 구매 할인 서비스를 제공해 드립니다.

➡ _____ quantity discounts.

06 당신에게 드리는 저의 조언은 그의 제안을 진지하게 생각해 보라는 거예요.

➡ _____ take his advice seriously.

07 저희는 고속 인터넷 연결 서비스를 제공해 드립니다.

➡ _____ high-speed Internet connections.

08 제 생각에 우리 회사 이윤은 주로 광고 수입인 것 같아요.

➡ _____ that the main source of our profit comes from advertising.

09 고객을 더 잘 모시기 위한 저희 회사의 지속적인 노력의 일환으로 저희는 고객님을 대상으로 서비스에 대한 평가를 진행하고 싶습니다.

➡ _____ better serve our customers, we would like to know what our customers think of our services.

빈칸에 들어갈 말을 〈보기〉 중에서 골라 넣으세요.

보기

I was impressed with... ~에 감명받았습니다 | We are interested in... 저희는 ~에 관심 있습니다 | ... will be taken into consideration. ~를 고려해 보겠습니다. | We are looking for... 저희는 ~를 찾고 있습니다 | Your... was brought to my attention. 저는 귀하의 ~에 주목하고 있습니다. | We will do our best to... 저희는 ~하는 데 최선을 다하겠습니다 | With this in mind, we will... 이 점을 염두에 두고 저희는 ~할 것입니다 | I can assure you that ... 당신에게 ~라는 것을 확신드릴 수 있습니다 | We will take whatever steps necessary to... ~하기 위한 어떤 조치라도 취하겠습니다 | There would certainly be no trouble in... ~하는 데에 어떠한 문제도 없을 것입니다 | We assume financial responsibility for... ~에 대한 금전적인 책임을 지겠습니다

01 저희는 직원들의 생산성 향상을 위한 방법을 찾고 있습니다.

→ _____ ways to increase employee productivity.

02 제가 빨리 배우는 편이라는 것을 확신시켜 드릴 수 있습니다.

→ _____ that I am a fast learner.

03 귀하의 지원은 진지하게 고려될 것입니다.

→ Your application _____ serious _____.

04 귀하의 프로의식에 감명받았습니다.

→ _____ your professionalism.

05 저는 당신의 보고서에 주목하고 있습니다.

→ Your report _____.

06 저희는 어떠한 손해나 손실에 대해서도 금전적인 책임을 지겠습니다.

→ _____ any damage or loss.

07 이 점을 염두에 두고 우리는 당신에게 적합한 양식을 보내 드리겠습니다.

→ _____ send you the appropriate form.

08 저희는 Model 303-A를 구매하는 것에 관심 있습니다.

→ _____ purchasing Model 303-A.

09 한국에서 사업을 하시는 데 어떠한 문제도 없을 것입니다.

→ _____ doing business in Korea.

10 당신이 필요한 모든 정보를 입수하기 위해 어떤 조치라도 취하겠습니다.

→ _____ get all the information you need.

11 저희는 당신의 모든 기대치를 능가하기 위해 최선을 다하겠습니다.

→ _____ outperform all your expectations.

빈칸에 들어갈 말을 〈보기〉 중에서 골라 넣으세요.

보기

After careful consideration,... 심사숙고한 끝에 ~ | **We have decided to...** 저희는 ~하기로 결정했습니다 | **We will immediately...** 저희는 즉시 ~하겠습니다 | **... will be taken care of.** ~은 처리될 것입니다. | **We have rescheduled...** ~의 일정을 조정하였습니다 | **We will be hosting...** 저희는 ~을 주최합니다 | **The most important thing we can do is to...** 우리가 할 수 있는 가장 중요한 일은 ~입니다 | **The plan is worth...** 그 계획은 ~할 가치가 있습니다 | **We move forward...** ~이 진전되고 있습니다 | **We can move toward the completion of...** 우리는 ~의 마무리를 향해 달려갈 수 있습니다 | **... is/are set to be implemented.** ~이 시행될 예정입니다. | **Once it is finalized,...** 일단 마무리되면.

01 우리는 국제 스포츠 이벤트를 주최합니다.

→ _____ an international sports event.

02 우리는 ODA 프로젝트의 마무리를 향해 빨리 달려갈 수 있습니다.

→ _____ quickly _____ the ODA projects.

03 저희 직원 한 명이 당신을 보살펴 드릴 것입니다.

→ You _____ by a member of our staff.

04 즉시 당신에게 다시 전화드리겠습니다.

→ _____ call you back.

05 위약금 없이 비행 일정을 조정하였습니다.

→ _____ our flight without penalty.

06 심사숙고 끝에 우리는 다른 지원자를 선정하게 되었습니다.

→ _____, we have chose another candidate.

07 일단 마무리가 되면 저는 손을 떼겠습니다.

→ _____, I am washing my hands of it.

08 통상 규제법이 시행될 예정입니다.

→ The commerce regulations _____.

09 우리는 이 프로그램의 마무리를 진행하고 있습니다.

→ _____ to implement this program.

10 저희 회사의 제품에 대한 TV 광고를 싣기로 결정하였습니다.

→ _____ place a TV commercial for our product.

11 그 계획은 진지하게 생각할 가치가 있습니다.

→ _____ taking seriously.

12 우리가 할 수 있는 가장 중요한 일은 지금까지 해왔던 것처럼 계속 잘하는 것입니다.

→ _____ keep up the good work.

빈칸에 들어갈 말을 〈보기〉 중에서 골라 넣으세요.

보기

Thank you for... 〜에 감사드립니다 | **Your time and efforts contributed to...** 귀하의 시간 과 노력은 〜에 도움이 되었습니다 | **It's been a pleasure...** 〜할 수 있어 행복했습니다 | **I really enjoyed...** 〜이 정말 즐거웠습니다 | **We are pleased to welcome you...** 저희는 귀하가 〜하는 것 을 환영합니다 | **Congratulations on/to...** 〜을/〜에게 축하드립니다 | **We are pleased to inform you that...** 〜를 알려 드리게 되어 기쁩니다

01 수상을 축하드립니다.

➡ ＿＿＿＿＿＿＿＿＿＿＿＿＿＿＿ your award.

02 저는 정말 당신과 일하는 것이 즐거웠습니다.

➡ ＿＿＿＿＿＿＿＿＿＿＿＿＿＿＿ working with you.

03 저희는 귀하의 한국 방문을 환영합니다.

➡ ＿＿＿＿＿＿＿＿＿＿＿＿＿＿＿＿＿＿ to Korea.

04 귀하의 시간과 노력이 우리 회사의 성장에 도움이 되었습니다.

➡ ＿＿＿＿＿＿＿＿＿＿＿＿＿＿＿＿＿＿ our company's growth.

05 여러분 모두를 알게 되어 행복했습니다.

➡ ＿＿＿＿＿＿＿＿＿＿＿＿＿ knowing you all.

06 귀하의 도움에 미리 감사드립니다.

➡ ＿＿＿＿＿＿＿＿ in advance ＿＿＿＿＿＿＿＿ any help you can offer.

07 귀사가 '2013년 올해의 회사'로 선정되었다는 사실을 알려 드리게 되어 기쁩니다.

➡ ＿＿＿＿＿＿＿＿＿＿＿＿＿＿＿＿＿＿ that your company has just won 'Company of the Year 2013' Award.

빈칸에 들어갈 말을 〈보기〉 중에서 골라 넣으세요.

> **보기**
> **I was surprised and disappointed...** ~에 놀라고 실망했습니다 | **I am having... problems.** ~의 문제가 생겼습니다. | **We found an error in...** ~에 오류가 있습니다 | **My concern is that...** 저의 염려 사항은 ~이라는 것입니다 | **I don't think it is a good idea to...** ~하는 것에 반대합니다 | **... will be at your expense.** ~은 귀하께서 부담해야 합니다. | **Failure to... may result in~** ···하지 않으시면 ~하게 될 것입니다 | **Your products do not correspond to...** 귀사의 제품은 ~에 부응하지 않습니다 | **... do not meet our requirements.** ~은 저희의 기준에 미달하였습니다.

01 당신의 제품은 국제 기준에 부응하지 않습니다.

→ _____ international standards.

02 당신의 파일을 다운로드하는 데 문제가 생겼습니다.

→ _____ downloading your file.

03 저의 염려 사항은 우리에게 현금이 부족하다는 것입니다.

→ _____ that we are strapped for cash.

04 반송비는 귀하께서 부담해야 합니다.

→ Return shipping costs _____.

05 계약서를 수정하는 것에 반대합니다.

→ _____ revise the contract.

06 당신의 보고서에 잘못이 있습니다.

→ _____ your reports.

07 귀사의 제품은 우리의 품질 기준을 충족시키지 못하였습니다.

→ Your products _____ quality _____.

08 당신의 서비스 품질에 놀라고 실망했습니다.

→ _____ by the quality of your service.

09 이 계약서에서 요구되는 사안을 절대적으로 따르지 않으시면 법적인 손해를 볼 것입니다.

→ _____ fully comply with the requirements of this contract

_____ criminal penalties.

빈칸에 들어갈 말을 〈보기〉 중에서 골라 넣으세요.

보기

We regret to inform you that... ~을 알려 드리게 되어 유감입니다 | Unfortunately,... 유감스럽게도, ~ | I am afraid that... 죄송하지만 ~ | We are unable to... 저희는 ~할 수 없습니다 | It is against our policy (to)... ~은 저희 회사의 정책에 어긋납니다 | Although I am flattered... 영광입니다만 ~ | We appreciate your concern, but... 귀하의 관심에 감사드리지만, ~ | We sincerely apologize for... ~에 대해 진심으로 사과드립니다 | Once again, my sincerest apologies for... 다시 한번, ~에 대해 진심으로 사과드립니다

01 당신의 관심에는 감사드리지만 이번 건은 도가 지나치신 것 같군요.

→ _____ it seems like you went too far.

02 당신이 제게 추천을 부탁하신 것은 영광이지만 다른 사람을 찾아보시는 것이 나을 것 같아요.

→ _____ that you would ask for a recommendation from me, I think you'd better ask someone else.

03 다시 한번 당신의 시간을 낭비하게 만든 점에 대해 진심으로 사과드립니다.

→ _____ wasting your time.

04 저희는 지금 귀하의 제안을 수용할 수 없습니다.

→ _____ accept your proposal at this time.

05 귀하의 이메일에 즉각적으로 답해 드리지 못한 것에 대해 진심으로 사과드립니다.

→ _____ the delay in responding to your email.

06 유감스럽게도 우리는 당신을 해고해야 합니다.

→ _____, we have to let you go.

07 귀하와의 고용 계약이 지금 즉시 끝났음을 알려 드리게 되어 유감입니다.

→ _____ that your employment is terminated effective immediately.

08 개인 정보를 팔거나 교환하는 것은 저희 회사의 정책에 어긋납니다.

→ _____ sell or trade personal data.

09 죄송하지만 그 파일을 열 수가 없습니다.

→ _____ that I am not able to open the attachment.

빈칸에 들어갈 말을 〈보기〉 중에서 골라 넣으세요.

> **보기**
>
> **Please allow me to clarify...** ~을 명확하게 말씀드리고 싶습니다 | **There may have been some misunderstanding (about)...** ~에 오해가 있는 것 같습니다 | **due to unexpected...** 예상치 못한 ~ 탓에 | **In spite of our best efforts,...** 우리가 최선을 다했음에도 불구하고, ~ | **We will have no choice but to...** 우리는 ~ 할 수밖에 없습니다 | **The reason for... is ~** …의 이유는 ~ 때문입니다 | **I will inform you of...** ~을 알려 드리겠습니다 | **I have a message from...** ~로부터 메시지를 받았습니다 | **I have received...** ~을 받았습니다 | **We express-mailed...** ~을 특급 우편으로 보냈습니다 | **Here is/are...** 여기 ~이 있습니다

01 우리가 최선을 다했음에도 불구하고, 우리는 최종 단계까지 오르지는 못했습니다.

→ _____, we couldn't make it to the final.

02 여기에 향후 행사의 스케줄이 있습니다.

→ _____ our schedule for the upcoming event.

03 당신께 저의 항공 스케줄을 알려 드리겠습니다.

→ _____ my flight schedule.

04 저의 상황을 명확하게 말씀드리고 싶습니다.

→ _____ my situation.

05 뉴워크로 편지를 특급 우편으로 보냈습니다.

→ _____ a letter to Newark.

06 제가 피로한 이유는 요즘 야간 근무를 하기 때문입니다.

→ _____ my fatigue _____ that I work the night shift nowadays.

07 예상치 못한 날씨 상황 때문에, 세미나에 오지 않은 분들이 많았습니다.

→ _____ weather conditions, there were a lot of no-shows at the seminar.

08 저는 당신의 이력서를 받았습니다.

→ _____ your resume.

09 우리는 앞으로 나아갈 수밖에 없습니다.

→ _____ move on.

10 오늘 신분을 밝히지 않은 사람으로부터 메시지를 받았습니다.

→ _____ an anonymous person today.

11 제가 맡은 일에 대해 오해가 있는 것 같습니다.

→ _____ my job responsibility.

빈칸에 들어갈 말을 〈보기〉 중에서 골라 넣으세요.

보기

... is/are as follows: ~은 다음과 같습니다. | **Please find attached...** ~을 첨부하였습니다 |
Enclosed is/are... ~을 동봉합니다 | **As can be seen from...** ~에서 보시다시피, | **We will
forward this email to...** 이 이메일을 ~에게 전달하겠습니다 | **Keep me posted...** 제게 ~을 지속
적으로 알려 주십시오 | **Could you please CC me on...?** ~에 저를 참조로 넣어 주시겠어요? | **for
future reference,...** 나중에 찾아볼 수 있도록 ~ | **Please ignore my previous...** 이전 ~은 무시
해 주십시오 | **In my last email, I forgot to...** 지난번 메일에서 ~하는 것을 깜빡했습니다

01 시스템 개발 계약 파일을 첨부합니다.

➡ _____ a file of the system development contract.

02 우리 회사의 반송 정책은 다음과 같습니다.

➡ Our return policy _____:

03 이전에 제가 한 질문은 무시해 주십시오.

➡ _____ question.

04 지난번 메일에서 당신이 제 발언에 대해 어떻게 생각하는지를 여쭤 보는 것을 깜빡했습니다.

➡ _____ ask you what you think of my comments.

05 다음에 에리카에게 이메일을 보낼 때 저를 참조로 넣어 주시겠어요?

➡ _____ your email to Erica next time?

06 변화가 있으면 제게 지속적으로 알려 주십시오.

➡ _____ on any changes.

07 이 이메일을 저의 상사인 케시 클라이드 씨에게 전달해 드리겠습니다.

➡ _____ my boss, Cathy Clide.

08 나중에 찾아볼 수 있도록 그리고 기록 보관을 위해 이것을 간직하십시오.

➡ Please keep this for your records and _____.

09 회의 장소 약도를 동봉합니다.

➡ _____ a map showing the meeting venue.

10 오른쪽 표에서 보시다시피 우리의 문제점은 생각보다 심각합니다.

➡ _____ the table on the right, our problems are worse than
we think they are.

Unit 14

빈칸에 들어갈 말을 〈보기〉 중에서 골라 넣으세요.

> **보기**
>
> **Please note that...** ~을 유념하세요 | **Please refer to...** ~을 참고해 주세요 | **Let me give you a brief rundown of/on...** ~에 대해 간단히 말씀드리겠습니다 | **Please verify...** ~을 확인해 보십시오 | **You can stay updated...** ~의 최신 정보를 얻을 수 있습니다 | **... offer a snapshot of our company's~** …은 저희 회사의 ~을 요약해서 보여 줍니다 | **As far as... is concerned,** ~의 경우에는 | **As far as I know,**… 제가 아는 한, ~ | **As a result of...** ~ 때문에 / ~ 덕분에 | **To be more specific,...** 더 구체적으로 말씀드리면, ~ | **Unless otherwise indicated,...** 별도의 표시가 없으면 ~ | **You shall not disclose... to any~** …을 어떤 ~에게도 공개해서는 안 됩니다

01 인터넷에 연결이 되었는지 확인해 보십시오.

➜ _____ that you have connection to the Internet.

02 더 구체적으로 말씀드리면, 우리는 난방비를 3백만 달러 줄였습니다.

➜ _____, we reduce heating cost by $3 million.

03 우리가 우리의 사업 파트너로부터 얻을 수 있는 것들을 간단하게 말씀드릴게요.

➜ _____ what we can expect from our partner.

04 배송비가 제품 주문에 합산된다는 점을 유념해 주세요.

➜ _____ a shipping charge will be applied to your order.

05 별도의 표시가 없으면 인용은 모두 저희의 연간 보고서를 참조했습니다.

➜ _____, all quotations are taken from our annual reports.

06 본 보고서는 저희 회사의 마케팅 전략 상황을 요약해 보여 줍니다.

➜ The reports _____ marketing strategy.

07 이 문서는 제 허락 없이 어떤 사람에게도 공개해서는 안 됩니다.

➜ _____ this document _____ person without my permission.

08 허리케인 샌디 탓에 우리 회사는 경제적으로 손실을 입었습니다.

➜ _____ Hurricane Sandy, we have suffered an economic loss.

09 제가 아는 한 그들은 그 계획에 반대하지 않습니다.

➜ _____, they have no objection to the plan.

10 우리의 회의 일정을 담은 아래 표를 참고해 주세요.

➜ _____ the table below for our meeting schedule.

11 당신이 종사하는 업계에 대한 모든 정보의 최신 뉴스를 얻으실 수 있습니다.

➜ _____ with every piece of information in your industry.

12 국내선의 경우에는 출발 24시간 전까지 예약을 하실 수 있습니다.

➜ _____ domestic flights _____, we offer reservations up to 24 hours before departure.

빈칸에 들어갈 말을 〈보기〉 중에서 골라 넣으세요.

보기

... follow up~ ~에 …을 덧붙여 | This is a gentle reminder that... ~을 정중히 상기시켜 드립니다 | As I mentioned,... 제가 언급했듯이 ~ | As you are aware,... 당신도 아시듯이 ~ | as per... ~ 대로 | As scheduled, your shipment will arrive... 예정대로 물품은 ~에 배송될 것입니다 | The delay was caused by... ~ 때문에 지연되었습니다 | ... was delivered in good condition. ~ 은 좋은 상태로 수령했습니다. | Please complete the following form to... ~ 하시려면 다음 양식 을 기입해 주십시오 | The contract was awarded to... ~이 계약을 따냈습니다 | ... will go into effect ~은 효력을 가집니다 | You are in breach of... 당신은 ~을 어겼습니다

01 저희는 귀하의 지시대로 상품을 배송하겠습니다.

→ We will ship the goods _____ your instructions.

02 우편 서비스의 중단 때문에 지연이 발생하였습니다.

→ _____ the disruption of postal services.

03 제가 전에 언급했듯이 저희 회사 제품이 가장 효율적이라고 알려져 있습니다.

→ _____ before, our products are recognized as the most efficient.

04 고소장을 제출하기 위해서는 다음 불만 신고 양식을 기입해 주십시오.

→ _____ complaint _____ have the complaint filed.

05 제가 전에 보낸 이메일의 업데이트입니다.

→ I am _____ on my previous email.

06 귀사가 한국 중앙 정부가 발주한 계약을 따냈습니다.

→ _____ your company by Korean central government authorities.

07 다음 주 월요일에 회의가 있다는 것을 정중히 상기시켜 드립니다.

→ _____ that we have scheduled our meeting next Monday.

08 물품을 좋은 상태로 수령했으나 작동이 되지 않습니다.

→ The goods _____ but they are not working.

09 당신도 아시듯이 이 프레젠테이션은 우리의 새로운 계획에 대한 것입니다.

→ _____, this presentation will be reporting on our new plan.

10 예정대로 물품은 금요일에 도착할 것입니다.

→ _____ on Friday.

11 당신은 고용 계약을 어겼습니다.

→ _____ the contract of employment.

12 대 이란 무역 제재가 다음 주부터 효력을 가집니다.

→ Trade restrictions with Iran _____ next week.

Unit 16

빈칸에 들어갈 말을 〈보기〉 중에서 골라 넣으세요.

보기

Your... will be terminated. 귀하의 ~이 끝날 것입니다. | **The following terms and conditions apply to...** 다음의 계약 조건은 ~에 적용됩니다 | **Our records show that...** 저희 기록상에는 ~이라고 되어 있습니다 | **Could you please quote your best price for...?** ~의 최저가를 알려 주시겠습니까? | **Payment will be made...** 대금 결제는 ~으로 하겠습니다 | **Please make checks payable to...** ~의 앞으로 수표를 발행해 주십시오 | **Please open a Letter of Credit for...** ~에 대한 신용장을 개설해 주세요 | **It is our usual practice to...** ~하는 것은 저희 회사의 통례입니다 | **It depends on...** ~에 따라 다릅니다 | **... is subject to change.** ~은 변경될 수 있습니다. | **There is a change in...** ~에 변동 사항이 있습니다 | **There will be no immediate effects on...** ~에는 즉각적인 영향이 없을 것입니다

01 이 스케줄은 변경될 수 있습니다.
➡ This schedule _____.

02 디지털카메라의 최저가를 알려 주시겠습니까?
➡ _____ the following digital camera?

03 저희 기록 상에는 지급 기한이 지났다고 되어 있습니다.
➡ _____ that your payment is overdue.

04 송장에 대한 대금 지급은 물품 구매 후 10일 이내에 하겠습니다.
➡ _____ of invoice _____ within 10 days after purchase.

05 다음의 계약 조건은 모든 방문자에 적용됩니다.
➡ _____ all visitors.

06 사시는 곳에 따라 다릅니다.
➡ _____ where you live.

07 제어 시스템에 변동 사항이 있습니다.
➡ _____ the control system.

08 고객 서비스 정책에는 즉각적인 영향이 없을 것입니다.
➡ _____ our customer service policy.

09 수표는 UIU 앞으로 발행해 주시고 귀하의 계좌 번호를 적어 주십시오.
➡ _____ UIU and include your account number.

10 귀하의 고용 계약이 끝날 것입니다.
➡ Your contract of employment _____.

11 다음의 계약 조건에 부응하는 10만 달러짜리 신용장을 개설해 주세요.
➡ _____ the amount of $100,000 in accordance with the following terms and conditions.

12 우리 고객을 일대일로 만나는 것은 저희 회사의 통례입니다.
➡ _____ have a one-on-one meeting with our clients.

빈칸에 들어갈 말을 〈보기〉 중에서 골라 넣으세요.

보기

as of... ～(날짜/시점) 자로 | **within... business days** 영업일 ～일 이내에 | **no later than...** ～ 이전에 | **Your payment is due...** 귀하의 대금 결제 만기일은 ～입니다 | **Effective immediately and until further notice...** 지금 즉시, 그리고 추후 통지가 있을 때까지 | **It's been a long time since...** ～한 이후 시간이 꽤 지났습니다

01 우리가 마지막으로 만난 이후 시간이 꽤 지났지요.

→ _____ we last met.

02 영업일 5일 이내에 연락드리겠습니다.

→ I will contact you _____ five _____.

03 지금 즉시, 그리고 추후 통지가 있을 때까지 수출 품목은 판매세가 면제됩니다.

→ _____, export goods are exempted from sales tax.

04 귀하의 월별 대금 결제 만기일은 송장 발급 후 30일이 되는 날입니다.

→ _____ monthly _____ within 30 days after the

invoice date.

05 참석 여부를 1월 1일 금요일까지 통보해 주십시오.

→ Please RSVP _____ Friday, January 1.

06 2013년 9월 30일 자로 그 제품의 가격이 9달러에서 10달러로 변경되었음을 알려 드립니다.

→ We would like to inform you that its price is changing from $9 to $10

_____ Sept. 30, 2013.

빈칸에 들어갈 말을 〈보기〉 중에서 골라 넣으세요.

보기

Please let me know if... ～인지 말씀해 주십시오 | **Could you tell me if...?** ～인지 궁금합니다 | **What do you think of...?** ～에 대해 어떻게 생각하십니까? | **Your... would be appreciated.** ～해 주시면 감사하겠습니다. | **What would you do if...?** ～이라면 어떻게 하시겠습니까? | **I would like to confirm the details of...** ～의 세부 내역을 확인하고 싶습니다 | **What differences are there between...?** ～의 차이점은 무엇인가요?

01 동업자 할인과 현금 할인의 차이점은 무엇인가요?

➡ _____ trade discount and cash discount?

02 압박감을 느끼며 일하는 상황에 대해 어떻게 생각하십니까?

➡ _____ situations when you have to work under pressure?

03 존이 벌써 퇴근했는지 궁금합니다.

➡ _____ John left the office already?

04 저의 지불 세부 내역을 확인하고 싶습니다.

➡ _____ my payment.

05 해고당하신다면 어떻게 하시겠습니까?

➡ _____ you were laid off?

06 빠른 회신을 해 주시면 감사하겠습니다.

➡ _____ prompt reply _____.

07 질문이 있으신지 말씀해 주십시오.

➡ _____ you have any questions.

빈칸에 들어갈 말을 〈보기〉 중에서 골라 넣으세요.

> **보기**
> Please make sure... ~ 해야 한다는 것을 명심하십시오 | Please understand that... ~이라는 점을 양해해 주시기 바랍니다 | With your permission, I will... 허락해 주신다면 제가 ~하겠습니다 | I hope you can help me with... ~을 도와주셨으면 합니다 | If it isn't too much of an inconvenience,··· 너무 실례가 되지 않는다면, ~ | Please bring with you... ~을 가지고 오십시오 | I would like to request an extension of... ~의 연장을 부탁드립니다 | ... requires your immediate attention. ~을 즉시 처리해 주시기 바랍니다. | I would like to discuss a possible... ~이 가능한지 논의해 보고 싶습니다 | Could we arrange a meeting to...? ~하기 위한 회의를 할 수 있을까요? | We cordially invite you to... 우리의 ~에 귀하를 정중하게 초대합니다

01 실례가 되지 않는다면 도움을 청하고 싶습니다.

→ _____, I need your assistance.

02 우리의 관심사를 더 논의하기 위한 회의 일정을 잡을 수 있을까요?

→ _____ further discuss our concerns?

03 귀하를 우리의 세미나에 정중하게 초대합니다.

→ _____ our seminar.

04 제 대출 결제를 도와주셨으면 합니다.

→ _____ my mortgage payment.

05 아래에 명시된 계약 조건을 읽어야 한다는 것을 명심하십시오.

→ _____ that you read the terms and conditions set out below.

06 허락해 주신다면 제가 확인 메일을 보내 드리겠습니다.

→ _____ send a confirmation email.

07 미국 비자 연장을 부탁드립니다.

→ _____ my US visa.

08 서울 지점의 개설이 가능한지 논의해 보고 싶습니다.

→ _____ opening of a Seoul office.

09 이 공지문을 즉각 처리해 주시기 바랍니다.

→ This notice _____.

10 우리가 높은 에너지 비용을 감당할 수 없다는 점을 양해해 주시기 바랍니다.

→ _____ that we cannot afford high energy prices.

11 학업 성적표 원본을 면접 때 가지고 오세요.

→ _____ to the interview your original academic certificates.

보기

... meet you in person 당신을 직접 뵙고 ～ | When would you be able to...? 언제 ～이 가능하신가요? | Please respond if... is good for you. ～이 괜찮으신지 말씀해 주세요. | The main purpose of this meeting is to... 이 회의의 주된 목적은 ～하는 것입니다 | I would be pleased to attend... 기꺼이 ～에 참석하겠습니다 | Should you have any... ～가 있으시면 | For those who... ～하신 분들께는 | For further information, please... 정보가 더 필요하시면, ～해 주세요 | Please feel free to... 부담 갖지 마시고 ～하세요 | if I can be of assistance... 제가 도움을 드릴 수 있다면～ | I will contact you if... ～하면 제가 연락드리겠습니다

01 시간을 아끼고 싶은 분들께는, 저희 회사의 시간 절약 서비스가 해답일 수 있습니다.

➡ _____ don't want to waste time, our time saving services might be the answer.

02 제가 도와 드릴 것이 있으면 부담 갖지 마시고 연락 주세요.

➡ _____ contact me for any assistance you may need.

03 이 항공 시간표가 괜찮으신지 말씀해 주세요.

➡ _____ this flight schedule _____.

04 네트워킹 만찬에 기꺼이 참석하겠습니다.

➡ _____ a networking dinner.

05 이 회의의 주된 목적은 시장 정보를 공유하는 것입니다.

➡ _____ share market information.

06 질문이 있으시면 아래 전화번호로 저희에게 연락 주세요.

➡ _____ questions, please contact us at the phone number below.

07 제가 당신을 직접 만나 뵐 수 있는지 알고 싶습니다.

➡ I was wondering if it would be possible for me to _____.

08 정보가 더 필요하시면, 222-3333으로 김 선생님께 연락 주세요.

➡ _____, _____ contact Mr. Kim at 222-3333.

09 언제 새로운 프로젝트의 착수가 가능하신지요?

➡ _____ start working on the new project?

10 세금 공제 대상자이시면 제가 연락드리겠습니다.

➡ _____ you qualify for a tax credit.

11 제가 도움을 드릴 수 있다면 기쁘겠습니다.

➡ _____, it would be my pleasure.

Unit 22-23

빈칸에 들어갈 말을 〈보기〉 중에서 골라 넣으세요.

보기

In my absence,... 제가 부재 중일 때는 ~ | I will be no longer with... 더 이상 ~에서 일하지 않습니다 | I will be away on... ~으로 부재 예정입니다 | I will return to work by... ~까지 회사에 복귀하겠습니다 | Please respond by... ~까지 회신 주세요 | Please RSVP by... ~까지 참석 여부를 알려 주시기 바랍니다 | Please acknowledge receipt of... ~의 수신/수령 여부를 알려 주세요 | Please indicate your approval of... ~의 승인 여부를 알려 주세요 | You can reach us at... ~로 연락 주세요 | Please fax us at... ~을 팩스로 보내 주세요

01 급한 일이 있으시면 333-4444로 연락 주세요.

➡ _____ 333-4444 in the case of an emergency.

02 오후 2시까지 회사에 복귀하겠습니다.

➡ _____ 2 p.m.

03 변경의 승인 여부를 답장에서 알려 주세요.

➡ _____ the amendment in a reply email.

04 저는 더 이상 마케팅 부서에서 일하지 않습니다.

➡ _____ the marketing department.

05 5월 10일 월요일까지 모든 질문에 회신해 주세요.

➡ _____ to all questions _____ Monday, May 10.

06 5월 1일부터 5일까지 휴가로 부재 예정입니다.

➡ _____ vacation from May 1 to 5.

07 저의 지원서 수신 여부를 알려 주시기 바랍니다.

➡ _____ kindly _____ my application.

08 수요일까지 세미나 참석 여부를 알려 주시기 바랍니다.

➡ _____ your attendance for the seminar _____
Wednesday.

09 제가 부재 중일 때는 급한 안건은 다음의 이메일 주소로 조나단 와트 씨에게 연락 주세요.

➡ _____, please refer all urgent matters to Jonathan Watt at the
following email address.

10 귀하의 지원서를 200-3000로 팩스 보내 주세요.

➡ _____ or email us your application _____ 200-3000.

빈칸에 들어갈 말을 〈보기〉 중에서 골라 넣으세요.

보기

at your convenience... 편하실 때에 ~ | at your earliest convenience... 가급적 빨리 ~ | We are waiting to/for... 저희는 ~을 기다리고 있습니다 | I look forward to... ~하게 되기를 고대하고 있습니다 | I hope we continue to... 우리가 계속해서 ~했으면 좋겠습니다 | We wish you continued... 귀하의 무궁한 ~을 기원합니다 | Best wishes... ~의 성공을 빕니다 | Good luck with... ~에 행운을 빕니다 | Please give my regards to... ~에게 안부를 전해 주세요 | Please keep in touch with... ~와 연락하고 지내요

01 귀사에게 무궁한 성공과 번영이 함께하길 바랍니다.

➜ _____ success and prosperity.

02 새로운 팀원들에게 저의 안부를 전해 주세요.

➜ _____ our new team members.

03 당신이 어디에 있든지 우리 회사와 연락하면서 지내요.

➜ _____ our company wherever you are.

04 우리가 고객들을 계속해서 만족시켜 드릴 수 있으면 좋겠습니다.

➜ _____ satisfy customers.

05 저희 당신이 우리 팀에서 같이 일할 수 있기를 고대하고 있습니다.

➜ _____ having you as a new employee on our team.

06 면접 일정을 조정하기 위해 편하실 때에 이메일 주세요.

➜ Email me _____ to arrange an interview.

07 당신의 취업 면접에 행운을 빕니다.

➜ _____ your job interview.

08 당신이 작업 중인 프로젝트의 성공을 빕니다.

➜ _____ on the project you're working on.

09 가급적 빨리 이 질문들에 답을 하신 후 저희에게 돌려 주시기 바랍니다.

➜ Please complete this questionnaire and return it to us_____.

10 저희는 단가와 관련해 귀하로부터의 대답을 아직도 기다리고 있습니다.

➜ _____ still _____ hear back from you regarding the unit price.

Answer

복습문제

PART 1

Unit 01

01 I am taking over
02 I am / for
03 I was referred to you by
04 I am responsible for
05 My name is
06 I have worked with
07 We met at
08 I would like to introduce you to
09 I am working for
10 I was one of

Unit 02-03

01 Our products come in
02 Our products are / available
03 Our products are made from
04 Our clients include
05 Our product range includes
06 You can rely on our
07 We produce
08 our products come with
09 We are
10 Our products are specifically designed for
11 Compared to other
12 We specialize in

Unit 04

01 This is for / purposes only
02 in response to
03 I hope this email finds you
04 I would like to express my
05 I am writing to
06 I just wanted to
07 In accordance with your request
08 on behalf of
09 With regard to

Unit 05

01 We can reach an agreement on
02 I highly recommend
03 Would you like me to
04 Another option would be to
05 We can offer
06 My advice to you is to
07 We can provide you with
08 It appears to me
09 As part of our continuing efforts to

PART 2

Unit 06-07

01 We are looking for
02 I can assure you
03 will be taken into / consideration
04 I was impressed with
05 was brought to my attention
06 We assume financial responsibility for
07 With this in mind, we will
08 We are interested in
09 There would certainly be no trouble in
10 We will take whatever steps necessary to
11 We will do our best to

Unit 08

01 We will be hosting
02 We can / move toward the completion of
03 will be taken care of
04 We will immediately
05 We have rescheduled
06 After careful consideration
07 Once it is finalized
08 are set to be implemented
09 We move forward
10 We have decided to
11 The plan is worth
12 The most important thing we can do is to

280

Unit 09

01 Congratulations on
02 I really enjoyed
03 We are pleased to welcome you
04 Your time and efforts contributed to
05 It's been a pleasure
06 Thank you / for
07 We are pleased to inform you

Unit 10

01 Your products do not correspond to
02 I am having problems
03 My concern is
04 will be at your expense.
05 I don't think it is a good idea to
06 We found an error in
07 do not meet our / requirements
08 I was surprised and disappointed
09 Failure to / may result in

Unit 11

01 We appreciate your concern, but
02 Although I am flattered
03 Once again, our sincerest apologies for
04 We are unable to
05 We sincerely apologize for
06 Unfortunately
07 We regret to inform you
08 It is against our policy to
09 I am afraid

Unit 12-13

01 In spite of our best efforts
02 Here is
03 I will inform you of
04 Please allow me to clarify
05 We express-mailed
06 The reason for / is
07 Due to unexpected
08 I have received
09 We will have no choice but to
10 I have a message from
11 There may have been some
    misunderstanding about

PART 3

Unit 13

01 Please find attached
02 is as follows
03 Please ignore my previous
04 In my last email, I forgot to
05 Could you please CC me on
06 Keep me posted
07 We will forward this email to
08 for future reference
09 Enclosed is
10 As can be seen from

Unit 14

01 Please verify
02 To be more specific
03 Let me give you a brief rundown on
04 Please note that
05 Unless otherwise indicated
06 offer a snapshot of our company's
07 You shall not disclose / to any
08 As a result of
09 As far as I know
10 Please refer to
11 You can stay updated
12 As far as / are concerned

Unit 15-16

01 as per
02 The delay was caused by
03 As I mentioned
04 Please complete the following / form to
05 following up
06 The contract was awarded to
07 This is a gentle reminder
08 were delivered in good condition
09 As you are aware
10 As scheduled, your shipment will arrive
11 You are in breach of
12 will go into effect

Unit 16

01 is subject to change
02 Could you please quote your best price for
03 Our records show
04 Payment / will be made
05 The following terms and conditions apply to
06 It depends on
07 There is a change in
08 There will be no immediate effects on
09 Please make checks payable to
10 will be terminated
11 Please open a Letter of Credit for
12 It is our usual practice to

Unit 17

01 It's been a long time since
02 within / business days
03 Effective immediately and until further notice
04 Your / payment is due
05 no later than
06 as of

Unit 18

01 What differences are there between
02 What do you think of
03 Could you tell me if
04 I would like to confirm the details of
05 What would you do if
06 Your / would be appreciated
07 Please let me know if

PART 4

Unit 19-20

01 If it isn't too much of an inconvenience
02 Could we arrange a meeting to
03 We cordially invite you to
04 I hope you can help me with
05 Please make sure
06 With your permission, I will

07 I would like to request an extension of
08 I would like to discuss a possible
09 requires your immediate attention
10 Please understand
11 Please bring with you

Unit 20-21

01 For those who
02 Please feel free to
03 Please respond if / is good for you
04 I would be pleased to attend
05 The main purpose of this meeting is to
06 Should you have any
07 meet you in person
08 For further information / please
09 When would you be able to
10 I will contact you if
11 If I can be of assistance

PART 5

Unit 22-23

01 You can reach us at
02 I will return to work by
03 Please indicate your approval of
04 I will be no longer with
05 Please respond / by
06 I will be away on
07 Please / acknowledge receipt of
08 Please RSVP / by
09 In my absence
10 Please fax / at

Unit 23-24

01 We wish you continued
02 Please give my regards to
03 Please keep in touch with
04 I hope we continue to
05 I look forward to
06 at your convenience
07 Good luck with
08 Best wishes
09 at your earliest convenience
10 We are / waiting to

Memo

Memo

Memo